Der Lohn des Wartens

Alexandra W. Logue

Der Lohn
des Wartens

Über die Psychologie der Geduld

Spektrum Akademischer Verlag   Heidelberg · Berlin · Oxford

Originaltitel: Self-Control
Aus dem Amerikanischen übersetzt von Angelika Hildebrandt

Amerikanische Originalausgabe bei Prentice Hall, Englewood Cliffs
© 1995 by Prentice Hall, Englewood Cliffs

Die Deutsche Bibliothek – CIP-Einheitsaufnahme

Logue, Alexandra W.:
Der Lohn des Wartens : über die Psychologie der Geduld / Alexandra W. Logue. Übers.
von Angelika Hildebrandt. – Heidelberg ; Berlin ; Oxford : Spektrum, Akad. Verl., 1996
   Einheitssacht.: Self-control <dt.>
   ISBN 3-8274-0099-6

Lektorat: Katharina Neuser-von Oettingen/Sabine Berger (Ass.)
Copy-editing: Ulrike Reinl, Rita Schanzenbach-Bauer, Marianne Vollmer
Produktion: Brigitte Trageser
Umschlaggestaltung: Kurt Bitsch, Birkenau
Druck und Verarbeitung: Franz Spiegel Buch GmbH, Ulm

Titelbild: Paul Klee, Berta, 1992, 77; 30,7 × 25,3 cm; Öl auf Papier; Privatbesitz.
© VG Bild-Kunst Bonn, 1996.

Für Sam,
von dem ich gelernt habe,
daß sich Warten bei manchen Dingen wirklich lohnt.

Inhalt

Vorwort

Man hat mir oft gesagt, ich hätte schon als Kind den Lohn des Wartens zu nutzen gewußt und selbstkontrolliert auf langfristige, große Ziele hingearbeitet. So ließ ich mir beispielsweise in der vierten Klasse einen Termin beim Direktor unserer Schule geben, um mit ihm zu besprechen, wie ich mich am besten auf das College vorbereiten könnte. Und als ich mit diesem Buch unweigerlich in Rückstand geriet, weil ich zur Vorsitzenden des Fachbereichs Psychologie an der State University of New York in Stony Brook ernannt worden war, gab ich leichten Herzens eine Vielzahl von unmittelbaren Vergnügungen auf und arbeitete Tag und Nacht, um das Buch fertigzuschreiben. (Natürlich war mir auch klar, was für einen schlechten Eindruck es macht, wenn jemand ein Buch über Selbstkontrolle* nicht rechtzeitig zum Abschluß bringt.)

Vor zwanzig Jahren weckte Jim Mazur, einer meiner Kommilitonen an der Harvard University, mein Interesse, als er mir vorschlug, gemeinsam an einem Experiment zur Selbstkontrolle bei Tauben zu arbeiten. Wir konnten in diesem Experiment zeigen, daß sich Tauben darauf trainieren lassen, im Hinblick auf Nahrung Selbstkontrolle zu entwickeln. Sie lernten, auf größere Mengen Futter zu warten, anstatt sich für eine kleinere Menge zu entscheiden, die sie sofort hätten haben können. Etwa zehn Jahre später verwendeten Julie Schweitzer und Beth Sulzer-Azaroff ein ähnliches Verfahren, um in Anlehnung an unsere Arbeit die Selbstkontrolle in einer Gruppe impulsiver Kinder zu erhöhen.[1]

Seit damals habe ich im Labor vor allem eine Vielzahl unterschiedlichster Aspekte der Selbstkontrolle untersucht. Die ersten Versuchstiere waren Tauben. Später arbeiteten wir mit erwachsenen Versuchspersonen und Vorschulkindern und zuletzt mit Ratten. Wir untersuchen, warum

---

* Der Originaltitel des Buches lautet „Self-Control". Er wurde im deutschen Titel wegen der irreführenden Nähe zu traditionellen Vorstellungen von Selbstbeherrschung und Disziplin vermieden, weil mit „control" nicht nur Kontrolle, sondern vor allem die Steuerung des eigenen Verhaltens angesprochen ist. (Anm. d. Red.)

Menschen und Tiere unter einer Vielzahl unterschiedlicher Bedingungen Selbstkontrolle zeigen oder nicht. Dabei versuchen wir, das beobachtete Verhalten zu beschreiben und seine Ursachen herauszufinden. Für jemanden, der sich in der Psychologie für ein breites Spektrum an Themen interessiert, ist die Selbstkontrolle ein ideales Forschungsthema. Untersuchungen zur Selbstkontrolle sind für viele grundlegende psychologische Fragen von Bedeutung, beispielsweise für die Frage, wie Mensch und Tier Entscheidungen treffen und welchen Einfluß eine Belohnung auf diese Entscheidungen hat, insbesondere dann, wenn die Belohnung nicht sofort, sondern erst nach einer gewissen Zeitspanne erfolgt. Relevant sind solche Untersuchungen auch für eine Vielzahl klinischer Probleme wie etwa Eßstörungen, bei denen die Betroffenen nicht in der Lage sind, sich beim Anblick schmackhafter Nahrung zu beherrschen. Wichtig sind sie schließlich auch für viele praktische Fragen wie das Schreiben eines Buches. Prentice Hall, der Verlag, in dem die amerikanische Ausgabe dieses Buches erschien, schreibt in seiner Anleitung für den Verfasser:

„Zwei der wichtigsten Gründe für die Elefantiasis von Manuskripten sind die mangelnde Selbstbeherrschung von Autoren, die nicht von ihrem ursprünglichen Konzept lassen können, und dann die schiere Geschwätzigkeit. Oft ist das anfängliche Konzept gut; doch bei der Niederschrift weicht der Autor weit von seinem eigentlichen Thema ab, oder aber er hält sich im großen Ganzen an sein Thema und überfrachtet es mit Einzelheiten."[2]
Ich habe mein Bestes getan, um diese beiden Punkte beim Schreiben des Buches zu beachten!
Selbstkontrolle ist deshalb ein so wichtiges Thema, weil sie nicht nur in der Grundlagenforschung und in der klinischen Praxis, sondern auch im Alltag eine so große Bedeutung hat. Selbstkontrolle und fehlende Selbstkontrolle lassen sich aus unserem Alltag nicht wegdenken.
Zum Thema Selbstkontrolle können viele Bereiche der Psychologie etwas beitragen. Beispielsweise forschen die klinische Psychologie, kognitive Psychologie, Entwicklungspsychologie, Lernpsychologie, Motivationspsychologie, Persönlichkeitstheorie, physiologische Psychologie und Sozialpsychologie auf dem Gebiet der Selbstkontrolle. Hier bietet sich also die ungewöhnliche Gelegenheit, an einem spezifischen Verhaltensaspekt zu untersuchen, wie unterschiedliche Richtungen in der Psychologie versuchen, dieses Verhalten zu verstehen. Ein solcher Forschungsansatz kann dazu beitragen, die einzelnen Aspekte der Pychologie zu einem

Ganzen zu verbinden und aufzeigen, wie sie sich ergänzen und sogar
überschneiden. Psychologen, ihre Studenten und interessierte Laien werden dabei die Psychologie als ein zusammenhängendes Ganzes erkennen, das sich aus unterschiedlichen Methoden zusammensetzt, die alle
versuchen, ein bestimmtes Verhalten zu erklären. Dieses Buch enthält
Forschungsarbeiten zur Selbstkontrolle aus einer Vielzahl psychologischer Forschungsbereiche und sogar aus Bereichen außerhalb der Psychologie.

Wer sich für das Phänomen der Selbstkontrolle interessiert, hat sich
bisher allerdings nur schwer Informationen verschaffen können. Bis jetzt
gab es noch kein Buch, das die grundlegenden Untersuchungen zur
Selbstkontrolle und ihre klinischen Anwendungsmöglichkeiten zusammengefaßt hätte. Genau diese Synthese soll mit diesem Buch vorgelegt
werden. Teil I stellt die grundlegenden Fragen und Untersuchungsmethoden zur Selbstkontrolle, einschließlich der Definition, vor. Teil II vermittelt einen Überblick über allgemeine Kriterien und Einflüsse im Zusammenhang mit Selbstkontrolle.

Eingeschlossen sind dabei auch die evolutionären und entwicklungspsychologischen Prozesse sowie allgemeine Methoden zur Veränderung der Selbstkontrolle. In Teil III werden die in den Teilen I und II
gewonnenen Erkenntnisse auf einzelne Bereiche angewandt, in denen
Selbstkontrolle eine Rolle spielt: Ernährungsstörungen, Drogenmißbrauch und andere gesundheitsschädliche Verhaltensweisen, Erziehung, Management und Umgang mit Geld sowie die Frage, wie Menschen mit sich selbst und mit anderen zurechtkommen, insbesondere die Zusammenhänge Kooperation, Lügen, Depression, Suizid
und Aggression. Das Buch endet mit einigen abschließenden Überlegungen zu dem, was Selbstkontrolle in unserer heutigen Umwelt
bedeutet. Dem folgt noch eine Liste von Einrichtungen, an die sich
der Leser wenden kann, wenn er weitere Informationen zu einigen
der in diesem Buch angesprochenen klinischen Störungen erhalten
will.

Zwei Vorbehalte müssen dem Buch vorangestellt werden. Erstens ist
es – wie bei jedem Thema, das in so viele Forschungsgebiete hinein-
reicht – nicht möglich, alle einschlägigen Forschungsarbeiten in einem
Buch zusammenzufassen. Die ausführlichen bibliographischen Anmerkungen am Ende jedes Kapitels nennen jedoch zahlreiche weitere Quel-
len, aus denen sich der Leser informieren kann. Zweitens soll das hier
kein Selbsthilfe-Buch sein. Es sagt dem Leser nicht, wie er seine eigenen

Probleme mit der Selbstkontrolle oder die Probleme von anderen Menschen lösen kann. Vielmehr soll der Leser Einblick in die Zusammenhänge zwischen bestimmten Problemen und Selbstkontrolle gewinnen. Wenn die fehlende Selbstkontrolle zum klinischen Problem wird, ist professionelle Hilfe unerläßlich. Hier soll die Adreßliste von Einrichtungen und Selbsthilfegruppen am Ende des Buches Hinweise für die therapeutische Unterstützung geben.

Dieses Buch wendet sich an Fachleute und Laien. Für Leser ohne umfassende psychologische Kenntnisse sind die wichtigsten Untersuchungsstrategien ausführlich dargestellt. Das Buch ist als einführende Lektüre zum Thema Selbstkontrolle gedacht, die zum Selbststudium oder studienbegleitend verwendet werden kann. Insbesondere kann es Hinweise zum besseren Verständnis bestimmter klinischer Störungen vermitteln, die sich aus den Befunden der Forschung zur Selbstkontrolle ergeben. Dieses Buch wendet sich aber vor allem auch an interessierte Laien, die etwas über Selbstkontrolle und ihre Ursachen erfahren wollen. Wer es lesen und verstehen will, muß sich lediglich darauf einlassen, daß Verhalten wissenschaftlich untersucht wird, daß Verhaltensaspekte wie Selbstkontrolle mit denselben Methoden erforscht werden, die auch in der Biologie, der Chemie und der Physik Anwendung finden. Wie bei meinem letzten Buch *Die Psychologie des Essens und Trinkens*[3] habe ich auch bei diesem Buch über Selbstkontrolle unter anderem die Absicht, wissenschaftliche psychologische Forschung einem breiteren Publikum zugänglich zu machen. Es geht mir darum zu zeigen, wieviel sich anhand eines wissenschaftlichen Ansatzes über das Wesen und die Ursachen von Verhalten in Erfahrung bringen läßt.

Anmerkungen

1. Schweitzer, J. B.; Sulzer-Azaroff, B. *Self-Control: Teaching Tolerance for Delay in Impulsive Children*. In: *Journal of Experimental Analysis of Behavior* 50 (1988) S. 173–186.
2. Prentice Hall *Prentice Hall Author's Guide*. Englewood Cliffs, NJ (Prentice Hall) 1978. S. 2.
3. Logue, A.W. *Die Psychologie des Essens und Trinkens*. Heidelberg (Spektrum Akademischer Verlag) 1995.

Danksagung

Zahlreiche Personen und Organisationen haben mir bei der Vorbereitung dieses Buches geholfen. Vor allem zwei Kollegen verdanke ich bei meiner Arbeit auf dem Gebiet der Selbstkontrolle eine Vielzahl von Anregungen. Es sind James Mazur, ein idealer Mitarbeiter, mit dem zusammen ich meine Arbeiten zur Selbstkontrolle aufnahm, als wir beide noch in Harvard studierten, und Howard Rachlin, mein Kollege in Stony Brook, dessen Forschungsarbeiten mich schon begeisterten, als wir uns noch gar nicht kannten. Die Studenten, mit denen ich in den letzten sechzehn Jahren zu tun hatte, haben meine Arbeit erheblich beeinflußt. Besonders hervorheben möchte ich meine Graduierten und Doktoranden (Adolfo Chavarro, John Chelinos, Lori Forzano, Elise Kabela, Benjamin Mauro, Telmo Peña-Correal, George King, Monica Rodriguez, Michael Smith, Henry Tobin und Joseph Volpe). Ohne ihre fortdauernden Anregungen und ihre beständige Unterstützung wären viele meiner Arbeiten zur Selbstkontrolle nicht entstanden. Meine administrativen Positionen (zunächst als stellvertretende Dekanin des Fachbereichs Sozial- und Verhaltenswissenschaften, ernannt von Dekan Andrew Policano, und dann als Inhaberin eines Lehrstuhls im Fachbereich Psycholgie, auf den ich vom Fachbereich Psychologie berufen und von Dekan Bryce Hool und Provost Tilden Edelstein ernannt wurde) verhalfen mir zu umfangreichen Materialien zu den Abschnitten über Selbstkontrolle und Management in Kapitel 9 und zu vielen praktischen Erfahrungen auf dem Gebiet der Selbstkontrolle.

Zwei Herausgeber, die zwar nicht als Mitautoren auftreten, aber das Buch entscheidend mitgeprägt haben, sind Susan Arellano und Jonathan Cobb. Walter Mischel sorgte dafür, daß ich auch während meines Sabbaticals freien Zugang zu den Bibliotheken der Columbia University hatte und weiter an meinem Buch arbeiten konnte. Eine Reihe von Personen gaben mir bereitwillig Auskunft zu vielen Einzelfragen, die sich mir im Zusammenhang mit spezifischen Aspekten der Selbstkontrolle stellten. Zu ihnen zählen: William Arens, Daniel

Klain, Curtis Marean, Lawrence Martin und Elizabeth Stone. Von anderen, darunter Susan Brennan, Dana C. Dawes, William Dawes und den REU/MRAP-Studenten vom Sommer 1991, stammt manches Zitat und mancher Aphorismus in diesem Buch. Ein Gespräch mit Paul Wortman über Selbstkontrolle bei älteren Menschen war mir eine große Hilfe. Mehrere Personen gaben mir hervorragende, konstruktive Hinweise zu spezifischen Punkten des Manuskripts. Es sind Robert Boice, Robert Eisenberger, David Glass, Robert Hoff, Joseph Pear, Howard Rachlin, Ian Shrank und Michael Zeiler. Jeffrey Kirk wirkte wahre Wunder bei der Gestaltung des Manuskripts einschließlich der ersten Entwürfe für die Abbildungen und der Erstellung des Autorenindex. Er und John Chelonis produzierten per Literatursuche im Computer einen scheinbar endlosen Strom von Forschungsartikeln. Catherine Sexton erwies sich als Perfektionistin bei der endgültigen Gestaltung der Abbildungen.

Dank schulde ich auch den Herausgebern von Prentice Hall. Susan Brennan unterzeichnete den Vertrag für das Buch und unterstützte es auch später noch nachhaltig, obwohl sie zu W. H. Freeman gewechselt war (wo sie zufälligerweise die Verantwortung für mein Buch *Die Psychologie des Essens und Trinkens*[1] übernahm). Peter Janzow und Heidi Freund übernahmen es, Susan Brennans Arbeit fortzuführen. Ihre Begeisterung für das Buch war geradezu ansteckend. Maureen Richardsons beharrliche Bemühungen als Herstellerin gaben dem Buch schließlich die Form, in der es veröffentlicht wurde.

Von Twentieth Century Fox erhielt ich das Foto von Marylin Monroe aus dem Film *Liebling, ich werde jünger* für die Abbildung 4.1 und von Columbia Pictures das Foto von Jamie Lee Curtis aus dem Film *Perfect* für die Abbildung 4.2. Phototeque in New York City unterstützte mich sehr darin, diese beiden Fotos ausfindig zu machen.

In den letzten sechzehn Jahren hat die Long Island Railroad mir zu vielen, vielen Sunden ununterbrochener Arbeitszeit verholfen. Die Harvard University, das National Institute of Mental Health, die National Science Foundation, Sigma Xi und die State University of New York haben Mittel für die Forschungsarbeiten zur Verfügung gestellt, die in diesem Buch zusammengefaßt sind.

Wie immer bin ich Ian Shrank und Samuel Shrank zutiefst zu Dank verpflichtet. Ihre grenzenlose Bereitschaft zur Unterstützung meiner Arbeit helfen mir ebenso wie ihre Ermutigung, über alle Fährnisse hinweg auf solch großartige Belohnungen hinzuarbeiten.

Anmerkungen

1. Logue, A. W. *Die Psychologie des Essens und Trinkens.* Heidelberg (Spektrum Akademischer Verlag) 1995.

Teil I
Einleitung

1. Überblick

Menschen tun oft etwas, das ein unmittelbares Bedürfnis befriedigt, aber langfristig kaum Vorteile bringt. Sie

- stehlen, obwohl ihnen eine Gefängnisstrafe droht,
- stürzen sich auf den Nachtisch, anstatt eine Diät einzuhalten,
- rauchen, obwohl sie davon Krebs oder ein Emphysem bekommen können,
- trinken Alkohol, obwohl das langfristig zu Schädigungen des Gehirns und der Leber führt,
- benutzen ihre Kreditkarten, obwohl ihr Konto nicht gedeckt ist,
- kaufen sich ein schickes Auto, anstatt für ihren Ruhestand vorzusorgen,
- haben Sex, ohne ein Kondom zu benutzen,
- feiern Partys, anstatt sich auf eine Prüfung vorzubereiten.

Diese Liste ist keineswegs erschöpfend. Solche Verhaltensweisen, die den Betreffenden eine unmittelbare Befriedigung auf Kosten von langfristigen, größeren Vorteilen bieten, lassen sich als *impulsiv* bezeichnen. Das Gegenteil, nämlich Verhaltensweisen, die eine aufgeschobene (aber größere) Befriedigung oder Belohnung verschaffen, bezeichnen wir als *selbstbeherrscht* oder *selbstkontrolliert*. [1]Menschliches Verhalten ist häufig impulsiv. Manche klinischen Psychologen behaupten, bei zahlreichen klinischen Störungen handle es sich um Impulsivitäts-Probleme. So gehen viele Klienten in eine Beratung, weil sie immer wieder ein unkontrolliert impulsives Verhalten zeigen, das ihnen zwar unmittelbar eine gewisse Erleichterung verschafft, langfristig aber wohl keine besonders gute Strategie darstellt – beispielsweise wenn jemand seinen Ehepartner anschreit oder gar angreift.[2]

Warum ist in einer Zeit, in der wir manche Krebserkrankungen heilen und Astronauten auf den Mond schicken können – also Vorhaben verwirklichen, bei denen viele Bemühungen in nur langfristig erreichbare

Ziele investiert werden – so vieles an unserem Verhalten impulsiv? Warum gelingt es uns, in manchen Fällen auf eine aufgeschobene Belohnung zu warten, in anderen aber nicht? Wenn wir Selbstkontrolle fördern wollen, müssen wir zunächst einmal wissen, wie Impulsivität entsteht und warum sie in unserer Gesellschaft verbreitet ist.

Dieses Buch enthält einen neuen Erklärungsansatz der Impulsivität, der sich auf experimentelle Forschungen mit Menschen und Tieren stützt. Es postuliert, daß Impulsivität auf unserer Neigung beruht, später eintretende Ereignisse im Vergleich zu unmittelbaren Ereignissen geringzuschätzen oder unterzubewerten. Für einen Studenten ist eine gute Note in drei Monaten weniger wert als eine gute Note, die er sofort erhält. Deshalb entscheiden sich viele Studenten zu Beginn des Semesters eher für einen Abend im Kino als für einen Abend am Schreibtisch. In diesem Buch wird weiterhin postuliert, daß eine solche Geringschätzung des in fernerer Zukunft liegenden Ereignisses eine Folge der Evolution ist. Mensch und Tier haben sich so entwickelt, daß sie zukünftige Ereignisse wie ein günstiges Nahrungsangebot in fernerer Zukunft geringer bewerten, weil diese Ereignisse in der Natur vielleicht nur mit einer gewissen Wahrscheinlichkeit oder gar nicht eintreten. Ein Jäger und Sammler beispielsweise, der darauf wartet, daß die Beeren an einem Busch reif werden, hat vielleicht nie Gelegenheit, diese Beeren auch tatsächlich zu essen. Vögel könnten sie sich vorher holen, ein heftiger Hagelschauer könnte sie herabreißen oder der Jäger und Sammler könnte selbst einem Raubtier zum Opfer fallen oder verhungern, bevor die Beeren reif sind. In einer solchen Situation wäre er gut beraten, sich für das unmittelbar Verfügbare zu entscheiden, weil es sich nicht lohnt, auf zukünftige Ereignisse zu warten.

In unserer heutigen Umwelt jedoch läßt sich häufig mit großer Sicherheit voraussagen, daß bestimmte zukünftige Ereignisse auch tatsächlich eintreten werden. Die meisten Studenten bekommen bessere Noten, wenn sie fleißig arbeiten; das auf der Bank angelegte Geld wird höchstwahrscheinlich auch noch in einer Notsituation in zehn Jahren da sein; und wenn Kaufhausdiebstahl zur Routine wird, endet das mit ziemlicher Sicherheit im Gefängnis.

Die evolutionspsychologische Analyse zeigt, daß man Selbstkontrolle nicht pauschal als gut und Impulsivität nicht pauschal als schlecht bewerten sollte. Selbstkontrolle ist nichts, das man in der normalen Entwicklung eines Kindes anstreben sollte (auch wenn Kinder tendenziell impulsiver sind als Erwachsene), schon gar nicht im Sinne traditioneller Vorstellungen von Selbstdisziplin und Selbstbeherrschung. In manchen Situationen ist nämlich Impulsivität die beste Gesamtstrategie.

Dieses Buch weist darauf hin, daß wir unsere Entscheidungen sorgfältig abwägen, einen Teil unseres emotionalen Ballasts abwerfen und die letztendlichen Vorteile einer spezifischen Entscheidung genauer überprüfen sollten. Wir müssen begreifen, daß Impulsivität bisweilen die beste Strategie darstellt und daß ein impulsives Temperament nicht von Natur aus schlecht ist. Impulsivität ist ein Teil unseres evolutionären Erbes. Wir sollten allerdings lernen zu beurteilen, in welchen Situationen Selbstkontrolle vorteilhafter ist als Impulsivität, und dann alles Nötige veranlassen, um unser Verhalten tatsächlich selbst bestimmen und kontrollieren zu können.

Wenn wir Selbstbeherrschung in diesem Sinne anstreben, müssen wir erst einmal genau feststellen, welche physiologischen Mechanismen und Verhaltenssituationen dafür verantwortlich sind, daß Menschen sich für selbstkontrolliertes oder impulsives Verhalten entscheiden. Zwar gibt es einige Faktoren, die Impulsivität und Selbstkontrolle ziemlich generell bestimmen und sich auf die meisten Situationen anwenden lassen, andere jedoch sind je nach Situation zu unterscheiden. Auch wenn uns die Evolution so geprägt haben mag, daß wir – wie andere Lebewesen auch – die Wichtigkeit von Ereignissen in der Zukunft unterbewerten, kann diese Geringschätzung in unterschiedlichen Situationen doch auf unterschiedlichen Mechanismen beruhen[3], und erst die grundlegende Einsicht in diese Mechanismen bietet die Möglichkeit, selbstkontrolliertes und impulsives Verhalten ausgewogen zu steuern.

Der erste Teil dieses Buches stellt die verschiedenen Aspekte der Definition von Selbstkontrolle und Impulsivität vor einem allgemeinen Hintergrund dar. Der zweite Teil beschreibt die evolutionären, entwicklungspsychologischen, lerntheoretischen und kulturspezifischen Determinanten von Selbstkontrolle und Impulsivität sowie allgemeine Methoden zur Veränderung dieser Verhaltensweisen. Außerdem werden Befunde aus der experimentellen Forschung mit Menschen und Tieren vorgestellt. Im dritten Teil geht es um verschiedene Situationen, in denen Selbstkontrolle und Impulsivität von Bedeutung sind. Für jede dieser Situationen wird dargestellt, auf welche Ursachen Selbstkontrolle und Impulsivität zurückzuführen sind und wie sich das Verhalten jeweils selbstbestimmt steuern ließe. Die einzelnen Abschnitte in diesem Teil des Buches enthalten Beispiele aus den Bereichen Eßverhalten und Drogenmißbrauch sowie andere gesundheitsrelevante Verhaltensweisen. Zur

Sprache kommen außerdem Erziehung, Management und Umgang mit Geld sowie Ausgeglichenheit im Umgang mit sich selbst und mit anderen. Schließlich folgt eine zusammenfassende Darstellung der Diskrepanz zwischen unserem evolutionären Erbe und unserer heutigen Umwelt sowie der wichtigsten Methoden zu ihrer Überwindung. Im Anhang des Buches findet der Leser eine Liste von Einrichtungen, bei denen er Tips zur Selbsthilfe oder weitere Informationen zu unerwünschten impulsiven Verhaltensweisen bekommen kann.

Anmerkungen

1. Ainslie, G. W. *Impulse Control in Pigeons.* In: *Journal of the Experimental Analysis of Behavior* 21 (1974) S. 485–489.
   Logue, A. W. *Research on Self-Control: An Integrating Framework.* In: *Behavioral and Brain Sciences* 11 (1988) S. 665–709.
   Rachlin, H.; Green, L. *Commitment, Choice and Self-Control.* In: *Journal of the Experimental Analysis of Behavior* 17 (1972) S. 15–22.
2. Goldfried, M. R.; Merbaum, M. (Hrsg.) *Behavior Change through Selfcontrol.* New York (Holt, Rinehart and Winston) 1973.
   Wilson, G. T.; O'Leary, K. D. *Principles of Behavior Therapy.* Englewood Cliffs, NJ (Prentice Hall) 1980.
3. Cosmides, L; Tooby, J. *From Evolution to Behavior: Evolutionary Psychology and the Missing Link.* In: J. Dupré (Hrsg.) *The Latest on the Best: Essays on Evolution and Optimality.* Cambridge (MIT Press) 1987. S. 277–306.
   Zeiler, M. D. *Behavior as Evolutionary Biology.* Der Association for Behavior Analysis, Atlanta, Georgia, vorgelegtes Paper. Mai 1991.

2. Hintergrund und Definitionen

Wir sind ständig mit irgendwelchen Entscheidungssituationen konfrontiert: was wir essen, wo wir hingehen, wann wir schlafen sollen, usw. usw. Zumindest haben wir unablässig die Wahl, ob wir etwas tun oder lassen wollen. Alle unsere Entscheidungen hängen davon ab, wie erwünscht oder unerwünscht ihre Folgen für uns sind, denn bestimmte Ergebnisse unserer Entscheidungen erscheinen uns positiver (d.h. angenehmer oder weniger unangenehm) als andere. Unterschiedlich ist auch die Zeitspanne zwischen der Entscheidung und dem Eintreten der Folgen. Manche Ergebnisse folgen der Entscheidung unmittelbar, andere erst sehr viel später.

Nehmen wir an, Sie haben die Wahl zwischen zwei gleich positiv bewerteten Alternativen, wobei das eine Resultat sehr viel später eintritt als das andere (siehe Abbildung 2.1a). Sie sind beispielsweise hungrig, gehen in ein Restaurant und bestellen eine Suppe. Der Kellner sagt ihnen, die Tomatensuppe sei schon fertig, Sie könnten aber auch eine Kürbissuppe bekommen, deren Zubereitung allerdings noch eine halbe Stunde dauere. Nehmen wir weiterhin an, Sie essen Tomatensuppe und Kürbissuppe gleich gern. Sie entscheiden sich in diesem Fall mit ziemlicher Sicherheit für das, was schneller zu haben ist, die Tomatensuppe.

Nehmen wir nun an, Sie haben die Wahl zwischen zwei Möglichkeiten, die beide zum selben Zeitpunkt eintreten, bei denen ihnen aber die eine positiver erscheint als die andere (Abbildung 2.1b). Wenn der Kellner Ihnen nun sagt, er könne sowohl Tomatensuppe als auch Kürbissuppe sofort servieren, und wenn Sie Kürbissuppe viel lieber essen als Tomatensuppe, dann entscheiden Sie sich ziemlich sicher für die positiver bewertete Möglichkeit, die Kürbissuppe.

Es kann aber auch der Fall eintreten, daß eine der Alternativen Ihnen besser erscheint, aber erst später eintritt als die andere (Abbildung 2.1c). Der Kellner sagt Ihnen beispielsweise, Sie könnten sofort eine Tomatensuppe bekommen oder in einer halben Stunde eine Kürbissuppe (die Sie lieber mögen). Wofür entscheiden Sie sich dann? Dieser Entscheidungs-

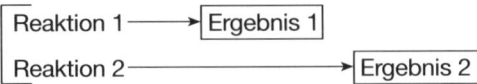

(a) Entscheidung zwischen zwei Ergebnissen mit
unterschiedlichem Belohnungsaufschub

Reaktion 1 ⟶ Ergebnis 1
Reaktion 2 ⟶ Ergebnis 2

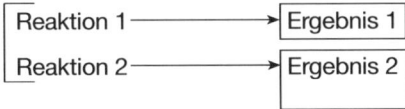

(b) Entscheidung zwischen zwei Ergebnissen
unterschiedlicher Größe

Reaktion 1 ⟶ Ergebnis 1
Reaktion 2 ⟶ Ergebnis 2

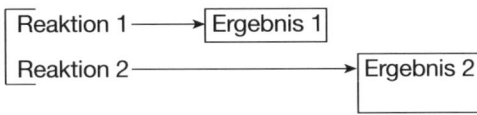

(c) Selbstkontrollierte Entscheidung

Reaktion 1 ⟶ Ergebnis 1
Reaktion 2 ⟶ Ergebnis 2

2.1 Drei Typen von Entscheidungssituationen. Die Klammer zeigt jeweils an, daß zwei
Reaktionen zur Wahl stehen. Die Länge des Pfeils zwischen einer Reaktion und ihrem
Ergebnis gibt an, wieviel Zeit zwischen einer Reaktion und ihrem Ergebnis vergeht – das
heißt, wie lange auf das Ergebnis gewartet werden muß. Die Größe des Ergebniskastens
veranschaulicht den Wert des Ergebnisses – der beispielsweise den Grad einer Verlok-
kung oder die Größe eines Vorteils ausdrückt. Illustriert sind (a) eine Entscheidung
zwischen zwei Ergebnissen, die nach einer unterschiedlichen Wartezeit eintreffen, aber
gleich groß sind; (b) eine Entscheidung zwischen zwei gleich weit aufgeschobenen
Ergebnissen unterschiedlicher Größe; und (c) eine Entscheidung zwischen einem rascher
eintreffenden, kleineren Ergebnis und einem später eintreffenden, größeren Ergebnis.

typus zwischen einem positiver bewerteten, aber später eintretenden Ereignis und einem weniger positiven, aber zeitlich näheren Ereignis ist das
Thema dieses Buches. In einer solchen Situation definieren wir *Selbstkontrolle* als Entscheidung für das positiver bewertete, aber aufgeschobene Ereignis (die Kürbissuppe) und *Impulsivität* als Entscheidung für das
weniger positiv bewertete, zeitlich aber näherliegende Ereignis (die Tomatensuppe).[1] Diese Entscheidungstypen werden auch als *aufgeschobene Befriedigung* und als *unmittelbare Befriedigung* bezeichnet.

Sie sind sowohl bei Menschen als auch bei anderen Lebewesen (siehe
beispielsweise Kasten 2.1) ziemlich häufig. Selbstkontrolle und Impulsivität spielen für das Wohlergehen des einzelnen wie für seine Freunde
und seine Familie eine entscheidende Rolle. So sind in vielen Bereichen,

etwa des Gesundheitswesens, Managements und Rechtswesens die Gründe interessant, warum sich Menschen zuweilen in einer Weise verhalten, die langfristig weder für sie selbst noch für ihre Familie, ihren Arbeitgeber oder für die Gesamtgesellschaft am besten ist, und die Fachleute fragen sich, wie sich in solchen Fällen Anleitung und Motivation zu stärkerer Selbstkontrolle erreichen läßt.

Vor- und Nachteile unserer Definitionen

Wie soll man sich zwischen dem Lesen der Handlinien und den Tarotkarten entscheiden? ... Die Karten sagen mehr über die unmittelbare Zukunft aus, die Handlinien mehr über langfristige Entwicklungen. Die meisten Menschen entscheiden sich eher für die Karten. Aus irgend einem Grund will jeder die nahe Zukunft kennenlernen.[2]

Kasten 2.1

Ein scheinbarer Nachteil unserer Definitionen von Selbstkontrolle und Impulsivität könnte darin liegen, daß sie für ganz spezifische Formen von Wahlverhalten gedacht sind, während andernorts die Begriffe Selbstkontrolle und Impulsivität oft gebraucht werden, um viele verschiedene Arten von Verhalten zu beschreiben. Mit anderen Worten, es gibt eine Vielzahl von Verhaltensphänomenen, die zwar als Selbstkontrolle und Impulsivität betrachtet werden, für die unsere Definitionen aber nicht anwendbar sind. Der Anwendungsbereich unserer Forschung wäre also durch unsere Definitionen eingeschränkt.

Tatsächlich wird der Begriff der Selbstkontrolle im allgemeinen auf Situationen wie die folgenden angewandt: (a) jemand konzentriert sich auf eine repetitive Aufgabe, obwohl er abgelenkt wird[3]; (b) jemand ändert sein Verhalten, indem er (beispielsweise durch Selbstbelohnung) die Einflüsse verändert, die sein Verhalten steuern[4]; (c) jemand unterläßt ein Verhalten, das durch Zorn motiviert ist[5]; (d) jemand toleriert aversive Reize, um eine größere Belohnung zu bekommen[6]. Im Gegensatz dazu beschreibt Impulsivität Situationen, in denen jemand angesichts verschiedener Problemlöseoptionen rasch und unüberlegt reagiert.[7] In all diesen Fällen aber läßt sich das als selbstkontrolliert oder impulsiv cha-

rakterisierte Verhalten auch als Wahlverhalten zwischen Ereignissen beschreiben, von denen die positiver bewerteten später eintreten als die
weniger positiv bewerteten (rascher eintretenden) Ereignisse. Der Begriff
„Ereignis" wird dabei in einem sehr weiten Sinne verwendet, wie die
Beispiele zeigen: vom Ergebnis eines Verhaltens über eine Vielfalt von
Phänomenen, bis hin zu Gegebenheiten und Ereignissen, die in irgendei-
ner Hinsicht als positiv oder wichtig beziehungsweise negativ oder unwichtig eingestuft werden können.

Wenn jemand sein Verhalten ändert, indem er die Einflüsse, die dieses
Verhalten steuern, kontrolliert, dann läßt sich das auch als Wahl zwischen zwei Verhaltensoptionen beschreiben. Gewählt wird zwischen einem Verhalten A, das rasch zu einem weniger positiv bewerteten Ereignis führt, und der Verhaltensoption B, die längerfristig ein deutlich positiver bewertetes Ereignis zur Folge hat. Selbstkontrolle heißt dann, daß B
gegenüber A vorgezogen wird.

Eine solche Form der Selbstkontrolle wäre es beispielsweise, wenn
sich jemand die Nase zuhält, um zu verhindern, daß er niesen muß. In
diesem Fall ist das Niesen die impulsive Reaktion, und der Handgriff,
mit dem das Niesen unterdrückt wird, die selbstkontrollierte Reaktion.

Unsere Definitionen lassen sich auf sämtliche hier genannten Beispiele für Selbstkontrolle und Impulsivität anwenden und schränken daher
die Anwendbarkeit der Forschungsergebnisse nicht ein.

Ein potentieller Nachteil unserer Definition von Selbstkontrolle und
Impulsivität könnte darin liegen, daß sie nicht zu wenige, sondern zu
viele Verhaltensweisen abdeckt. So gesehen würde unsere Anwendung
der Begriffe Selbstkontrolle und Impulsivität vielleicht nur auf einen
spezifischen Typus von Wahlverhalten (nämlich die Entscheidung zwischen positiver eingestuften Ereignissen und weniger positiven Ereignissen) hinauslaufen, was verschiedene Auswirkungen für unseren Forschungsansatz nach sich zöge. So müßten wir beispielsweise das Konzept der Willensstärke gesondert berücksichtigen, was hier nicht inten-
diert ist. Warum also haben wir uns für die Begriffe Selbstkontrolle und
Impulsivität entschieden? Hätten wir nicht einfach ein Buch über die
Entscheidung zwischen wichtiger eingestuften, später eintretenden Ereignissen und weniger wichtig eingestuften, rascher eintretenden Ereignissen schreiben können? Wir meinen, die Begriffe Selbstkontrolle und
Impulsivität sollten beibehalten werden, weil sie prägnant und leicht
verständlich sind und weil ihre Verwendung im allgemeinen Sprachge-
brauch Anregungen für eine Vielzahl von Experimenten bietet.

Unsere Definitionen von Selbstkontrolle und Impulsivität haben außerdem den eindeutigen Vorteil, daß sie operational sind. Sie beschreiben Selbstkontrolle und Impulsivität als spezifische, beobachtbare Operationen, das heißt als spezifische beobachtbare Umweltereignisse. Operationale Definitionen ermöglichen es, die beschriebenen Phänomene in Laborexperimenten zu untersuchen. Zwar wird bisweilen kritisiert, daß Laboruntersuchungen allzu simplizistisch seien, doch die Untersuchung operational definierter Phänomene in vereinfachten Situationen ist ein zentrales Merkmal produktiver Forschung, deren Ergebnisse sich in die Praxis umsetzen lassen.

Schließlich beschreiben unsere Definitionen von Selbstkontrolle und Impulsivität die untersuchten Phänomene als Funktion zweier Faktoren, nämlich des Wertes eines spezifischen Ereignisses und der Zeitspanne bis zum Eintritt dieses Ereignisses (dabei kann Wert sich auf eine positive oder negative Bewertung, auf eine Bedürfnisbefriedigung oder auch auf Größe oder Umfang eines Vorteils beziehen). Forschungsarbeiten, die sich auf unsere Definition von Selbstkontrolle und Impulsivität stützen, können also dazu beitragen zu verstehen, wie Verhalten durch ein zukünftiges Ereignis und die Zeitspanne bis zu seinem Eintritt beeinflußt wird. In gleicher Weise kann jede Untersuchung dieser Faktoren die Phänomene der Selbstkontrolle und Impulsivität klären helfen. Die Ergebnisse der bisherigen Forschung haben im wesentlichen gezeigt, daß (1) die Selbstkontrolle abnimmt, wenn die Zeitspanne bis zum Eintritt des Ereignisses zunimmt[8], und daß (2) Versuchspersonen umso eher bereit sind, auf ein Ereignis zu warten[9], je wichtiger oder positiver sie dieses Ereignis einstufen. Wie bei jedem wissenschaftlichen Ansatz kann auch hier das Aufbrechen eines Phänomens in seine Komponenten viel dazu beitragen, die Ursachen und Wirkungen des Phänomens zu klären.

Selbstkontrolle und Impulsivität im Kontext

Die Frage, ob ein spezifisches Verhalten als Selbstkontrolle oder Impulsivität oder als keines von beiden zu beurteilen ist, hängt davon ab, in welchem Kontext die Entscheidung für dieses Verhalten getroffen wird. Zunächst sollten wir festhalten, daß unsere Definitionen von Selbstkontrolle und Impulsivität auf dem *relativen* Wert eines Ereignisses und der *relativen* Dauer bis zu seinem Eintritt beruhen. Selbstkontrolle ist also immer nur das Verhalten, das einen größeren Vorteil zu einem späteren Zeitpunkt im Vergleich zu einer anderen Verhaltensalternative ermöglicht. Das bedeutet, eine Entscheidung kann in einem bestimmten Kontext als Selbstkontrolle klassifiziert werden (wie die Entscheidung für die Kürbissuppe, die erst in dreißig Minuten fertig ist, unter Verzicht auf die Tomatensuppe, die sofort serviert werden kann), während dieselbe Entscheidung in einem anderen Kontext, in dem eine noch positiver bewertete und noch weiter aufgeschobene Verhaltensalternative vorhanden wäre (wie beispielsweise eine Lauchsuppe, die erst in einer Stunde fertig wäre) als Impulsivität klassifiziert werden könnte. Bei unseren Definitionen von Selbstkontrolle und Impulsivität handelt es sich also um relative und nicht um absolute Definitionen.

Ob eine Reaktion als selbstkontrolliert oder impulsiv klassifiziert wird, hängt auch insofern vom Kontext ab, als er mit darüber bestimmt, wie positiv jemand ein bestimmtes Ereignis, beispielsweise eine Belohnung, bewertet. Nehmen wir den Fall einer Briefträgerin, die sich entscheiden muß, ob sie mit ihrem letzten Kleingeld jetzt gleich einen Schokoriegel aus dem Automaten zieht oder ob sie das Geld behält, um später von einer Telefonzelle aus eine Freundin anzurufen, die noch nicht zu Hause erreichbar ist. Die Zeitspanne seit der letzten Mahlzeit und seit dem letzten Telefongespräch mit der Freundin würde den Wert der beiden Ereignisse beeinflussen, und je nachdem könnte das Telefongespräch (ebenso wie die Entscheidung dafür) als selbstkontrolliertes oder aber als impulsives Verhalten klassifiziert werden.

Der Kontext wirkt sich außerdem noch in einer anderen Hinsicht auf Verhalten als Selbstkontrolle oder Impulsivität aus. Manche Entscheidungen, beispielsweise die Entscheidung, eine Zigarette zu rauchen, wirken sich einzeln nur auf wenige langfristig positive Konsequenzen nachteilig aus. Eine solche Einzelentscheidung läßt sich deshalb kaum als impulsiv bezeichnen. Umgekehrt kann das Rauchen einer großen Anzahl von Zigaretten einige sehr wichtige langfristig positive Ereignisse (wie Gesundheit und langes Leben) verhindern. In diesem Fall ist das Rauchen impulsiv. Manche Verhaltensweisen lassen sich nur im Kontext anderen Verhaltens als Impulsivität (oder Selbstkontrolle) klassifizieren.

Die zahlreichen Einflußmöglichkeiten des Kontexts auf die Selbstkontrolle erklären unter anderem, warum der Grad an Selbstkontrolle in verschiedenen Situationen so unterschiedlich ist. So kann es einem Menschen beispielsweise leichtfallen, sich im Hinblick auf Geld selbstkontrolliert zu verhalten, während es ihm ziemlich schwerfällt, beim Essen Selbstkontrolle zu zeigen.[10] Soche Kontexteinflüsse werden in Kapitel 6 ausführlicher dargestellt.

Positive versus negative Konsequenzen

Wenn ein spezifisches Ereignis positiv bewertet wird, ist sein Nichteintreten ein negatives Ereignis. Das gilt auch umgekehrt: Ist ein spezifisches Ereignis negativ, so ist sein Nichteintreten positiv. Daher ist jede Entscheidung zwischen einem aufgeschobenen Ereignis mit hohem negativen Wert und einem rasch eintretenden Ereignis mit geringem negativen Wert eine Entscheidung zwischen einem relativ kleinen, unverzüglichen Nachteil oder Verlust und einem relativ größeren, aufgeschobenen Verlust.

Studenten haben beispielsweise oft die Wahl zwischen einem Abend im Kino (also dem unmittelbaren, aber relativ kleinen positiven Ereignis eines schönen Abends) oder einem Abend über ihren Büchern (und damit dem großen positiven Ereignis späterer guter Noten; siehe Abbildung 2.2a). Diese Entscheidung ließe sich ebenso gut beschreiben als die Entscheidung, nicht zu lernen (mit der großen negativen Konsequenz späterer schlechter Noten) oder nicht ins Kino zu gehen (mit der unmittelbaren, aber relativ kleinen negativen Konsequenz, einen schönen Abend zu verpassen; Abbildung 2.2b). Unabhängig davon, wie wir diese Optionen beschreiben, können Studenten nur dadurch die positiven Konsequenzen maximieren und die negativen Konsequenzen minimieren, daß sie sich für das Lernen (und gegen das Kino) entscheiden.

Betrachten wir ein anderes Beispiel, bei dem es für oder gegen einen Besuch beim Zahnarzt geht. Als Entscheidung zwischen positiven Konsequenzen dargestellt, hat man die Wahl, kurzfristig die Schmerzen einer Zahnbehandlung oder aber langfristig die Schmerzen kariöser Zähne zu vermeiden. Als Entscheidung zwischen negativen Konsequenzen formuliert, hat man die Wahl zwischen den Schmerzen einer baldigen Zahnbehandlung und den Schmerzen langfristiger Zahnfäule. Auch hier wieder ist es unabhängig von der Art der Darstellung so, daß man auf lange Sicht die positiven Konseqenzen maximieren und die negativen Konsequenzen minimieren kann, indem man zum Zahnarzt geht (und sich also gegen die Schmerzen eines längerfristig zerstörten Gebisses entschei-

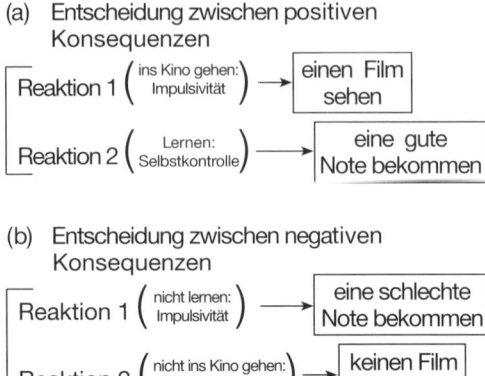

(a) Entscheidung zwischen positiven
     Konsequenzen

Reaktion 1 (ins Kino gehen: Impulsivität) → einen Film sehen

Reaktion 2 (Lernen: Selbstkontrolle) → eine gute Note bekommen

(b) Entscheidung zwischen negativen
     Konsequenzen

Reaktion 1 (nicht lernen: Impulsivität) → eine schlechte Note bekommen

Reaktion 2 (nicht ins Kino gehen: Selbstkontrolle) → keinen Film sehen

2.2 Wahlsituationen, in denen zwischen positiven Ergebnissen (a) beziehungsweise negativen Konsequenzen (b) entschieden werden muß. In beiden Fällen ist Reaktion 2 (lernen, nicht ins Kino gehen) die selbstkontrollierte Entscheidung, und Reaktion 1 (ins Kino gehen, nicht lernen) die impulsive Entscheidung. Eine Klammer gibt an, daß eine Alternative zwischen zwei Reaktionen besteht.

det). Man beachte, daß im Fall einer Entscheidung, die durch ihre negativen Konsequenzen definiert ist, die Entscheidung für das kleinere, unmittelbare Übel (nicht ins Kino gehen, beim Zahnarzt Schmerzen aushalten) und nicht die Entscheidung für das größere, aufgeschobene Übel (schlechte Noten bekommen, schlechte Zähne bekommen) eine selbstkontrollierte Entscheidung ist (siehe Kasten 2.2).

Was du heute kannst besorgen, das verschiebe nicht auf morgen.

Kasten 2.2

Betrachten wir ein letztes Beispiel für eine selbstkontrollierte Entscheidung, die sich als Wahl zwischen einem unmittelbaren, kleinen negativen Ereignis und einem aufgeschobenen, großen negativen Ereignis beschreiben läßt: An einem Strand in Maine nimmt ein Mensch an einem unerträglich heißen Tag ein Sonnenbad. Der Sonnenhungrige kann sich nun abkühlen, indem er ins kalte Wasser springt, dessen Temperatur keineswegs angenehm ist, oder er kann schwitzen und weiterhin am

Strand schmoren. In diesem Fall ist die Entscheidung für den Sprung ins kalte Wasser die selbstkontrollierte Entscheidung, und die Entscheidung, weiterhin am Strand zu bleiben, die impulsive Entscheidung.

Jede selbstkontrollierte Entscheidung läßt sich also entweder durch ihre positiven oder ihre negativen Konsequenzen beschreiben. In diesem Buch mag es manchmal wie ein Widerspruch zur Definition von Selbstkontrolle scheinen, wenn das rascher eintretende Ereignis mit dem geringeren Wert als Folge einer selbstkontrollierten Entscheidung dargestellt wird. Tatsächlich ist das kein Widerspruch, wenn dieses Ereignis eigentlich aversiv ist und die Entscheidung für dieses kleine Übel zu einem aufgeschobenen positiven Ergebnis für den Betreffenden führt.

Forschungsmethoden auf dem Gebiet von Impulsivität und Selbstkontrolle

Die experimentelle Methode

Dieses Buch stützt sich auf Laborstudien, in denen Selbstkontrolle unter experimentell kontrollierten Bedingungen untersucht wurde. Im Labor bemüht sich der Versuchsleiter, alle Variablen außer einer (der *unabhängigen Variable*), die er manipuliert, konstant zu halten. Auf diese Weise lassen sich sämtliche beobachteten Veränderungen im Verhalten der Versuchsperson (die *abhängige Variable*) relativ zuverlässig auf die Veränderungen der unabhängigen Variable zurückführen. Ein solches Vorgehen bezeichnet man als *experimentelle Methode*. Anhand dieser Methode lassen sich Zusammenhänge zwischen Ursache und Wirkung feststellen – ein eindeutiger Vorteil des Verfahrens. Da es jedem schwerfällt, sich in einer genau vorgeschriebenen Weise zu verhalten, wird in solchen Experimenten zur Selbstkontrolle oft ein Kontakt zwischen Versuchsleiter und Versuchsperson vermieden. Statt dessen mißt ein Computer die Reaktionen der Versuchsperson und ermittelt die Untersuchungsergebnisse.

Es kann jedoch auch nachteilig sein, nur die durch experimentelle Methoden gewonnenen Daten zu berücksichtigen. Wenn man sämtliche experimentellen Bedingungen mit Ausnahme einer einzigen Variablen kontrolliert, heißt das implizit, daß sich die Laborbedingungen von den Bedingungen in der Außenwelt unterscheiden. Zwar gibt es innerhalb und außerhalb des Labors keinen Unterschied in der Physiologie der Versuchspersonen. Daher spiegelt ihr Verhalten im Labor weitgehend die Regeln, die auch ihrem Verhalten außerhalb des Labors zugrunde liegen, wider. Dennoch läßt sich das Alltagsverhalten in der natürlichen Umwelt nur außerhalb des Labors beobachten. Bis zu einem bestimmten Grad ist also jedes Verhalten im Labor künstlich.

Ein zweiter Nachteil der alleinigen Berücksichtigung von experimentell gewonnenen Daten läge darin, daß zahlreiche Aspekte von Selbstkontrolle und Impulsivität bisher nicht unter kontrollierten Bedingungen untersucht wurden und vielleicht auch gar nicht experimentell untersucht werden können. So hat beipielsweise noch niemand eine Langzeitstudie zur Selbstkontrolle durchgeführt, in der eine große Stichprobe von Kindern in einjährigen Abständen vom Säuglingsalter bis hin zum Erwachsenenalter untersucht worden wäre. Experimentelle Forschung ist teuer – sie kostet viel Zeit und viel Geld. Außerdem lassen sich bestimmte Aspekte der natürlichen Umwelt, wie beispielsweise soziale Interaktionen, nur äußerst schwer experimentell untersuchen, weil sie nicht exakt kontrolliert werden können.

Angesichts der Tatsache, daß experimentelle Forschung in mancher Hinsicht unzulänglich oder unvollständig bleiben muß, stützt sich dieses Buch zwar im wesentlichen auf experimentelle Verfahren, doch es berücksichtigt auch Ergebnisse anderer Forschungsrichtungen. Kapitel 4 beispielsweise enthält Material zu kulturellen Unterschieden auf dem Gebiet der Selbstkontrolle, und in Teil III (Anwendungen in der Praxis) finden sich Überlegungen zu möglichen Implikationen experimentell gewonnener Ergebnisse für Situationen außerhalb des Labors.

Experimente mit Versuchspersonen und Versuchstieren

In der experimentellen Forschung auf dem Gebiet von Selbstkontrolle und Impulsivität wird nicht nur mit Versuchspersonen, sondern auch mit Versuchstieren und insbesondere mit Tauben und Ratten gearbeitet. Solche Experimente sollen deshalb in diesem Buch eine besondere Rolle spielen.

Experimentelle Forschung mit Tieren bietet einige eindeutige Vorteile. Zunächst einmal lassen sich Umweltbedingungen und Erbanlagen bei Labortieren sehr viel leichter kontrollieren als bei Versuchspersonen. Versuchstiere werden über viele Generationen hinweg gezüchtet, um ihre genetische Identität zu gewährleisten. Alle Artgenossen können von Geburt an unter praktisch identischen Bedingungen aufgezogen werden. Daher lassen sich bei Versuchstieren (anders als bei Versuchspersonen) Unterschiede zwischen verschieden behandelten Gruppen mit größerer Sicherheit auf die unterschiedliche Behandlung zurückführen. Unterschiedliche genetische Faktoren oder unterschiedliche vorangegangene Erfahrungen spielen bei Tierexperimenten eine geringere Rolle. Man kann also leichter feststellen, ob eine spezifische Behandlung eine bestimmte Wirkung hervorbringt oder nicht. Zweitens lassen sich mit Versuchstieren Experimente durchführen, die sich bei Menschen aus ethischen Gründen verbieten. So wird beispielsweise in Experimenten, in denen Tiere mit Nahrung belohnt werden, den Tieren die Nahrung häufig vorenthalten, bis sie 80 Prozent ihres Ausgangsgewichts erreicht haben – ein Verfahren, das sich bei Menschen normalerweise nicht ethisch rechtfertigen ließe. Drittens lassen sich Langzeituntersuchungen mit Versuchspersonen (einschließlich entwicklungspsychologischer Studien) oft nur außerordentlich schwer durchführen. Nur wenige Versuchspersonen hätten Zeit genug, um wiederholt an solchen Experimenten teilzunehmen. Viertens sind Experimente mit Versuchstieren in der Regel billiger, weil Versuchspersonen meist ein hoher Stundenlohn bezahlt werden muß (auch wenn die Betreuung und Versorgung von Versuchstieren ebenfalls recht kostspielig sein kann). Da der Mensch und viele Tierarten einen großen Teil der Evolutionsgeschichte gemeinsam haben, kann man vermuten, daß sich die Ergebnisse vieler Tierexperimente zumindest teilweise auch auf menschliches Verhalten übertragen lassen.

Wenn Forschung allerdings primär darauf abzielt, menschliches Verhalten zu erklären, haben Tierversuche auch einige Nachteile. Zwar eint uns unsere gemeinsame Entwicklungsgeschichte, doch jede Spezies hat sich in ihrer eigenen artspezifischen ökologischen Nische entwickelt. Soweit evolutionäre Voraussetzungen Verhalten formen, das an spezifische Unweltbedingungen angepaßt ist (siehe Kapitel 3), können unterschiedliche Arten auch unterschiedliche Verhaltensregeln entwickeln. Untersuchungsergebnisse, die in Experimenten mit einer Spezies gewonnen wurden, lassen sich also nicht unbedingt auf andere Arten übertragen. Zweitens unterscheiden sich Tiere und Menschen grundlegend im Hinblick auf Sprache, Wahrnehmung und andere kognitive Fähigkeiten. Auch deshalb können Ergebnisse aus Tierversuchen höchstens eingeschränkt für menschliches Verhalten gelten.

Dieses Buch will sich die Ergebnisse aus Tierversuchen zur Selbstkontrolle zunutze machen und dabei artübergreifende Verallgemeinerungen mit der gebotenen Umsicht behandeln.

Versuchsanordnung

Experimente, in denen Selbstkontrolle und Impulsivität wie oben definiert untersucht werden sollen, lassen sich ganz unterschiedlich anlegen. Alle Experimente enthalten allerdings eine explizite Wahl zwischen einem größeren, aufgeschobenen Ereignis und einem kleineren, rascher eintretenden Ereignis. Dennoch gibt es zahlreiche Unterschiede. Wir wollen deshalb einige der experimentellen Methoden mit ihren Ähnlichkeiten und Unterschieden darstellen, damit die wesentlichen Aspekte und der Sinn der unterschiedlichen Verfahrensweisen bekannt sind, wenn diese Verfahren in den nachfolgenden Kapiteln herangezogen werden. Die bibliographischen Anmerkungen enthalten ebenfalls Beispiele für die hier dargestellten methodologischen Varianten.

Experimente zu Selbstkontrolle und Impulsivität unterscheiden sich zunächst einmal hinsichtlich der Vielfalt der in Aussicht gestellten Ereignisse. Um Versuchspersonen oder Versuchstiere dazu zu bringen, daß sie sich zwischen verschiedenen Ereignissen entscheiden, werden möglichst attraktive Ereignisse eingesetzt, wie beispielsweise Zugang zu Nahrung (bei hungrigen Versuchspersonen und Versuchstieren), Spielzeug (bei Kindern), Geld, das Abstellen einer lautstarken Geräuschquelle oder das Betrachten interessanter Dias (die drei letzteren bei erwachsenen Versuchspersonen).[11] In manchen Experimenten werden nur gelegentlich *primäre Belohnungen* in Aussicht gestellt (d.h. Belohnungen wie Nahrung, die *per se* eine Belohnung darstellen, ohne daß sie mit anderen Belohnungen in Verbindung gebracht würden). Im übrigen werden *bedingte Belohnungen* eingesetzt (d.h. Belohnungen wie ein Licht- oder ein Tonsignal, die deshalb eine Belohnung darstellen, weil sie zuvor mit primären Belohnungen assoziiert wurden). In verschiedenen Experimenten mit Erwachsenen werden auch Punkte vergeben, die am Ende der Sitzung in Geld umgetauscht werden und als bedingte Belohnungen gelten können.[12] In anderen Experimenten erhalten die Versuchspersonen Broschüren, in denen verschiedene Ereignisalternativen beschrieben sind, und man sagt ihnen, daß sie am Ende des Experiments eine Belohnung ihrer Wahl bekommen.[13] In manchen Experimenten schließlich werden die Versuchspersonen mit Ereignissen konfrontiert, die von der Konzeption des Experiments her keinen Bezug zu einer primären Belohnung haben. Bei diesem Typ von Experimenten werden den Versuchspersonen schriftliche Fragen zu bestimmten hypothetischen Wahlmöglichkeiten oder zu allgemeineren selbstkontrollierten Verhaltensweisen vorgelegt.[14] So soll sich die Versuchsperson beispielsweise vorstellen, wie sie sich entscheiden würde, wenn sie die Wahl hätte zwischen einem kleineren, sofort verfügbaren und einem größeren, erst später verfügbaren Geldbetrag. Natürlich kann der Versuchsleiter umso sicherer sein, daß die Versuchsperson die jeweiligen Alternativen richtig wahrnimmt und sich nicht nur zufällig entscheidet, je unmittelbarer sie damit im Experiment konfrontiert wird. Aber auch hypothetische, lediglich in der Vorstellung existente Ereignisse bieten Vorteile – beispielsweise können auch große, erst Monate oder Jahre später verfügbare Geldbeträge als Ereignis vorgegeben werden, die sich im Labor nicht unmittelbar realisieren lassen.

Experimente zur Selbstkontrolle können sich auch insofern unterscheiden, als den Versuchspersonen entweder in einer Sitzung mehrere Alternativen oder in mehreren Sitzungen eine oder mehrere Alternativen vorgelegt werden.[15] Auch hier kann der Versuchsleiter – vor allem, wenn die Alternativen ähnlich sind – dann umso sicherer sein, daß die Entscheidung der Versuchsperson auf einer zutreffenden Wahrnehmung der verfügbaren Ergebnisse beruht, wenn mehrere Alternativen dargeboten wurden. Außerdem sind bestimmte Formen der mathematischen Ergebnisanalyse ohne eine Vielzahl von Alternativen gar nicht möglich.[16] Wir sollten allerdings darauf hinweisen, daß außerhalb des Labors kaum einmal genau dieselbe Alternative wiederholt zur Wahl steht. Oft müssen wir uns zwischen zwei möglichen Konsequenzen unseres Verhaltens entscheiden, ohne sie vorab genau zu kennen. Wir orientieren uns dann an ähnlichen Erfahrungen aus der Vergangenheit und an Informationen, die wir von Personen, die wir für sachkundig halten, oder aus den Medien beziehen.

Ein Beispiel für eine Alternative in Experimenten zur Selbstkontrolle ist eine Entscheidung, die viele Menschen treffen müssen, ohne das genaue Ergebnis zu kennen: die Entscheidung zwischen der Einzahlung von Geld in eine Rentenkasse und dem Kauf einer neuen Stereoanlage. Wer vor dieser Entscheidung steht, war noch nie im Ruhestand, hat keine Ahnung, wie lange sein Ruhestand dauern wird, und hat nie die Stereoanlage besessen, um die es in diesem Fall geht. Wahrscheinlich hat er aber schon Erfahrungen mit Menschen, die im Ruhestand sind, und mit anderen Stereoanlagen. Vielleicht hat er auch schon gelesen, wie wichtig es ist, für seinen Ruhestand vorzusorgen, und welche Vorzüge diese ganz bestimmte Stereoanlage besitzt. Wenn ein Experiment mehrere Entscheidungen einschließt, kann es vorkommen, daß den Versuchspersonen beispielsweise das rascher eintretende Ereignis mit dem geringeren Wert häufiger dargeboten wird als das später eintretende Ereignis mit höherem Wert (siehe Abbildung 2.3a). Eine solche Situation kann entstehen, wenn die Versuchsperson das raschere Ereignis bevorzugt und unmittelbar nach dem Eintreten eines Ereignisses gleich wieder Gelegenheit hat, sich zu entscheiden. Zwischen den einzelnen Entscheidungen vergeht nämlich dann weniger Zeit, wenn die Versuchsperson sich jeweils für das rascher eintretende und gegen das erst später eintretende Ereignis entscheidet. Da die Ereig-

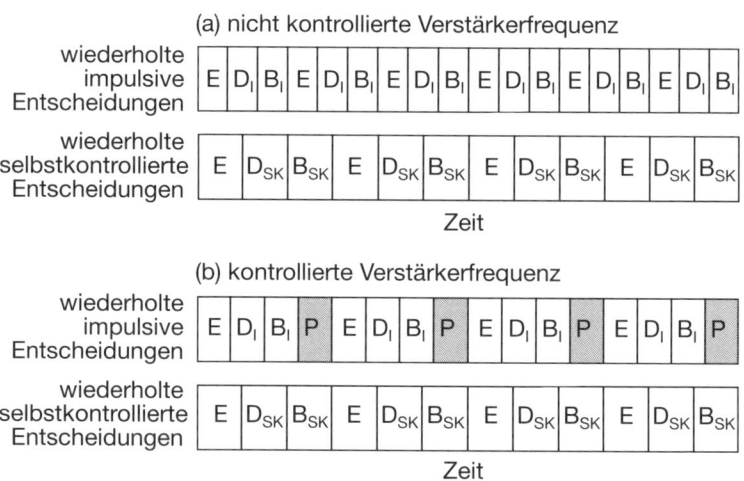

2.3 Werden im Experiment Wahlsituationen zwischen impulsiven und selbstkontrollierten Reaktionen vorgegeben, so kommt es darauf an, die Anzahl der Entscheidungen innerhalb der Versuchszeit zu kontrollieren. Da impulsive Entscheidungen weniger Zeit benötigen, würde sich die Anzahl impulsiver Entscheidungen im Vergleich zu den selbstkontrollierten erhöhen (a), während unter kontrollierten Bedingungen (b) durch Pausen (P) für eine gleiche Zahl von Entscheidungen (E) gesorgt ist. E steht für die Zeit, in der sich die Versuchsperson entscheidet, D_I und B_I bezeichnen bei der impulsiven Alternative die Zeitdauer, bis eine Belohnung gewährt wird beziehungsweise die Zeitspanne, in der die Belohnung zugänglich ist; D_{SK} und B_{SK} bezeichnen für die Alternative die Zeit des Belohnungsaufschubs und die Zeit, in der die Belohnung gewährt wird.

nishäufigkeit die Entscheidungspräferenz beeinflussen kann, wird bei solchen Experimenten in der Regel nach dem rascher eintretenden Ergebnis mit dem geringeren Wert eine bestimmte Zeitspanne bis zur nächsten Entscheidungssituation eingehalten, damit unabhängig von den jeweiligen Entscheidungen verschiedener Versuchspersonen stets gleich viele Entscheidungssituationen auftreten (siehe Abbildung 2.3b).

Die Versuchsanordnung unterscheidet sich bei Experimenten zur Selbstkontrolle auch in den Zeitspannen, die zwischen der Wahlreaktion und dem daraus resultierenden Ereignis vorgesehen sind. In vielen Experimenten mit Menschen und Tieren handelt es sich um ein festes Intervall zwischen dem Zeitpunkt der Wahlreaktion und dem Eintreten des Ereignisses. Die abhängige Variable ist dann die Anzahl der Wahlreaktionen zugunsten des bevorzugten, aufgeschobenen Ereignisses. In anderen Experimenten dauert diese Zeitspanne so lange, bis die Versuchsperson sich für das weniger bevorzugte, rascher eintretende Ereignis entscheidet. Dieses Verfahren wird oft in Experimenten mit Kindern angewendet.[17] Man sagt den Kindern dann beispielsweise, daß sie zwei Brezeln bekommen könnten, wenn sie eine Glocke läuten, sobald der Versuchsleiter zurückkommt, daß es aber nur eine Brezel gibt, wenn sie schon früher läuten. Die abhängige Variable bei einem solchen Verfahren ist also die Zeitspanne, die vergeht, bis das Kind die Glocke läutet. In einer dritten Variante kann man das Zeitintervall festlegen, es aber der Versuchsperson überlassen, ob sie sich während des Wartens auf das größere Ergebnis umentscheidet und das kleinere, aber rascher eintretende Ereignis wählt.[18] Außerdem wurden in einigen wenigen Experimenten die Versuchspersonen aufgefordert, sich während des Wartens auf ein positiver bewertetes aufgeschobenes Ereignis wiederholt zu entscheiden.[19]

Die Versuchsanordnung kann sich bei Experimenten zur Selbstkontrolle schließlich auch darin unterscheiden, was die Versuchsperson tun muß, um ihre Entscheidung mitzuteilen. Oft gibt es nur eine Verhaltensalternative – auf einem Blatt Papier etwas anstreichen, einen Knopf drücken, einen Hebel betätigen, usw.[20] In vielen Experimenten wird jedoch ein *Verstärkungsplan* eingesetzt, in dem bestimmte, vom Versuchsleiter festgesetzte Vorgaben darüber entscheiden, welche Reaktionen effiziente Wahlreaktionen darstellen – anders gesagt, welche Reaktionen eine *Verstärkung* (in der Regel durch Belohnung) auslösen. Der bei Experimenten zur Selbstkontrolle am häufigsten eingesetzte Verstärkungsplan sieht für jede Wahlalternative einen eigenen Zeitrhythmus der Verstärkung vor und besteht aus *zwei parallelen Plänen mit variablen Inter-*

vallen[21]. Bei jedem dieser parallelen Verstärkungspläne wird nach einem bestimmten Zeitintervall die jeweils nächste Wahlreaktion wirksam und löst den Verstärker aus (so ähnlich, wie wenn man in einer U-Bahn-Station mehrfach zum Tunnel hin Ausschau hält und die Bahn dann endlich kommen sieht). Angenommen, wir haben einen Verstärkungsplan, bei dem die Wahlreaktionen nach 15-Sekunden-Intervallen erfolgen sollen. Dann wird durchschnittlich alle 15 Sekunden eine spezifische Reaktion (wie das Drücken des linken Knopfes) zu einem Ereignis führen, das mit einer bestimmten Zeitverzögerung eintritt und durch einen bestimmten Wert charakterisiert ist. Beispielsweise kann nach einer Verzögerung von zehn Sekunden für zehn Sekunden eine Belohnung in Form von Nahrung zugänglich sein. Parallel dazu kann in einem zweiten Verstärkungsplan durchschnittlich alle 15 Sekunden eine zweite Wahlreaktion (wie das Drücken des rechten Knopfes) zu einem anderen Ereignis führen, das eine andere Verstärkungsverzögerung und einen anderen Wert aufweist. (So kann nach einer Verzögerung von zwei Sekunden für zwei Sekunden Nahrung zugänglich sein.) Durch Verstärkungspläne mit variablen Intervallen lassen sich tendenziell eher gemäßigte, gleichbleibende Reaktionsraten[22] erreichen, so daß in gleichen Zeiten gleich viele Wahlentscheidungen erfolgen.

Fazit

Mensch und Tier stehen oft vor der Wahl zwischen einem aufgeschobenen Ereignis mit höherem positiven Wert (Selbstkontrolle) und einem rascher eintretenden Ergebnis mit geringerem Wert (Impulsivität). Diese Art von Wahlverhalten spielt in unserem Alltag eine große Rolle und kann im Labor auf ganz unterschiedliche Weise untersucht werden. Tiere verhalten sich oft impulsiv – ein Hinweis darauf, daß das Aufschieben ein Ereignis in seinem Wert herabsetzt. Im folgenden Kapitel soll die evolutionäre Grundlage von Impulsivität und Selbstkontrolle dargestellt werden. Besondere Aufmerksamkeit widmen wir dabei der Frage, welchen Einfluß die Evolution auf die Bewertung aufgeschobener Belohnungen hat.

Anmerkungen

1. Ainslie, G. W. *Impulse Control in Pigeons*. In: *Journal of the Experimental Analysis of Behavior* 21 (1974) S. 485–489.
   Logue, A. W. *Research on Self-control: An Integrating Framework*. In: *Behavioral and Brain Sciences* 11 (1988) S. 665–709.
   Rachlin, H.; Green, L. *Commitment, Choice and Self-control*. In: *Journal of the Experimental Analysis of Behavior* 17 (1972) S. 15–22.
2. Aus Brenner, Leslie *I See a Taco in Your Future*. Copyright © 1991 Leslie Brenner. Erstmalig veröffentlicht in: *New York Magazine* 2. Dezember 1991. Abdruck mit Genehmigung der Virginia Barber Literary Agency. Sämtliche Rechte vorbehalten.
3. Patterson, C. J.; Mischel, W. *Plans to Resist Distraction*. In: *Developmental Psychology* 11 (1975), S. 369–378.
4. Goldfried, M. R.; Merbaum, M. (Hrsg.) *Behavior Change Through Self-control*. New York (Holt, Rinehart and Winston) 1973.
   Skinner, B. F. *Science and human behavior*. New York (The Free Press) 1959.
5. Kagan, J. *The Nature of the Child*. New York (Basic Books) 1984.
6. Kanfer, F. H.; Goldfoot, D. A. *Self-control and Tolerance of Noxious Stimulation*. In: *Psychological Reports* 18 (1966) S. 79–85.
7. Kagan, J.; Kogan, N. *Individual Variation in Cognitive Processes*. In: Mussen, P. H. (Hrsg.) *Carmichael's Manual of Child Psychology*. New York (Wiley) 1970. S. 1 273–1 365.
   Kagan, J.; Rosman, B. L.; Day, D.; Albert, J.; Phillips, W. *Information Processing in the Child: Significance of Analytic and Reflective Attitudes*. In: *Psychological Monographs* 78 (Vol. No. 578) (1964) S. 1–37.
8. Mischel, W.; Metzner, R. *Preference for Delayed Reward as a Function of Age, Intelligence, and Length of Delay Interval*. In: *Journal of Abnormal and Social Psychology* 64 (1962) S. 425–431.
   Schwarz, J. C.; Schrager, J. B.; Lyons, A. E. *Delay of Gratification by Preschoolers: Evidence for the Validity of the Choice Paradigm*. In: *Child Development* 54 (1983) S. 620–625.
9. Herzberger, S. D.; Dweck, C. S. *Attraction and Delay of Gratification*. In: *Journal of Personality* 46 (1978) S. 214–227.
   Maitland, S. D. P. *Time Perspective, Frustration-failure and Delay of Gratification in Middle-class and Lower-class Children from Organized and Disorganized Families*. In: *Dissertation Abstracts* 27 (1967) S. 3 676-B.
10. Logue, A. W.; King, G. R. *Self-control and Impulsiveness in Adult Humans when Food is the Reinforcer*. In: *Appetite* 17 (1991) S. 105–120.

Logue, A. W.; King, G. R.; Chavarro, A.; Volpe, J. S. *Matching and Maximizing in a Self-control Paradigm Using Human Subjects.* In: *Learning and Motivation* 21 (1990) S. 340–368.

11. Davids, A. *Ego Functions in Disturbed and Normal Children: Aspiration, Inhibition, Time Estimation, and Delayed Gratification.* In: *Journal of Consulting and Clinical Psychology* 33 (1969) S. 61–70.

    Logue; King *Self-control and Impulsiveness.* S. 105–120.

    Logue, A. W.; Rodriguez, M. L.; Peña-Correal, T. E.; Mauro, B. C. *Choice in a Self-control Paradigm: Quantification of Experience-based Differences.* In: Journal of the Experimental Analysis of Behavior 41 (1984) S. 53–67.

    Mischel, W.; Moore, B. *Effects of Attention to Symbolically Presented Rewards on Self-control.* In: *Journal of Personality and Social Psychology* 28 (1973) S. 172–179.

    Navarick, D. J. *Reinforcement Probability and Delay as Determinants of Human Impulsiveness.* In: *The Psychological Record* 37 (1987) S. 219–226).

    Solnick, J. V.; Kannenberg, C. H.; Eckerman, D. A.; Waller, M. B. *An Experimental Analysis of Impulsivity and Impulse Control in Humans.* In: *Learning and Motivation* 11 (1980) S. 61–77.

    Yates, J. F.; Revelle, G. L. *Processes Operative During Delay of Gratification* In: *Motivation and Emotion* 3 (1979) S. 103–115.

12. Logue, A. W.; Peña-Correal, T. E.; Rodriguez, M. L.; Kabela, E. *Self-control in Adult Humans: Variation in Positive Reinforcer Amount and Delay.* In: *Journal of the Experimental Analysis of Behavior* 46 (1986) S. 159–173.

13. Mischel, W.; Grusec, J. *Waiting for Rewards and Punishments: Effects of Time and Probability on Choice.* In: *Journal of Personality and Social Psychology* 5 (1967) S. 24–31.

14. Loewenstein, G.; Thaler, R. H. *Anomalies: Intertemporal Choice.* In: *Journal of Economics Perspectives* 3 (1989) S. 181–193.

    Rosenbaum, M. *A Schedule for Assessing Self-control Behaviors: Preliminary Findings.* In: Behavior Therapy 11 (1980) S. 109–121.

15. Logue, A. W. *Research on self-control: An Integrating Framework.* In: *Behavioral and Brain Sciences* 11 (1988) S. 665–709.

16. Ibid.

17. Ibid.

18. Logue, A. W.; Peña-Correal, T. E. *Responding During Reinforcement Delay in a Self-control Paradigm.* In: *Journal of the Experimental Analysis of Behavior* 41 (1984) S. 267–277.

19. Patterson; Mischel *Plans to Resist Distraction.* S. 369–378.

20. Logue, A. W.; Chavarro, A. *Self-control and Impulsiveness in Preschool Children.* In: *Psychological Record* 42 (1992) S. 189–204.

Logue; Peña-Correal, Rodriguez, Kabela *Self-control in Adult Humans.* S. 159–173.

Mischel; Grusec *Waiting for Rewards and Punishments.* S. 24–31.

21. Logue *Research on Self-control.* S. 665–709.
22. Reynolds, G. S. *A Primer of Operant Conditioning* (rev. ed.). Glenview, Illinois (Scott, Foresman and Company) 1975.

Teil II
Psychologische und biologische Grundlagen

3. Unser evolutionäres Erbe

Im Laufe der Evolution haben sich nicht nur Gliedmaßen und Sinnesorgane, sondern auch das Gehirn aller Lebewesen weiterentwickelt. Das heißt, auch bestimmte Aspekte des Verhaltens haben sich bei Mensch und Tier evolutionär herausgebildet – insbesondere diejenigen Verhaltensweisen, die von der Struktur des Gehirns oder anderer Körperteile abhängen. Seit 1970 befaßt sich die Psychologie verstärkt mit der Entwicklung von Kognition, Lernen, Motivation und Wahrnehmung – unterschiedlichen Aspekten des Verhaltens bei Lebewesen, die mit ihrer Umwelt interagieren.[1]

In diesem Kapitel geht es um die Annahme, daß Mensch und Tier ein spezifisches Verhaltensmerkmal entwickelt haben, nämlich die Tendenz, aufgeschobene Ergebnisse abzuwerten – eine Tendenz, die Impulsivität begünstigt. Die Behauptung, daß diese Tendenz ebenso wie andere Merkmale eine Folge der Evolution ist, läßt sich weder beweisen noch widerlegen, denn sie bezieht sich auf Ereignisse, die weit in der Vergangenheit liegen. Wir können jedoch zeigen, daß eine Abwertung aufgeschobener Ereignisse in vieler Hinsicht einer evolutionären Anpassung entspricht, während dieselbe Tendenz in der heutigen Umwelt des Menschen keinen adaptiven Vorteil mehr besitzt. In diesem Kapitel wollen wir auch diskutieren, in welchem Grad ein spezifisches Verhalten durch evolutionäre Einflüsse vorherbestimmt ist und welchen Einfluß die Evolution auf physiologische Mechanismen hat, die das jeweilige Verhalten unmittelbar hervorrufen.

Abwertung aufgeschobener Ereignisse

Die meisten Menschen würden aufgrund ihrer Alltagserfahrung der Behauptung zustimmen, daß aufgeschobene Ereignisse tendenziell geringer eingeschätzt werden als unmittelbare Ereignisse – nicht nur bei Menschen, sondern auch bei Tieren. Und zahlreiche Befunde der experimentellen Forschung bestätigen dies. Tatsächlich weiß man in der experimentellen Psychologie inzwischen nicht nur, daß die meisten Spezies aufgeschobene Ereignisse geringer bewerten als unmittelbare, sondern auch, in welchem Maße das geschieht. Es hat sich gezeigt, daß der Wert in der Regel nicht linear[2] mit der zeitlichen Dauer des Aufschubs, sondern rascher abnimmt. Die Funktionskurve ist keine Gerade, sondern scheint annähernd hyperbolisch zu verlaufen, wie Abbildung 3.1c zeigt.

Bildteil a illustriert den Kurvenverlauf für ein Ereignis, bei dem keine Abwertung erfolgt, der Aufschub also keine Rolle spielt. Die dicke senkrechte Linie markiert die Bewertung eines Ereignisses zum Zeitpunkt seines Eintretens – zum Zeitpunkt also, an dem dieses Ereignis aufgrund einer bestimmten Wahlreaktion ohne Aufschub eintritt. Die waagerechte Linie, die in Höhe des obersten Punkts der senkrechten Linie verläuft, zeigt an, daß der Wert nicht abnimmt, wenn sich der Zeitpunkt der Wahlreaktion zeitlich immer weiter rückwärts verschiebt und der Zeitabstand zwischen dem Zeitpunkt, an dem das Ergebnis eintrifft, und der Wahlreaktion größer wird. Abbildung 3.1b zeigt eine lineare Beziehung

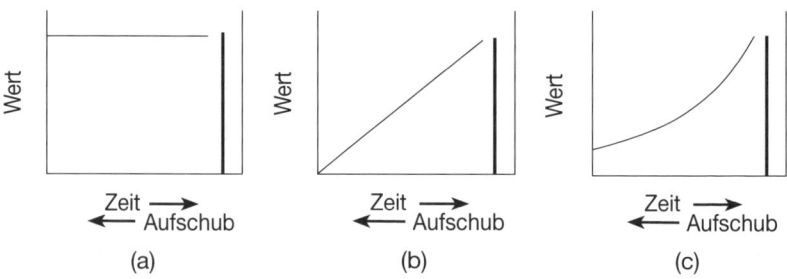

3.1 Mögliche Zusammenhänge zwischen dem Wert eines Ergebnisses und der Zeit, die bis zum Eintreten dieses Ergebnisses abgewartet werden muß. Als Bezugspunkt dient die dickere vertikale Linie, die den Wert eines Ergebnisses für den Zeitpunkt angibt, an dem es ohne Aufschub eintreffen würde. Links von dieser vertikalen Linie ist der Wert des Ergebnisses als Funktion der Zeit angegeben. Dabei nimmt die Zeit, die bis zum Eintreffen des Ergebnisses verstreicht, von links nach rechts zu, das heißt, der Belohnungsaufschub wird mit fortschreitender Zeit immer geringer. Im Fall (a) ändert sich der Ergebniswert überhaupt nicht – er bleibt bis zum Zeitpunkt seines Eintreffens auf konstantem Niveau. Die Gerade (b) gibt eine lineare Beziehung zwischen Ergebniswert und Zeit wieder. Die Funktionskurve (c) entspricht einer Hyperbel – also einer hyperbolischen Abhängigkeit des Werts von der Zeit.

zwischen Ergebnisbewertung und Aufschub. Der Wert nimmt proportional mit der Dauer des Aufschubs ab. Abbildung 3.1c zeigt den Typus der nichtlinearen Funktion, der im Labor tatsächlich entsteht, nämlich eine Hyperbel. Je nach Spezies und Situation fällt diese Kurve steiler oder flacher ab, doch in allen Fällen, in denen eine Abwertung eintritt, ergeben die Daten einen hyperbolischen Kurvenverlauf.[3]

Einige Merkmale selbstkontrollierten und impulsiven Verhaltens lassen sich unmittelbar aus der Tatsache ableiten, daß die Beziehung zwischen Ergebnisbewertung und Ergebnisaufschub einer Hyperbel entspricht. So stimmt die hyperbolische Abnahme des Werts mit der Tatsache überein, daß sich ein vergleichsweise geringer Aufschub bei einem zeitlich sehr nahe liegenden Ereignis entscheidend auf die Bewertung des Ereignisses auswirken kann. Tritt ein Ereignis allerdings erst nach längerer Zeit ein, so wird auch ein vergleichsweise großer Aufschub keinen großen Unterschied mehr hervorrufen.

Abbildung 3.2 zeigt die Hyperbeln für zwei Ereignisse – wobei das zeitlich nähere einen geringeren Wert hat als das zeitlich weiter entfernte. Man beachte, daß sich die beiden Hyperbeln überschneiden. Müßte man sich zum Zeitpunkt x zwischen den beiden möglichen Ereignissen entscheiden, so würde man das höher bewertete, weiter entfernt liegende Ereignis wählen (der Wert auf der Hyperbel des späteren Ereignisses ist bei x größer). Müßte man sich zum Zeitpunkt y entscheiden, würde man

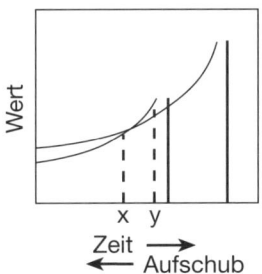

3.2 Die beiden hyperbolischen Funktionskurven für die Werte zweier Ergebnisse – ein größeres, weiter aufgeschobenes Ergebnis und ein kleineres, weniger aufgeschobenes Ergebnis – illustrieren, wie sich die Wertunterschiede im Laufe der Zeit verändern. x und y geben beispielhaft zwei Zeitpunkte an, an denen eine Entscheidung zwischen den beiden möglichen Ergebnissen getroffen werden kann. Zum Zeitpunkt x erscheint das früher eintretende Ergebnis weniger wertvoll als das spätere – wahrscheinlich wird die Wahl selbstkontrolliert zugunsten des späteren Ergebnisses ausfallen. Zum Zeitpunkt y ist impulsive Bevorzugung des früher erreichbaren Ergebnisses wahrscheinlich.

das rascher eintreffende Ereignis wählen. Anders gesagt, die Entscheidung zwischen den beiden möglichen Ereignissen würde in Abhängigkeit von der Zeitspanne bis zu ihrem Eintreffen revidiert. Eine solche Umkehr der Entscheidung zeigt sich häufig in Paradigmen zur Selbstkontrolle. Betrachten Sie beispielsweise die Situation, in der Sie die Wahl haben, morgens ein wenig länger auszuschlafen (kleinerer Wert sofort) oder etwas früher an Ihrem Arbeitsplatz zu sein (größerer Wert später). Am Abend zuvor (Punkt x) entscheiden Sie sich, frühzeitig zur Arbeit zu kommen, indem Sie ihren Wecker stellen. Am andern Morgen allerdings (Punkt y) entscheiden Sie sich wahrscheinlich dafür, noch ein wenig länger zu schlafen.

Die Hyperbeln in den Abbildungen 3.1c und 3.2 sind Ausdruck einer mathematischen Beziehung zwischen Ergebnisbewertung und Ergebnisaufschub, die sich in folgender Form ausdrücken läßt:

$$W = 1/A^s \tag{1}$$

In dieser Potenzgleichung ist W der Wert des Ereignisses, A der Aufschub bis zu seinem Eintreten und s ein Exponent, der angibt, wie W sich im Verhältnis zum Aufschub verändert. Grundsätzlich besagt Gleichung 1, daß der Wert umso rascher mit zunehmender Aufschubdauer sinkt, je größer der Exponent s ist (siehe Tabelle 3.1). Bei einem relativ großen s führen bereits geringe Veränderungen des Aufschubs zu großen Veränderungen des Wertes – in solchen Fällen reagieren Versuchspersonen auf einen kleinen Zeitaufschub mit einer starken Abwertung des Ereignisses. Die zugehörigen Funktionskurven (vergleiche Abbildungen 3.1c und 3.2) werden dann sehr steil. Ist s relativ klein, haben große Veränderungen im Ereignisaufschub nur geringe Veränderungen in der Ereignisbe-

Tabelle 3.1:   Auswirkungen auf den Wert eines Ergebnisses bei unterschiedlichen s-Werten in der Gleichung $W = 1/A^s$

	W-Wert			
A	$s = 0$	$s = 0{,}5$	$s = 1{,}0$	$s = 2{,}0$
0,50	1,00	1,41	2,00	4,00
1,00	1,00	1,00	1,00	1,00
5,00	1,00	0,45	0,20	0,04

wertung zur Folge – die Versuchspersonen reagieren nur mit einer geringfügigen Abwertung des Ereignisses. Die Hyperbelkurve verläuft sehr flach. Wenn im Extremfall s gleich 0 ist, ist A^s unabhängig vom Wert von A (Aufschub) immer gleich 1 ($A^0 = 1$), so daß unterschiedliche Aufschubzeiten den Wert kaum noch beeinflussen und sich die Hyperbel der Geraden in Abbildung 3.1a annähert.[4]

Potenzfunktionen sind nicht nur hilfreich, wenn die Auswirkungen der Aufschubdauer auf den Wert eines Ereignisses dargestellt werden soll. Auch die Auswirkungen, die physikalische Größen auf die Wahrnehmung von Lautstärke, Helligkeit, Linienlänge und viele andere Wahrnehmungsqualitäten haben, lassen sich am besten durch Potenzfunktionen darstellen. Zum Beispiel ist die Lautstärke, die wir wahrnehmen, durch eine Potenzfunktion mit der Schallintensität verknüpft. Man nimmt an, daß diese Potenzfunktionen eine grundlegende Eigenschaft unseres Wahrnehmungssystems zum Ausdruck bringen und zeigen, wie unser Körper die Umwelt wahrnimmt.[5] Wenn sich ein externer Reiz um jeweils eine Größeneinheit erhöht, nimmt unser Wahrnehmungssystem dies nicht als Zunahme gleicher Einheiten wahr. Unsere Wahrnehmung verhält sich also nicht so wie die linearen Veränderungen der tatsächlichen physikalischen Reize, sondern wir nehmen lineare Zunahmen um eine Einheit als unterschiedlich groß wahr, wobei der Größenunterschied durch eine Potenz bestimmt ist.

Die Umwelt, in der sich Mensch und Tier entwickelten

Eine Untersuchung der Umwelt, in der sich Mensch und Tier entwickelten, zeigt, daß Tiere wahrscheinlich die Tendenz herausgebildet haben, zeitlich aufgeschobene Ereignisse abzuwerten. Der Mensch lebte früher in einer Umwelt, die eher der aller anderen Lebewesen glich, und in der zukünftige Nahrungsquellen wie eigentlich alle zukünftigen Ereignisse höchst unvorhersagbar waren.[6] Vor etwa 1,4 Millionen Jahren waren die Hominiden Jäger und Sammler in Afrika.[7] Sie nahmen sich aus ihrer Umwelt, was ihnen zugänglich war, jagten andere Lebewesen oder sammelten Wurzeln, Samen, Früchte und Nüsse in den Wäldern und auf den Feldern. Nahrung war zu dieser Zeit relativ angemessen und gleichbleibend verfügbar. Das Klima blieb einigermaßen konstant. Naturkatastro-

phen wie Dürre und Feuersbrünste beeinträchtigten den Zugang zu Nahrung nicht wesentlich. Die Bevölkerungsdichte war gering, und die Jäger
und Sammler zogen weit umher, um die verfügbaren Nahrungsquellen
optimal zu nutzen.[8] Für diese Hominiden war zwar der Zugang zu Nahrung relativ gesichert, aber das Leben selbst war keineswegs sicher. Die
Lebenserwartung lag sehr viel niedriger als heutzutage, weil Krankheiten
und Unfälle oft früh zum Tod führten.

Vor etwa einer Million Jahren begannen die Jäger und Sammler, aus
den äquatornahen Gebieten Afrikas wegzuziehen.[9] Die klimatischen Verhältnisse, in denen sie lebten, wurden unsicherer, und der Zugang zu
Nahrung war nicht mehr ohne weiteres gewährleistet. Neben den bereits
für die afrikanischen Jäger und Sammler genannten Gründen führten
gelegentliche Hungersnöte dazu, daß die Lebenserwartung der Menschen
kürzer war als unsere.[10]

> Man soll den Pelz nicht verteilen, ehe der Bär geschossen ist.

Kasten 3.1

Erst vor etwa zehntausend Jahren, also vor relativ kurzer Zeit in der
Entwicklungsgeschichte der Menschheit, ließen sich Gruppen von Jägern und Sammlern an festen Orten nieder und fingen an, Ackerbau zu
betreiben. Naturkatastrophen aller Art vernichteten oft ihre Ernte, und
obwohl sie lernten, ihre Nahrungsmittel zu lagern und damit zu handeln,
lebten sie häufig am Rand des Hungertodes.[11] Zudem war das medizinische Wissen in den meisten dieser Gesellschaften recht begrenzt. Die
Lebenserwartung lag noch niedriger als bei den Jägern und Sammlern.[12]
Viele frühe Ackerbaugesellschaften huldigten omnipotenten Naturgöt-
tern – und drückten darin die eigene Unfähigkeit aus, zukünftige Ereignisse kontrollieren zu können.[13]

In solchen frühen menschlichen Umwelten sind spezifische aufgeschobene Ereignisse nicht sehr wahrscheinlich, und so ist es auch nicht
sehr vorteilhaft, auf sie zu warten[14] (siehe Kasten 3.1). Anders gesagt, in
einer Umwelt, in der zukünftige Ereignisse ungewiß sind, dürfte Impulsivität eher den insgesamt erwartbaren Nutzen maximiert haben als
Selbstkontrolle. Wenn es beispielsweise aufgrund häufiger Seuchen
ziemlich unwahrscheinlich ist, daß der einzelne das Alter der Fortpflanzung ganz oder auch nur teilweise erlebt, ist es wenig sinnvoll, daß er im
Hinblick auf Sexualität und Schwangerschaft Selbstkontrolle zeigt. Viel-

mehr sollte er bei jeder Gelegenheit ein Sexualverhalten zeigen, das eine Schwangerschaft begünstigt. Aus dieser Darstellung wird deutlich, daß Selbstkontrolle, wenn sie einfach als Entscheidung für das größere, aufgeschobene Ereignis definiert wird, nicht unbedingt zu einer insgesamt maximierten positiven Konsequenz führt. Wenn man feststellen will, welche Wahlreaktion ein insgesamt positives Ereignis maximiert, sollte man auch die Ereigniswahrscheinlichkeit miteinbeziehen. (Siehe Kapitel 9 zur Darstellung dessen, in welcher Weise das Unwahrscheinlichmachen eines Ereignisses einem Aufschub gleichkommt.)

Impulsivität führt zu einer Abwertung aufgeschobener Ereignisse. Wir wissen, daß in einer unsicheren Umwelt eher Impulsivität als Selbstkontrolle die insgesamt möglichen Vorteile maximiert. Wir wissen außerdem, daß Mensch und Tier im Verlauf der Entwicklungsgeschichte über viele, viele Generationen hinweg in einer unsicheren Umwelt lebten. Daher ist es wahrscheinlich, daß im Verlauf der Evolution diejenigen Spezies, die aufgeschobene Ereignisse tendenziell geringer bewerteten als unmittelbare Ereignisse, zumindest in manchen Situationen eine höhere Überlebenschance hatten. Zudem erhöhten in der Umwelt, in der sich unsere Vorfahren und die Vorfahren anderer Spezies entwickelten, wahrscheinlich diejenigen Gene, die impulsives Verhalten begünstigten, die *inklusive Fitness* eines Individuums, das heißt, die Überlebenschance seiner biologischen Verwandten (die ja am ehesten dieselben Gene wie das fragliche Individuum trugen).[15] Dieser Selektionsvorteil von Lebewesen, die aufgeschobene Ereignisse geringer bewerten, hätte dann im Laufe der Generationen dazu geführt, daß ein immer höherer Prozentsatz der Nachfahren mit Genen ausgestattet ist, die irgendwie zur Geringschätzung aufgeschobener Ereignisse beitrugen. Es ist also wahrscheinlich, daß Menschen ebenso wie andere Lebewesen Gene tragen, die bewirken, daß aufgeschobene Ereignisse geringer bewertet werden als unmittelbare Ereignisse.

Im Hinblick auf Abwertung und Impulsivität gibt es situations- und artspezifische Unterschiede[16], die zumindest teilweise eine evolutionäre Grundlage haben. So reagieren beispielsweise hungrige Versuchspersonen im Laborexperiment impulsiver auf eine Belohnung in Form von Nahrung als auf Punkte, die sie am Ende einer jeden Sitzung gegen Geld eintauschen können.[17] Dieser situationsspezifische Unterschied im Ausmaß der Selbstkontrolle hängt offensichtlich mit einem Unterschied im unmittelbaren Nutzen der beiden Arten von Belohnungen zusammen. Bei einem hungrigen Tier gewährleistet eine unmittelbare Belohnung in

Form von Nahrung, daß es genug Energie aufnimmt, um sich auch zukünftig noch Nahrung suchen zu können (siehe auch Kapitel 6). Umgekehrt bieten Punkte, die eine Versuchsperson in den Sitzungen bekommt,
aber erst im Anschluß daran in Geld umtauschen kann, keinen unmittelbaren Nutzen. Der Vorteil läßt sich dann nur insofern maximieren, als die
Versuchsperson sich bemühen kann, während der gesamten Sitzung
möglichst viele Punkte für einen aufgeschobenen Nutzen anzusammeln
(zu einer ausführlicheren Darstellung der Frage Selbstkontrolle und Geld
siehe Kapitel 9).

Experimentelle Forschung hat auch gezeigt, daß Menschen, selbst
wenn sie unter bestimmten Bedingungen ziemlich impulsiv reagieren,
sich im Labor sehr viel selbstkontrollierter verhalten als Ratten oder
Tauben.[18] Einige Forscher nehmen an, daß diese artspezifischen Unterschiede nicht auf unterschiedliche Umwelten zurückzuführen sind, in
denen sich die jeweiligen Spezies entwickelt haben, sondern auf Unterschiede in ihren kognitiven Fähigkeiten.[19] Richard D. Alexander erklärt
die relativ große Selbstkontrolle bei Menschen sogar damit, daß „die
zentrale evolutionäre Funktion der menschlichen Psyche in der Entwicklung der Fähigkeit besteht, die Zukunft antizipieren oder vorhersagen zu
können und sie im (evolutionären, reproduktiven) Interesse der genetischen Durchsetzungsfähigkeit des Selbst zu manipulieren"[20]. Weiterhin
postuliert er, das menschliche Bewußtsein sei „die Fähigkeit, unmittelbare Belohnungen und Strafen zu umgehen, um in der Vorstellung vorweg-
genommene größere Belohnungen sicherzustellen"[21]. Im nächsten Kapitel werden wir allerdings feststellen, daß der Mensch nicht die einzige
Spezies ist, die zur Selbstkontrolle fähig ist. Zwar entwickeln Menschen
in bestimmten Situationen mehr Selbstkontrolle als andere Arten, doch
sind sie oft noch in einer Weise impulsiv, die letztendlich nicht die beste
Strategie darstellt. Das menschliche Bewußtsein muß sich in Zukunft
wohl noch weiterentwickeln. Für die Probleme, die aus unserer Impulsivität entstehen, sollen in den folgenden Abschnitten aber zunächst einmal unmittelbarere Lösungen dargestellt werden.

Unsere heutige Umwelt

Die heutige Umwelt der meisten Menschen in den Vereinigten Staaten
unterscheidet sich grundlegend von der Umwelt der Jäger und Sammler

oder der ersten Ackerbau-Gesellschaften. Zunächst einmal ist eigentlich immer irgendeine Art von Nahrung verfügbar – die Lebensmittelversorgung ist auch bei Menschen ohne eigenes Einkommen durch soziale Einrichtungen so abgesichert, daß heute in Europa und den USA niemand hungern muß. Zweitens ist unsere durchschnittliche Lebenserwartung erheblich höher als die der ersten Menschen. Viele Krankheiten wurden ausgerottet. Andere, wie beispielsweise viele bakterielle Infektionen, sind in der Regel heilbar. Nicht selten werden sogar Krebserkrankungen geheilt. Gleichzeitig ist das Risiko, durch eine Überschwemmung oder ein wildes Tier zu Tode zu kommen, relativ gering. Die meisten Menschen können relativ gesund ein hohes Alter erreichen. Drittens haben wir in unserer Gesellschaft Regeln und Normen entwickelt, an die wir uns halten müssen. Mit anderen Worten, wir haben uns Gesetze gegeben und Institutionen geschaffen, um diese Gesetze auch durchzusetzen (Gerichte, Polizei, staatliche Behörden wie das Finanzamt usw.). Über Printmedien, audiovisuelle Medien und Hörensagen wird ausgiebig über solche Gesetze und die Folgen kommuniziert, die ein Gesetzesverstoß mit sich bringt. Viertens wissen wir heutzutage einfach mehr über die Wahrscheinlichkeit des Eintretens bestimmter zukünftiger Ereignisse, wie beispielsweise über das Wetter, über demographische Trends oder über die Nutzungsdauer von Maschinen. Selbst wenn jemand nicht mit Gewißheit sagen kann, welche Konsequenzen aus einem bestimmten Verhalten erwachsen, kann er den Gang der Dinge doch so beeinflussen, daß auch relativ langfristig ein bestimmtes Ergebnis erzielt wird. Das mag im Prinzip auch zur Zeit der Jäger und Sammler schon so gewesen sein, aber das Risiko, das angestrebte Ergebnis gar nicht mehr selbst zu erleben, war damals wegen der geringeren Lebenserwartung höher als heute. Alle diese Merkmale unserer heutigen Gesellschaft deuten darauf hin, daß für uns die Konsequenzen eines bestimmten Verhaltens oft (wenn auch natürlich nicht immer) ziemlich spezifisch und sicher sind.

Nichts ist so sicher wie der Tod und die Steuern.

Kasten 3.2

Carpe diem (nutze den Tag, genieße den Augenblick, ohne an die Zukunft zu denken).[23]

Kasten 3.3

Angesichts der Tatsache, daß in unserer heutigen Umwelt viele zukünftige Ereignisse in hohem Maße vorhersagbar sind, kann eine Abwertung
dieser Ereignisse eine Fehlanpassung sein.[22] Wer zukünftige Ereignisse
unterbewertet, die praktisch mit Gewißheit eintreten, wird insgesamt
nicht der besten Entscheidungsstrategie folgen. Zwar werden kurzfristig
auch mit dieser Strategie einige positive Ergebnisse erzielt, doch langfristig lassen sich die Vorteile damit nicht maximieren. Wenn sich beispielsweise jemand immer wieder entscheidet zu rauchen, obwohl er
damit gravierende langfristige Gesundheitsrisiken eingeht, bringt dieses
Verhalten keinen langfristigen, maximalen Gesamtvorteil mit sich. Als
Dauergewohnheit ist dieses Verhalten fehlangepaßt impulsiv, weil viele
Ereignisse, die mit ziemlicher Sicherheit eintreten werden, als unwahrscheinlich oder nicht existent ignoriert werden (siehe Kasten 3.2, 3.3 und
3.4).

Lieber den Spatz in der Hand als die Taube auf dem Dach.

Kasten 3.4

Die Rolle der Evolution

Wenn wir davon ausgehen, daß sich eine Unterbewertung langfristiger
Ereignisse bei Mensch und Tier im Laufe der Evolution ausgeprägt hat,
heißt das dann, daß eine solche Abwertung unumgänglich ist? Keineswegs.

Angenommen, irgendein physiologischer Faktor ist dafür verantwortlich, daß aufgeschobene Ereignisse geringer bewertet werden als unmittelbare. Dann würde dieser Faktor den s-Wert in der Gleichung $W = 1/A^s$
bestimmen – s müßte größer als Null sein. Nun ist die Physiologie aber
nichts Unabänderliches. Einige physiologische Aspekte lassen sich
leichter ändern als andere, aber ändern können sich alle.

Und dann, selbst wenn physiologische Faktoren bedingen, daß im
allgemeinen langfristige Ergebnisse abgewertet werden, muß im Einzelfall ein aufgeschobenes Ereignis nicht zwangsläufig unterbewertet werden. Um impulsiv sein zu können, muß ein Mensch die impulsive Alternative überhaupt bemerken. Zweitens muß er eine Reaktion zeigen können, die ein Abwerten eines langfristigen Ereignisses erkennen läßt.

Schließlich kann impulsives Verhalten nicht ohne eine entsprechende Umwelt zustande kommen, die dieses Verhalten zuläßt. Ein Student beispielsweise kann nur dann seine Bücher zuklappen und ins Kino gehen, wenn er weiß, daß der Film, den er sehen will, auch tatsächlich läuft, wenn er sich fit genug fühlt, um auszugehen, und wenn er Geld hat, um sich eine Karte zu kaufen. Man kann sich nicht impulsiv verhalten und dabei erkennen lassen, daß man ein langfristiges Ergebnis unterbewertet, wenn die entsprechenden Voraussetzungen (wie die leichte Verfügbarkeit der impulsiven Alternative) nicht gegeben sind. Wenn Verhalten und Wahrnehmung eingeschränkt sind, kann die Bewertung eines Ereignisses allein dadurch beeinflußt werden.[24]

Die Tatsache, daß ein spezifisches Verhalten evolutionär bedingte Aspekte besitzt, läßt nicht auf einen Verhaltensdeterminismus schließen. Jedes Verhalten setzt eine passende Hardware (Physiologie), eine bestimmte Software (Wissen und Lernen) und eine Umwelt voraus, die sein Zustandekommen zulassen. Fehlt einer dieser Faktoren, tritt das Verhalten nicht auf. Die Kenntnis dieser für ein spezifisches Verhalten erforderlichen Faktoren ist hilfreich, wenn wir in Kapitel 5 allgemeine Methoden zur Modifikation von Selbstkontrolle und impulsivem Verhalten besprechen.

Die Rolle der Evolution bei Verhaltens-mechanismen

Wie im vorhergehenden Abschnitt dargestellt, setzt ein bestimmtes Verhalten eine spezifische Physiologie voraus. Wirksam wird die Evolution allerdings an der Schnittstelle von Körper und Umwelt. Die natürliche Selektion setzt bei der Funktion eines Verhaltens an, nicht bei den physiologischen Mechanismen, die es bedingen.[25] Würden beispielsweise fleißige Studenten einen evolutionären Überlebensvorteil haben, so würde man erwarten, daß die Gene, die das fleißige Studieren begünstigen, bei ihren Nachkommen zunehmen. Damit ist nicht gesagt, daß in diesen zukünftigen Generationen auch ein spezielles neurologisches System für fleißiges Studieren häufiger auftreten sollte. Dies wäre nur dann der Fall, wenn das Studieren *aller* fleißigen Studenten von einem solchen spezifischen System gesteuert würde. Im Prinzip kann ein Verhalten jedoch auf verschiedene physiologische Mechanismen zurückgehen.[26] Man kann das mit dem Programmieren eines Computers vergleichen. Letztendlich interessiert den Anwender nicht, wie das Programm funktioniert, und es gibt immer mehr als nur eine Möglichkeit, ein Programm so zu schreiben, daß es ein bestimmtes Ergebnis liefert. So beschreiben Abbildung 3.1c, Abbildung 3.2 und Gleichung 1 Selbstkontrolle und impulsives Verhalten nicht als Mechanismen von Selbstkontrolle und impulsivem Verhalten, sondern als evolutionär geprägte Verhaltensphänome.

In Anbetracht der Tatsache, daß das Ausmaß der Abwertung sich je nach Spezies und Situation unterscheidet, könnte die Evolution unterschiedliche physiologische Mechanismen hervorgebracht haben, die jeweils für die Bewertung zukünftiger Ereignisse verantwortlich sind. Wenn man die spezifischen physiologischen Mechanismen von Selbstkontrolle und Impulsivität für eine spezifische Situation kennen würde, ließen sich gezielte Maßnahmen zur Verstärkung oder Reduzierung der Selbstkontrolle entwickeln. Teil III dieses Buches enthält Beispiele dafür.

Einige Forscher sind auch der Frage nachgegangen, ob bestimmte Regionen des Gehirns für Selbstkontrolle und Impulsivität verantwortlich sind. Das Hauptaugenmerk dieser Untersuchungen galt dem *Septum* (einem Teil des *limbischen* Systems). Man nimmt an, daß dieser Teil des Gehirns für die Wahrnehmung von Beziehungen zwischen Reizen zuständig ist, die keinen Zeitbezug zueinander aufweisen.[27] Andere Forscher vermuten, daß die Selbstkontrolle durch den *präfrontalen Cortex* (den vorderen Teil der Großhirnrinde)[28] beeinflußt wird, weil in diesem Gehirnbereich die Fähigkeit lokalisiert ist, nach längeren Zeitabschnitten eine veränderte Reaktion zu zeigen, unangemessene Reaktionen zu hemmen, und die Fähigkeit, für die Zukunft zu planen (wahrscheinlich aufgrund der Verbindung zwischen präfrontalem Cortex und limbischem System).[29] Die bisherigen Forschungsarbeiten sind allerdings noch nicht reichhaltig genug, um Selbstkontrolle und impulsives Verhalten im allgemeinen definitiv auf die physiologische Funktion dieser Gehirnbereiche zurückführen zu können.

Fazit

Wer warten kann, kriegt auch 'nen Mann.

Kasten 3.5

Menschen und Tiere neigen dazu, längerfristig eintretende Ereignisse unterzubewerten. Diese Abwertung läßt sich mathematisch durch Potenzfunktionen darstellen. Die Tendenz, aufgeschobene Ereignisse abzuwerten, könnte eine evolutionäre Grundlage haben. Das bedeutet allerdings nicht, daß grundsätzlich ein spezifischer physiologischer Mechanismus die Ursache ist oder daß die Abwertung unvermeidlich wäre. Möglicherweise gibt es viele physiologische Ursachen, die sich nach Spezies und Situation unterscheiden. Außerdem sind physiologische Mechanismen nicht stabil – sie können sich verändern. Impulsives Verhalten hängt außerdem davon ab, daß die impulsive Option bewußt wahrgenommen wird und tatsächlich gewählt werden kann. Aus all diesen Gründen ist die Abwertung aufgeschobener Ereignisse, selbst dann, wenn sie aufgrund einer evolutionären Disposition gefördert wird, nicht zwangsläufig.

Je größer Eil', je minder Werk.

Kasten 3.6

Geduld ist eine Tugend.

Kasten 3.7

In diesem Kapitel sollte aufgezeigt werden, daß die Evolution zur Ausprägung von Impulsivität oder Selbstkontrolle in bestimmten Verhaltenssituationen beigetragen haben könnte. Insbesondere erwies sich Impulsivität unter bestimmten Umständen als adaptives Verhalten. Insofern könnten die moralischen Maßstäbe, die unsere Gesellschaft gelegentlich anlegt, indem sie Selbstkontrolle als „gut" und Impulsivität als „schlecht" (siehe Kasten 3.5, 3.6, 3.7 und 3.8) bewertet, in eine falsche Richtung gehen. Manchmal ist impulsives Verhalten einfach angemessen und überlebenswichtig. Und selbst dann, wenn Selbstkontrolle die bessere Gesamtstrategie darstellt, bleibt offen, ob man Impulsivität als eine

Frage der Moral oder der Evolution betrachten sollte. Wer impulsiv handelt, hat deswegen nicht etwa einen schlechten Charakter, und er ist auch nicht unmoralisch. Vielmehr spiegelt Impulsivität wahrscheinlich evolutionäre Tendenzen wider, die sich über viele Generationen hinweg herausgebildet haben. Daher sollte man die verfügbaren Kräfte nicht dafür verschwenden, über die manchmal verhängnisvollen Folgen von Impulsivität zu klagen, sondern sich um einen angemessenen Umgang mit der Neigung zur Impulsivität bemühen.

Besser morgen die Henne als heute das Ei.[30]

Kasten 3.8

Anmerkungen

1. Church, R. M. *Theories of Timing Behavior.* In: Klein, S. B.; Mowrer, R. R. (Hrsg.) *Contemporary Learning Theories: Instrumental Conditioning Theory and the Impact of Biological Constraints on Learning.* Hillsdale, NJ (Erlbaum) 1989. S. 41–71.
    Collier, G. H. *Life in a Closed Economy: The Ecology of Learning and Motivation.* In: Zeiler, M. D.; Harzem, P. (Hrsg.) *Advances in Analysis of Behavior: Vol. 3. Biological Factors in Learning.* New York (Wiley) 1983. S. 223–274.
    Logue, A. W. *Taste Aversion and the Generality of the Laws of Learning.* In: *Behavioral and Brain Sciences* 86 (1979) S. 276–296.
    Real, L. A. *Animal Choice Behavior and the Evolution of Cognitive Architecture.* In: *Science* 253 (1991) S. 980–986.
2. Ainslie, G.; Herrnstein, R. J. *Preference Reversal and Delayed Reinforcement.* In: *Animal Learning and Behavior* 9 (1981) S. 476–482.
3. Logue, A. W. *Research on Self-control: An Integrating Framework.* In: *Behavioral and Brain Sciences* 11 (1988) S. 665–709.
    Rachlin, H.; Raineri, A. *Irrationality, Impulsiveness, and Selfishness as Discount Reversal Effects.* In: Loewenstein, G.; Elster, J. (Hrsg.) *Choice Over Time.* New York (Russell Sage Foundation) 1992. S. 93–118.
4. Logue *Research on Self-control.* S. 665–709.
5. Stevens, S. S. *Psychophysics.* New York (Wiley) 1975.
6. Kagel, J. H.; Green, L.; Caraco, T. *When Foragers Discount the Future: Constraint or Adaption?* In: *Animal Behaviour* 36 (1986) S. 271–283.

7. Zihlman, A. L. *The Human Evolution Coloring Book.* Oakville, CA (Coloring Concepts, Inc.) 1982.

8. Harlan, J. R. *Crops and Man.* Madison, WI (American Society of Agronomy) 1975.

9. Zihlman, *The Human Evolution Coloring Book.*

10. Harlan, *Crops and Man.*

11. Ibid.

12. Cohen, M. N. *The Significance of Long-term Changes in Human Diet and Food Economy.* In: Harris, M.; Ross, E. B. (Hrsg.) *Food and Evolution: Toward a Theory of Human Food Habits.* Philadelphia (Temple University Press) 1987. S. 261–283.

13. Harlan, *Crops and Man.*

14. Kagel; Green; Caraco *When Foragers Discount the Future,* S. 271–283.

15. Barash, D. P. *Sociobiology and Behavior.* New York (Elsevier) 1977.

    Hamilton, W. D. *The Genetical Evolution of Social Behavior. I.* In: *Journal of Theoretical Biology* 7 (1964) S. 1–16.

    Hamilton, W. D. *The Genetical Evolution of Social Behavior. II.* In: *Journal of Theoretical Biology* 7 (1964) S. 17–52.

    Maynard Smith, J. *Optimization Theory in Evolution.* In: *Annual Review of Ecology and Systematics* 9 (1978) S. 31–56.

16. Ainslie; Herrnstein *Preference Reversal and Delayed Reinforcement,* S. 476–482.

    Lejeune, H.; Wearden, J. H. *The Comparative Psychology of Fixed-interval Responding: Some Quantitative Analyses.* In: *Learning and Motivation* 22 (1991) S. 84–111.

    Real *Animal Choice Behavior,* S. 980–986.

    Richelle, M.; Lejeune, H. *Timing Competence and Timing Performance: A Cross-species Approach.* In: Gibbon, J.; Allan, L. (Hrsg.) *Timing and Time Perception.* New York (The New York Academy of Sciences) 1984. S. 254–268.

    Timberlake, W.; Gawley, D. J.; Lucas, G. A. *Time Horizons in Rats Foraging for Food in Temporally Separated Patches.* In: *Journal of Experimental Psychology: Animal Behavior Processes* 13 (1987) S. 302–309.

    Zeiler, M. D. *Behavior as Evolutionary Biology.* Der Association for Behavior Analysis vorgelegtes Paper. Atlanta, Georgia, 1991.

17. Flora, S. R.; Pavlik, W. P. *Human Self-control and the Density of Reinforcement.* In: *Journal of the Experimental Analysis of Behavior* 57 (1992) S. 201–208.

    Logue, A. W.; King, G. R. *Self-control and Impulsiveness in Adult Humans When Food Is the Reinforcer.* In: *Appetite* 17 (1991) S. 105–120.

    Logue, A. W.; Peña-Correal, T. E.; Rodriguez, M. L.; Kabela, E. *Self-control in Adult Humans: Variation in Positive Reinforcer Amount and*

Delay. In: *Journal of the Experimental Analysis of Behavior* 46 (1986) S. 159–173.

18. Logue, A. W.; King, G. R.; Chavarro, A.; Volpe, J. S. *Matching and Maximizing in a Self-control Paradigm Using Human Subjects.* In: *Learning and Motivation* 21 (1990) S. 340–368.

    Logue, A. W.; Rodriguez, M. L.; Peña-Correal, T. E.; Mauro, B. C. *Choice in a Self-control Paradigm: Quantification of Experience-based Differences.* In: *Journal of the Experimental Analysis of Behavior* 41 (1984) S. 53–67.

    Tobin, H.; Chelonis, J. J.; Logue, A. W. *Choice in Self-control Paradigms Using Rats.* In: *Psychological Record* 43 (1993) S. 441–454.

    Tobin, H.; Logue, A. W. *Self-control Across Species (Columba livia, Homo sapiens, and rattus norvegicus).* In: *Journal of Comparative Psychology* (im Druck).

19. Real *Animal Choice Behavior.* S. 980–986.

20. Alexander, R. D. *Evolution of the Human Psyche.* In: Mellars, P.; Stringer, C. (Hrsg.) *The Human Revolution: Behavioural and Biological Perspectives on the Origins of Modern Humans.* Princeton (Princeton University Press) 1989. S. 455–513, S. 459.

21. Ibid., S. 477.

22. Ainslie, G. *Picoeconomics: The Strategic Interaction of Successive Motivational States within the Person.* Cambridge, UK (Cambridge University Press) 1992.

23. Nach Horaz *Oden.* Buch 1, Ode 11, Zeile 8.

24. Kagel, Green, Caraco *When Foragers Discount the Future.* S. 271–283. Real *Animal Choice Behavior.* S. 980–986.

    Stephens, D. W.; Krebs, J. R. *Foraging Theory.* Princeton (Princeton University Press) 1986.

25. Cosmides, L.; Tooby, J. *From Evolution to Behavior: Evolutionary Psychology as the Missing Link.* In: Dupré, J. (Hrsg.) *The Latest on the Best: Essays on Evolution and Optimality.* Cambridge (MIT Press) 1987. S. 277–306.

    Zeiler *Behavior as Evolutionary Biology.*

26. Anderson, J. R. *Arguments Concerning Representations for Mental Imagery.* In: *Psychological Review* 85 (1978) S. 249–277.

27. Gorenstein, E. E.; Newman, J. P. *Disinhibitory Psychopathology: A New Perspective and a Model for Research.* In: *Psychological Review* 87 (1980) S. 301–315.

    Newman, J. P.; Gorenstein, E. E.; Kelsey, J. E. *Failure to Delay Gratification Following Septal Lesions in Rats: Implications for an Animal Model of Disinhibitory Psychopathology.* In: *Personality and Individual Differences* 4 (1983) S. 147–156.

28. Grossman, S. P. *A Textbook of Physiological Psychology.* New York (Wiley) 1967.

29. Flekkoy, K. *The Neuropsychological Basis for the „Dopamine Hypothesis" in Schizophrenia.* In: Nordisk-Psychiatrisk-Tidsskrift 37 (1983) S. 283–289. (Aus: *Psychological Abstracts* 74 (1983) Abstract No. 25 165).

    Masterton, B.; Skeen, L. C. *Origins of Anthropoid Intelligence: Prefrontal System and Delayed Alternation in Hedgehog, Tree Shrew, and Bush Baby.* In: *Journal of Comparative and Physiological Psychology* 81 (1972) S. 423–433.

    Nauta, W. J. H.; Feirtag, M. Fundamental Neuroanatomy. New York (W. H. Freeman) 1986.

30. Spruch aus einem chinesischen Fortune Cookie, verkauft von Pacific Fortune Cookie, Inc., New York, NY.

4. Entwicklung der Selbstkontrolle

Kinder und Erwachsene unterscheiden sich in vielerlei Hinsicht, unter anderem auch im Hinblick auf Selbstkontrolle. In diesem Kapitel soll dargestellt werden, wie sich Selbstkontrolle im Laufe der Entwicklung verändert und welche Faktoren dafür verantwortlich sind. Wir wollen außerdem besprechen, welche geschlechtsspezifischen und kulturellen Unterschiede sich im Bereich der Selbstkontrolle zeigen.

Selbstkontrolle entwickelt sich unter dem Einfluß einer Vielzahl von Faktoren. Einige davon sind eher genetischer Natur, andere eher umweltbedingt; aber kein Faktor ist ausschließlich genetisch oder ausschließlich umweltbedingt. Eine genetische Disposition für ein bestimmtes Merkmal kann ohne die entsprechenden Umweltbedingungen nicht manifest werden. Eine genetisch bedingte schwarze Haarfarbe wird in einer Umwelt, in der es Bleichmittel gibt, dazu führen, daß einige Menschen blondes Haar tragen. Umgekehrt kann sich die Umwelt nur dann auf ein Merkmal auswirken, wenn wir die genetisch determinierten physiologischen Voraussetzungen besitzen, die Umweltgegebenheiten auch umzusetzen: Wir können nur dann lernen, den neuesten Hit zu singen, wenn wir über genetisch determinierte Stimmbänder verfügen, die uns das Singen ermöglichen. Bei der Entwicklung von Selbstkontrolle wirken genetische und umweltbedingte Faktoren also stets zusammen, auch wenn einige dieser Faktoren primär genetischer Natur und andere primär umweltbedingt sind.

Die Faktoren, die zur Entwicklung der Selbstkontrolle beitragen, hängen inhaltlich teilweise eng mit dem Thema des nächsten Kapitels zusammen, in dem es um allgemeine Methoden zur Veränderung der Selbstkontrolle geht. Zunächst befassen wir uns in diesem Kapitel jedoch vor allem mit Faktoren, die in der Entwicklung der meisten Individuen eine Rolle spielen, während wir im nächsten Kapitel Maßnahmen und Interventionsmethoden betrachten, mit denen man in ganz unterschiedlichen Situationen Selbstkontrolle verstärken oder verringern könnte. Zunächst werden wir uns mit altersspezifischen Unterschieden bei der

Selbstkontrolle beschäftigen, dann – im nächsten Kapitel – die individuellen Unterschiede innerhalb einer bestimmten Altersgruppe betrachten und schließlich im Anschluß daran Interventionsformen in spezifischen Situationen diskutieren. Zusammenfassend werden die folgenden Kapitel zeigen, daß es trotz allgemeiner Entwicklungstendenzen erhebliche individuelle und situationsbedingte Unterschiede der Selbstkontrolle gibt.[1]

Selbstkontrolle als Ziel der Entwicklung

Selbstkontrolle ist ein Thema, für das sich alle Berufsgruppen interessieren, die sich mit Fragen der Entwicklung befassen (siehe Kasten 4.1).

It's very, very, very hard to wait, especially when you're waiting for something very nice. It's very, very, very hard to wait.
[Song aus Mister Rogers' Neighborhood[2]]

Kasten 4.1

Die entwicklungspsychologische Forschung zur Selbstkontrolle scheint *per definitionem* vorauszusetzen, daß Selbstkontrolle erstrebenswerter ist als Impulsivität. Tatsächlich betrachten manche Entwicklungspsychologen Selbstkontrolle als Ziel, als Endpunkt der normalen Entwicklung eines Kindes. Von Säuglingen heißt es, sie suchten nur ihren unmittelbaren Lustgewinn und besäßen keinerlei Fähigkeit, auf eine aufgeschobene Befriedigung zu warten. Je älter ein Kind wird, desto eher ist es in der Lage, sich in bestimmten Situationen zu beherrschen.[3] Eine solche Sicht der Entwicklung entspricht der Auffassung, daß Impulsivität immer schlecht (unreif) und Selbstkontrolle immer gut (reif) ist. Doch sie ist verhängnisvoll, wenn man bedenkt, daß in manchen Situationen gerade die Impulsivität und nicht die Selbstkontrolle ein adaptives Verhalten ist.

Seit kurzem stellen einige Entwicklungspsychologen die Entwicklung der Selbstkontrolle differenzierter dar und beziehen die Tatsache in ihre Überlegungen mit ein, daß Impulsivität in manchen Fällen das adaptivere Verhalten ist. So gesehen ist das Endergebnis einer normalen Entwicklung eine Persönlichkeit, die in der Lage ist, je nach Situation impulsiv oder selbstkontrolliert zu handeln – und die jeweils adaptive Reaktion zu zeigen.[4]

Um zu untersuchen, wie sich Selbstkontrolle entwickelt und welche Ursachen sie hat, genügt es nicht festzustellen, ob Selbstkontrolle in bestimmten Lebensaltern häufiger auftritt, sondern es ist auch zu klären, ob die Angepaßtheit einer spezifischen Wahlreaktion mit zunehmendem Alter des Individuums eine größere Rolle spielt. Leider hat man in fast allen Forschungsarbeiten zur Entwicklung der Selbstkontrolle experimentelle Situationen konstruiert, in denen Selbstkontrolle und nicht Impulsivität die adaptive Reaktion darstellte. Ergänzend sollte aber auch das Verhalten von Individuen unterschiedlichen Alters in Situationen untersucht werden, in denen Impulsivität die adaptive Reaktion ist. Solange solche Untersuchungen noch nicht vorliegen, muß sich ein Überblick zur Entwicklung der Selbstkontrolle auf Befunde von Untersuchungen stützen, in denen Selbstkontrolle die adaptive Reaktion darstellte.

Altersabhängige Veränderungen der Selbstkontrolle

Wer untersuchen will, welche Faktoren die Entwicklung der Selbstkontrolle beeinflussen, muß zunächst einmal feststellen, wie sich Selbstkontrolle mit dem Alter verändert. Im allgemeinen nimmt die Selbstkontrolle mit dem Alter zu. Kleinere Kinder zeigen relativ mehr Impulsivität, ältere Kinder relativ mehr Selbstkontrolle. Diese Veränderungen sind allerdings primär für jüngere und ältere Vorschulkinder belegt. Bei Säuglingen wurde Selbstkontrolle noch nicht gemessen. Es gibt auch noch keine direkten Vergleichsuntersuchungen zur Selbstkontrolle von Kindern und Erwachsenen. In einer Studie mit Vorschulkindern, in denen die experimentellen Methoden mit den Verfahren bei der Untersuchung von Erwachsenen vergleichbar waren, ergaben sich Hinweise darauf, daß Kinder weniger Selbstkontrolle zeigen als Erwachsene.[5] Außerdem hat die Mehrzahl der vorliegenden Studien über Kinder zwischen achtzehn Monaten und sechs Jahren bei älteren Kindern ein höheres Maß an Selbstkontrolle ergeben.[6] Für das Alter zwischen sechs und zwölf Jahren scheinen allerdings die meisten Studien keine Unterschiede in der Selbstkontrolle festzustellen.[7]

Diese Ergebnisse entsprechen der Annahme, daß Kinder mit zunehmendem Alter eine weiterreichende Zukunftsperspektive entwickeln.[8] Ältere Kinder lassen sich nicht so sehr vom Aufschub eines Ereignisses beeinflussen und können in ihre Überlegungen eher Ereignisse einbeziehen, die in ferner Zukunft liegen. Diese altersabhängige Veränderung läßt sich als Erweiterung des *zeitlichen Horizonts* beschreiben, das heißt, der Zeitspanne, in die Individuen eine Reihe von Ereignissen integrieren können.[9]

Wir verfügen zwar bisher über keinen direkten Vergleich zur Selbstkontrolle von Kindern und Erwachsenen; auffällig ist aber, daß sich die Ergebnisse von Experimenten zur Selbstkontrolle mit Erwachsenen von denen mit Kindern unterscheiden. Bei Erwachsenen hat es sich im Labor als unmöglich erwiesen, als Reaktion auf eine Belohnung ein impulsives Verhalten zu erhalten. Möglich war das nur dann, wenn das impulsive Verhalten zugleich zu einer höheren Belohnungsrate (und damit zu einem insgesamt höheren Belohnungsbetrag) führte. Mit anderen Worten, ein konsistent impulsives Verhalten von Erwachsenen wurde im Labor nur dann erreicht, wenn Impulsivität und nicht Selbstkontrolle die adaptive Reaktion darstellte.[10]

Edmund J. S. Sonuga-Barke nimmt an, daß Kinder zwei Entwicklungsstadien durchlaufen, bevor sie über das gleiche Muster der Selbstkontrolle verfügen, das bei Erwachsenen im Labor nachgewiesen wurde. Im ersten Stadium lernen Kinder nach Sonuga-Barke, auf das von ihnen bevorzugte Ergebnis zu warten. Sie lernen also, daß es vorteilhafter für sie sein kann, auf etwas zu warten, anstatt sich grundsätzlich für das unmittelbar verfügbare Ergebnis zu entscheiden. Im zweiten Schritt lernen sie, in welchen Situationen es für sie opportun ist, auf das von ihnen bevorzugte Ergebnis zu warten. Sie erkennen nun, daß es nicht grundsätzlich vorteilhafter ist, auf das bevorzugte Ergebnis zu warten. (Ihr Verhalten gleicht jetzt dem weiter oben dargestellten Verhalten von Erwachsenen.) Nach Sonuga-Barke erreichen Kinder das erste Stadium im Alter von etwa 6 Jahren, das zweite im Alter von etwa 9 bis 12 Jahren.[11]

Sonuga-Barkes Vermutung, daß sich im Alter von etwa 9 bis 12 Jahren das Selbstkontroll-Verhalten ändert, scheint den Befunden zu widersprechen, denen zufolge die Selbstkontrolle im Alter zwischen 6 und 12 Jahren unverändert bleibt. Die postulierte Veränderung des zweiten Stadiums zeigt sich in den Laboruntersuchungen auch nur dann, wenn den Versuchspersonen eine Alternative vorgelegt wird, bei der die Entscheidung für das impulsive Ergebnis zum insgesamt höchsten Belohnungsbetrag führt. Bei den Untersuchungen, in denen Kinder zwischen 6 und 12 Jahren keine altersbedingten Unterschiede der Selbstkontrolle zeigen, war jedoch Selbstkontrolle die adaptive Reaktion, und nicht Impulsivität.

Sonuga-Barkes Sicht der Entwicklung von Selbstkontrolle scheint auch die evolutionspsychologische Sicht der Impulsivität zu widerlegen, der zufolge die Abwertung aufgeschobener Ereignisse auf evolutionären Faktoren beruht. Sonuga-Barkes Darstellung der Entwicklung von Selbstkontrolle schließt tatsächlich jedoch auf keiner Entwicklungsstufe eine Abwertung aufgeschobener Ergebnisse aus. Jedermann kann Techniken erlernen, um die Auswirkungen einer Abwertung aufgeschobener Ereignisse zu reduzieren oder zu verhindern (siehe Kapitel 5).

Mögliche Grundlagen altersbedingter Veränderungen der Selbstkontrolle

Für die altersbedingte Zunahme der Selbstkontrolle könnte eine Vielzahl von Merkmalen verantwortlich sein, in denen sich kleinere Kinder, größere Kinder und Erwachsene unterscheiden. Diese Merkmale sollen im folgenden genauer betrachtet werden. Hier wurden in zahlreichen Untersuchungen Zusammenhänge zwischen altersbedingten Veränderungen der Selbstkontrolle und altersbedingten Veränderungen verschiedener kognitiver und motorischer Fähigkeiten festgestellt. Andere Arbeiten befassen sich mit den Auswirkungen, die Erfahrungen mit aufgeschobenen Ergebnissen und mit Bemühungen um bestimmte Ergebnisse auf die Selbstkontrolle haben, also mit Erfahrungen, die viele Kinder in ihren ersten Lebensjahren machen.

Wahrnehmungsvermögen

Bevor irgend eine Wahlentscheidung – also auch eine selbstkontrollierte Entscheidung – getroffen werden kann, muß wahrgenommen werden, daß es tatsächlich eine Alternative gibt. Das Gehirn muß irgendwie das Vorhandensein von Alternativen vermitteln. Diese Wahrnehmung kann mehr oder minder zutreffende Informationen über die tatsächlichen physikalischen Merkmale der spezifischen Alternative enthalten. Wie vollständig und richtig eine Wahrnehmung ist, hängt davon ab, über welche Fähigkeiten das sensorische System verfügt, und diese Fähigkeiten verändern sich mit dem Alter. Im Extremfall heißt dies, daß sehr junge Lebewesen, also auch Säuglinge, aufgrund der mangelnden Reife ihres

Wahrnehmungssystems nicht in der Lage sind, bestimmte Aspekte ihrer Umwelt zu erkennen.

Die beiden primären Aspekte der Wahrnehmungsfähigkeit, die im Hinblick auf ihren möglichen Beitrag zur Entwicklung selbstkontrollierter Entscheidungen untersucht wurden, sind die Fähigkeit, zeitliche Dimensionen richtig einzuschätzen, und die Fähigkeit, die Aufmerksamkeit auf bestimmte Ereignisse zu richten und sie wieder von ihnen abzuwenden. Bisher gibt es noch nicht sehr viele Daten zum Zusammenhang zwischen der Fähigkeit, Zeit richtig einzuschätzen und der Selbstkontrolle. Wir wissen jedoch, daß die Fähigkeit zur Einschätzung von Zeitintervallen mit dem Alter zuzunehmen scheint, und daß sie bei normalen Kindern größer ist als bei emotional gestörten Kindern.[12] Außerdem scheinen höhere Selbstkontrolle und bessere Zeiteinschätzung assoziiert zu sein.[13] In einer Studie mit emotional gestörten, heranwachsenden Jungen beispielsweise wurde den Versuchspersonen ein Zeiteinschätzungstest dargeboten, in dem sie mehrfach beurteilen sollten, wie lange eine Stoppuhr lief. Die Jungen, die nur dann auf ein aufgeschobenes, positiv bewertetes Ergebnis hinarbeiteten, wenn sie daraus auch einen unmittelbaren Vorteil zogen, schätzten die Zeit tendenziell zu kurz ein; während die Jungen, die auf ein aufgeschobenes, positiv bewertetes Ergebnis auch dann hinarbeiteten, wenn dieses Verhalten keinen unmittelbaren Vorteil versprach, die abgelaufene Zeit tendenziell richtiger einschätzten.[14] In einem anderen Experiment mit Kindern im Alter von etwa sechs Jahren zeigten Kinder, die sich selbstkontrolliert verhielten, tendenziell auch ein hohes Maß an richtiger Zeiteinschätzung. Dies zeigte sich daran, daß sie vor allem dann reagierten, wenn die Verstärker nach einem Verstärkungsplan *mit festen Intervallen* dargeboten wurden, wenn die Verstärker also nur dargeboten wurden, nachdem eine vorgegebene Zeitspanne verstrichen war.[15]

Auch die Fähigkeit, die Aufmerksamkeit vor allem auf bestimmte Aspekte der Selbstkontroll-Situation zu lenken, wurde in mehreren Studien untersucht. Einige Forscher vermuten, daß die Fähigkeit zur Steuerung der Aufmerksamkeit einen wesentlichen Aspekt der Selbstkontrolle darstellt.[16] In einem außerordentlich raffinierten und zeitaufwendigen Experiment untersuchten Monica L. Rodriguez und ihre Kollegen detailliert die Beziehung zwischen Aufmerksamkeitsverteilung und Selbstkontrolle.[17] Sie untersuchte Jungen im Alter zwischen sechs und zwölf Jahren, die aufgrund von emotionalen Schwierigkeiten und Anpassungsproblemen an einer Therapie in einem Sommercamp teilnahmen. Jedem der Jungen wurde gesagt, er bekomme einen von zwei Stapeln mit Nahrung

– den größeren, wenn er eine Glocke nicht läute und statt dessen warte, bis der Versuchsleiter zurückkomme, den kleineren, wenn er läute (und damit den Versuchsleiter zurückholte, damit dieser ihm den kleineren Stapel gleich auszuhändigte). Die Versuchsleiter überprüften während der Wartezeit ständig die Aufmerksamkeit der Jungen. Sie stellten fest, wann die Jungen den Blick auf die Nahrung oder die Glocke gerichtet hielten beziehungsweise wann sie diese verlockenden Gegenstände nicht anschauten. Jungen, die länger zur Nahrung oder Glocke schauten, neigten dazu, nach kürzerer Wartezeit zu läuten, als Jungen, die tendenziell seltener zur Nahrung oder Glocke schauten. Außerdem schauten ältere Jungen tendenziell weniger auf die Nahrung oder die Glocke als jüngere Jungen.

Eine weitere Forschungsarbeit mit Kindern zwischen 24 und 36 Monaten gelangte zu ähnlichen Ergebnissen wie Rodriguez und Kollegen. In dieser weiteren, sehr jungen Stichprobe korrelierte das Alter signifikant mit dem Abwenden der Aufmerksamkeit von den Belohnungen während der Wartezeit. Tendenziell warteten Kinder um so länger auf die Belohnung, je länger sie den Blick von den Belohnungen abgewandt hielten.[18]

Forschungsergebnisse von Walter Mischel und Kollegen deuten außerdem darauf hin, daß nicht nur die Fähigkeit der Aufmerksamkeitssteuerung etwas über die Selbstkontrolle aussagt, sondern daß umgekehrt auch Selbstkontrolle ein guter Prädiktor für die Fähigkeit zur Aufmerksamkeitssteuerung ist. Mischel und Kollegen untersuchten die Wartezeiten, die vier- bis fünfjährige Kinder bei einer größeren Belohnung zeigten, und verglichen später, als diese Kinder zu Jugendlichen herangewachsen waren, diese Zeitspannen mit dem Grad der Aufmerksamkeit, den die Eltern den Kindern nun bescheinigten. Zwischen Wartezeit und Aufmerksamkeit war ein signifikanter positiver Zusammenhang festzustellen.[19]

Die vorliegenden Forschungsarbeiten zu Wahrnehmungsvermögen und Selbstkontrolle zeigen, daß die Fähigkeiten, Zeitspannen richtig einzuschätzen und Aufmerksamkeit zu steuern, mit der Fähigkeit zur Selbstkontrolle zusammenhängen, und daß alle diese Fähigkeiten mit dem Alter zunehmen. Da sich solche Studien vor allem auf Korrelationsbeziehungen konzentrieren, gelangen sie nicht immer zu Aussagen darüber, welche kausalen Zusammenhänge zwischen Alter, Aufmerksamkeitssteuerung und Selbstkontrolle bestehen. Ebenso wenig stellen sie fest, ob eine vierte Variable für die Beziehung zwischen den drei anderen verantwortlich ist.

Erfahrungen mit aufgeschobener Befriedigung

Jeder muß hin und wieder ziemlich lange auf etwas warten. Einige Forscher glauben, daß solche Erfahrungen allgemein die Neigung zur Selbstkontrolle verstärken.[20] Mit zunehmender Entwicklung und Reife erleben wir immer mehr Situationen, in denen wir länger auf etwas warten müssen. Daher wird die allgemeine Bereitschaft, auf ein Ergebnis zu warten, in dem Maße zunehmen, in dem solche Wartezeiten von einem positiven Ergebnis gefolgt sind.

Robert Eisenberger und Michael Adornetto führten mit Kindern aus dem zweiten und dritten Schuljahr ein Experiment durch, in dem sie untersuchten, wie sich Erfahrungen mit langen Wartezeiten auf Selbstkontrolle auswirken. Kinder, die bereits in einem Vorexperiment Erfahrungen mit aufgeschobenen Belohnungen bei einfachen Aufgaben gemacht hatten und anschließend auf Selbstkontrolle getestet wurden, zeigten tendenziell mehr Selbstkontrolle als Kinder, die zuvor nur Erfahrungen mit unmittelbaren Belohnungen für leichte Aufgaben machen konnten. Eisenberger und Adornetto führten dieses Ergebnis darauf zurück, daß die Aversion gegen das Warten durch eine Gewöhnung an lange Wartezeiten reduziert wird.[21] Man könnte die Ergebnisse dieser Studie auch so formulieren: Die Kinder hatten gelernt, daß in diesem Experiment auf lange Wartezeiten manchmal große Belohnungen folgten, und daß es deshalb – zumindest manchmal – von Vorteil war zu warten.

Intelligenz

Es wäre nicht überraschend, wenn es auch zwischen Selbstkontrolle und Intelligenz einen Zusammenhang geben würde. Um sich selbstkontrolliert verhalten zu können, muß man nicht nur die Ereignisse und ihre Merkmale wahrnehmen können, sondern auch die Fähigkeit haben, die Merkmale zu vergleichen und sich an relevante Informationen aus der Vergangenheit zu erinnern (wie beispielsweise an Erfahrungen mit aufgeschobener Befriedigung und Techniken zur Erhöhung der Selbstkontrolle); diese Information muß dann auf das aktuelle Entscheidungsproblem angewendet werden, und die möglichen Alternativen müssen als Wissen repräsentiert sein. Dies alles sind charakteristische Fähigkeiten, die in Intelligenztests gemessen werden.

Die Zusammenhänge zwischen Intelligenz und Selbstkontrolle wurden schon sehr oft untersucht, und diese Experimente sind erheblich vielfältiger, als es zunächst scheinen mag, denn Intelligenz ist gekennzeichnet durch eine Vielzahl von Aspekten. Intelligenz schließt verbale, mathematische, räumliche und viele andere Fähigkeiten ein. Einer oder mehrere dieser Faktoren können mit der Entwicklung von Selbstkontrolle zusammenhängen. Wir wollen hier die Korrelation zwischen Selbstkontrolle und allgemeiner Intelligenz betrachten, wie sie in formalen Intelligenztests gemessen wird. Anschließend stellen wir potentielle Beziehungen zwischen Sprachverhalten und Selbstkontrolle dar.

In zahlreichen Experimenten mit Versuchspersonen aus unterschiedlichen Gruppen und ganz unterschiedlichen Methoden zur Messung von Selbstkontrolle und Intelligenz wurden signifikante Korrelationen zwischen Selbstkontrolle und Intelligenz nachgewiesen.[22] Außerdem scheinen geistig retardierte Erwachsene weniger Selbstkontrolle zu zeigen als durchschnittlich intelligente Erwachsene.[23] Leider liegt aber fast keine systematische Untersuchung zum Zusammenhang zwischen spezifischen Aspekten von Intelligenz und Selbstkontrolle vor. Ein Beispiel für ein neueres, sorgfältig geplantes und durchgeführtes Experiment, in dem ein weithin akzeptierter, spezifischer Intelligenztest verwendet wurde, ist das bereits früher dargestellte Experiment von Rodriguez und Kollegen.[24] Sie verwendeten den Peabody Picture Vocabulary Test (PPVT), mit dem verbale Intelligenz gemessen wird, und fanden eine signifikant positive Korrelation zwischen der Testleistung und der Tendenz der Versuchspersonen, auf aufgeschobene Ergebnisse zu warten. Die Meßwerte im PPVT korrelierten allerdings nicht signifikant mit der Fähigkeit der Versuchspersonen, Techniken zu beschreiben, die der Selbstkontrolle dienen. Die Beschreibung solcher Techniken ist offensichtlich kein Aspekt eines wie auch immer gearteten Beitrags der Intelligenz zur Selbstkontrolle.

Auch andere Befunde der Forschungsliteratur deuten auf einen Zusammenhang zwischen Selbstkontrolle und allgemeiner Intelligenz hin. Walter Mischel und seine Kollegen beispielsweise stellten in einer faszinierenden Studie fest, daß sich aus den Selbstkontroll-Werten von vier- und fünfjährigen Kindern Vorhersagen zu ihren Zulassungsprüfungen zum College ableiten ließen.[25] In einem anderen Experiment gaben Kindergartenkinder an, sie glaubten, schlauere Kinder könnten länger auf etwas warten als andere Kinder.[26] Schließlich gibt es auch gewisse Hinweise darauf, daß Erwachsene mit ausgeprägten mathematischen Fähigkeiten eher in der Lage sind, in Experimenten mit aufgeschobener Belohnung durch ihre Reaktion eine hohe Gesamtbelohnung zu erzielen.[27]

Sprachverhalten

Eine Definition der Selbstkontrolle bei Kindern besagt, daß sich das Verhalten eines Kindes durch das Sprachverhalten der Eltern steuern läßt.[28] Nach dieser Definition wäre das Sprachverhalten ein entscheidender Faktor für die Selbstkontrolle von Kindern. Allerdings stellt sich die Frage, ob das Sprachverhalten bei der Entwicklung der Selbstkontrolle eine Rolle spielt, wenn man Selbstkontrolle so definiert wie in diesem Buch – nämlich als Entscheidung für ein aufgeschobenes Ereignis mit höherem Wert und gegen das kurzfristigere Ereignis mit dem geringeren Wert.

Bei der Überlegung, ob die Entwicklung des Sprachverhaltens beim Menschen zur Entwicklung der Selbstkontrolle beiträgt, sollten neben altersabhängigen Unterschieden der Selbstkontrolle auch artspezifische Unterschiede untersucht werden. Menschen haben ein sehr viel komplexeres Sprachverhalten als andere Spezies. Insofern kann, wenn sich die Selbstkontrolle von Menschen und anderen Arten unterscheidet, ein komplexes Sprachverhalten tatsächlich für die altersabhängige Zunahme der Selbstkontrolle bei Menschen verantwortlich sein oder dazu beitragen.

Bei der experimentellen Untersuchung der Selbstkontrolle von Ratten und Tauben reagieren in der Tat beide Arten beständig impulsiv auf Futterbelohnungen – solange sie nicht auf anderes Verhalten trainiert oder geprägt sind. Das ist auch dann so, wenn die Impulsivität der Versuchstiere bewirkt, daß sie weniger Nahrung erhalten, als sie brauchen, um ihr Körpergewicht zu halten, oder wenn sie unter natürlichen Bedingungen untersucht werden.[29] Die Selbstkontrolle von Tieren unterscheidet sich also vom Verhalten erwachsener Menschen, die im Labor konsistent Selbstkontrolle zeigten.[30]

Abgesehen davon, daß sich Erwachsene im Labor einfach signifikant selbstkontrollierter verhalten als Tiere, deuten auch andere Aspekte ihres Verhaltens im Labor darauf hin, daß Sprache zu selbstkontrolliertem Verhalten beiträgt. Betrachten wir beispielsweise eine Reihe von Experimenten, die meine Kollegen und ich durchgeführt haben.[31] In diesen Experimenten wurden erwachsenen Frauen dieselben Alternativen zwischen einer unmittelbaren und einer aufgeschobenen Belohnung unterschiedlichen Werts dargeboten wie Tauben, die zuvor untersucht worden waren. Die weiblichen Versuchspersonen erhielten als Belohnung Punkte, die sie am Ende einer jeden Sitzung gegen Geld eintauschen konnten. Sie entschieden sich tendenziell für die Alternative mit dem größten Belohnungsbetrag, also für die Alternative der Selbstkontrolle. In Fragebögen, die sie im Anschluß an das Experiment ausfüllten, berichteten sie, daß sie eine Strategie der Punktemaximierung verfolgt hätten. Ihren Angaben zufolge hatten sie versucht, mithilfe verschiedener Zählverfahren die Dauer der Ereignisse in den Experimenten einzuschätzen und von diesen Informationen ausgehend die Strategie zu verfolgen, die insgesamt die meisten Punkte pro Sitzung versprach. Die in diesen Experimenten gewonnenen Daten deuteten ebenso wie die Berichte der Versuchspersonen darauf hin, daß in den Experimenten eine Strategie der Belohnungsmaximierung verfolgt wurde und daß dieses Verhalten mit den verbalen Fähigkeiten und den Erfahrungen der Versuchspersonen zusammenhing.

Verschiedene andere Laborexperimente, in denen Verhalten anhand verschiedener Verstärkungspläne untersucht wurde, zeigen, daß sich verdecktes oder offenes verbales Verhalten auf die Handlungsgestaltung auswirkt. Vergleicht man die Performanz nonverbaler Kinder oder nonverbaler Erwachsener mit der Performanz von Tieren, so zeigt sich eine größere Ähnlichkeit als beim Vergleich mit verbalen Kindern oder verbalen Erwachsenen.[32] Bei der Anwendung von Verstärkungsplänen mit festen Intervallen gleicht beispielsweise das Reaktionsmuster kleiner, nonverbaler Kinder stärker dem Verhaltensmuster von Tauben als dem Verhalten von Kindern oder Erwachsenen. Bekommen Kinder mit ausgeprägtem Sprachverhalten entsprechende Instruktionen, so kann ihr Reaktionsmuster tendenziell dem von Erwachsenen gleichen.[33] C. Fergus Lowe und Pauline J. Horne vermuten, daß das, was Versuchspersonen im Experiment zu sich selbst sagen, über ihr Verhalten innerhalb eines Verstärkungsplanes entscheidet. Nach Lowe und Horne beeinflußt dieses verbale Verhalten – einschließlich des verbalen Verhaltens im Hinblick auf die vorprogrammierten Belohnungsregeln[34] – das Verhalten ebenso wie die vorgegebenen Verstärkungsmuster selbst.[35]

Während alle diese Daten für einen Einfluß des Sprachverhaltens auf die Selbstkontrolle sprechen, sind die Daten aus Untersuchungen, in denen unmittelbar die Rolle des Sprachverhaltens im Hinblick auf Selbstkontrolle bei Kindern ermittelt werden sollte, nicht eindeutig. In einigen Studien wurde festgestellt, daß das Sprachvermögen oder das Vokabular positiv mit Selbstkontrolle korrelieren[36], in anderen war das nicht der Fall.[37] Über die Rolle der Sprache bei der Entwicklung der Selbstkontrolle scheint keine Einigkeit unter den Forschern zu herrschen. Einige Hinweise lassen sich jedoch ableiten, wenn man betrachtet, wie Techniken zur Verstärkung der Selbstkontrolle erworben werden: Möglicherweise fördert nicht das Sprachvermögen im allgemeinen, sondern die Fähigkeit zu bestimmten Arten der Verbalisierung während der Aufschubsituation die Selbstkontrolle.

Aktivationsniveau

Manchmal äußert sich Selbstkontrolle darin, daß eine Reaktion unterdrückt wird. Wenn beispielsweise ein Kind A einem Kind B seinen Keks wegnimmt, könnte Kind B den Dieb schlagen, um seinen Keks sofort wiederzubekommen. Wenn Kind B tatsächlich zuschlägt, riskiert es aber auch, etwas später als gewalttätig dazustehen, von einem Erwachsenen bestraft zu werden oder von Kind A noch harter zurückgeschlagen zu werden. Verschiedene Reaktionen, bei denen Kind B allerdings nicht gleich seinen Keks bekommt, könnten langfristig am ehesten bewirken, daß es vor Keksdiebstahl geschützt ist. Solche Reaktionen könnten Beispiele einer selbstkontrollierten Reaktion darstellen.

Verschiedene Forscher, darunter Alexander R. Luria und Lew S. Wygotski, haben Selbstkontrolle als die spezifische Fähigkeit definiert, Reaktionen zunehmend zu steuern. Für sie ist Selbstkontrolle die (insbesondere verbale) Steuerung motorischen Verhaltens. Selbstkontrolle ist die Fähigkeit eines Kindes, zu einem gegebenen Zeitpunkt einem äußeren oder inneren Befehl entsprechend eine spezifische, wünschenswerte Reaktion zu zeigen und eine andere, nicht wünschenswerte Reaktion zu unterlassen. Luria und Wygotski nehmen an, daß diese Fähigkeit sich im Lauf der Zeit entwickelt. Diese Position wird durch eine Reihe von Daten belegt.[38] Übereinstimmend mit dem Konzept, daß Reaktionssteuerung und Selbstkontrolle assoziiert sind, hat sich gezeigt, daß die Fähigkeit von Straftätern, motorisches Verhalten zu hemmen, positiv mit der Zeitspanne korreliert ist, die ihrer Einschätzung nach bis zum Eintritt bestimmter Ereignisse in ihrer Zukunft vergeht[39] (ein Maß des individuellen Zeithorizonts, der mit der Selbstkontrolle assoziiert ist). Bei Nicht-Straftätern und emotional gestörten Jungen allerdings konnte keine signifikante Beziehung zwischen motorischer Inhibition und Selbstkontrolle festgestellt werden.[40]

Wenn Selbstkontrolle mit der Fähigkeit zusammenhängt, eine Reaktion zu unterlassen, besteht möglicherweise auch ein Zusammenhang zwischen allgemeinem Aktivationsniveau und Selbstkontrolle. Kindern (oder anderen Stichproben mit einem relativ hohen angeborenen Aktivationsniveau) könnte es besonders schwer fallen, ihre Reaktionen in Selbstkontroll-Situationen zu steuern. Kleinere Kinder tun sich schwer, wenn es um eine Belohnung geht, in längeren zeitlichen Abständen zu reagieren.[41] Auch Tauben, die man bekanntlich nur schwer davon abhalten kann zu picken, haben Schwierigkeiten damit, sich selbstkontrolliert zu verhalten, wenn ihnen abverlangt wird, nicht zu picken. Bei Tauben, die sich selbstkontrolliert verhalten, interferieren gelegentlich reflexartige (unwillkürliche) Pickbewegungen.[42] In Kapitel 9 wird der Zusammenhang zwischen einem hohen allgemeinen Aktivationsniveau und Selbstkontrolle am Beispiel der Hyperaktivität diskutiert.

Erfahrungen mit Anstrengung

Wenn zwei Ereignisse zur Wahl stehen, die eine Person mit unterschiedlichem Aufwand bewirken kann, dann sind diese Ereignisse wahrscheinlich ähnlich zu bewerten wie Ergebnisse, die unterschiedlich rasch eintreten. Eine größere Anstrengung kostet in der Regel auch mehr Zeit als eine geringere Anstrengung. Daher kann eine Entscheidung für eine größere Belohnung, die mit mehr Anstrengung verbunden ist – und gegen eine kleinere Belohnung, die weniger Anstrengung erfordert – ebenfalls als Selbstkontrolle definiert werden.

Von Geburt an lernen wir – zumindest in einem gewissen Maß –, mit Ereignissen umzugehen, die wir nur mit einer gewissen Anstrengung hervorrufen können. Robert Eisenberger und seine Kollegen sind der Ansicht, daß solche Erfahrungen entscheidend für die Entwicklung von Selbstkontrolle sind – wobei die Entscheidung für selbstkontrolliertes Verhalten eine größere Anstrengung voraussetzt als die Entscheidung für die impulsive Alternative. Eisenberger und seine Kollegen stützten ihre Vermutung auf Experimente, in denen sie das Verhalten von Kindern und von Ratten verglichen. In jedem ihrer Experimente gab es eine Versuchsgruppe, die zuvor Erfahrungen mit Belohnungen nach erheblichen Anstrengungen gemacht hatte, und eine Kontrollgruppe ohne solche Vorerfahrungen. Es zeigte sich nun, daß die Mitglieder der Versuchsgruppe sich häufiger eine größere Belohnung wählten, die auch eine größere Anstrengung erforderte, und sich damit gegen eine kleinere Belohnung entschieden, die mit einer geringeren Anstrengung zu bekommen war. In der Kontrollgruppe wurde dagegen weniger häufig die größere Belohnung erreicht. Eisenberger und seine Kollegen vermuten, daß Erfahrungen mit großen Belohnungen, die erhebliche Anstrengungen voraussetzen, die Tendenz fördern, sich für solche Belohnungen zu entscheiden.[43]

Außer der Erfahrung mit vorausgegangenen Anstrengungen haben auch bestimmte Persönlichkeitsmerkmale Einfluß darauf, ob eine Versuchsperson die größere Belohnung wählt, die ein erhebliches Maß an Anstrengung erfordert. Das ergibt sich aus weiteren Untersuchungen, insbesondere zur Beziehung zwischen der mit Anstrengung verbundenen Selbstkontrolle und dem Ort der Steuerung – dem sogenannten *locus of control*. Dabei wurden die Versuchspersonen gefragt, ob ihrer Meinung nach äußere Ereignisse auch external gesteuert sind (externale Steuerung) oder ob äußere Ereignisse auch etwas mit der eigenen Persönlichkeit zu tun haben (internale Steuerung). Außerdem wurde in einem Experiment untersucht, inwieweit Belohnungen gewählt wurden, die eine sehr hohe Anstrengung voraussetzen. Dabei wählten High-School-Schüler mit einer internaler Steuerung seltener die größere Belohnung, die möglicherweise ein Übermaß an Anstrengung voraussetzte, als Schüler mit externaler Steuerung.[44]

Erwerb allgemeiner Strategien der Selbstkontrolle

Mit zunehmendem Alter erwerben Kinder allgemeine Strategien zur Verstärkung der Selbstkontrolle. Wir wollen in diesem Abschnitt einige dieser Strategien darstellen und aufzeigen, wie sie sich verändern. Das folgende Kapitel enthält dann eine ausführlichere Diskussion solcher Strategien.

Die altersabhängigen Veränderungen allgemeiner Strategien zur verstärkten Selbstkontrolle haben insbesondere Harriet N. Mischel und Walter Mischel in vielen Studien untersucht.[45] Sie beobachteten Kinder vom Vorschulalter bis hin zur sechsten Klasse. Nach Mischel und Mischel scheint nur wenigen Vierjährigen bewußt zu sein, welche Strategien sich sinnvoll zur Verstärkung der Selbstkontrolle einsetzen lassen. Sie zeigten ganz im Gegenteil Verhaltensweisen, die es ihnen eigentlich erschwerten, auf eine Belohnung zu warten. So richteten sie beispielsweise während der Zeit des Aufschubs ihre ganze Aufmerksamkeit auf die Belohnung. Doch gegen Ende des fünften Lebensjahres lernen Kinder allmählich, welches Verhalten ihnen das Warten erleichterte. Sie lernen beispielsweise, daß Ablenkung (ein Lied singen, ein Spiel spielen, einschlafen) oder Selbstinstruktion (wenn sie sich beispielsweise immer wieder sagen, daß sie die größere Belohnung erhalten, wenn sie noch warten) ihnen helfen können, Selbstkontrolle zu wahren. Und irgendwann zwischen der dritten und der sechsten Klasse sind Kinder auch in der Lage zu berichten, daß abstraktes Nachdenken über Belohnung und Aufgabe (etwa Überlegungen zur Form der Belohnung) ihnen eher helfen, sich zu beherrschen, als konkrete Überlegungen zu Verbrauchseigenschaften (wie etwa der Geschmack).

Strategien der Selbstkontrolle, wie sie die meisten normalen Kinder im Laufe ihrer Entwicklung erwerben, lassen sich als eine Reaktion auffassen, die das Abwerten aufgeschobener Ergebnisse vermindert und kompensiert.[46] Wenn man sich die Möglichkeit oder die abstrakten Eigenschaften eines Ereignisses vergegenwärtigt, kann dies dazu beitragen, daß das Ereignis zeitlich näher zu liegen scheint. Umgekehrt kann die Wartezeit länger erscheinen, als sie tatsächlich ist, wenn man alle Aufmerksamkeit auf konkrete Verbrauchseigenschaften richtet. Einige Forscher beurteilen eine solche verstärkte Auswirkung des Belohnungsaufschubs als Folge der durch die Wartezeit ausgelösten Frustration.[47] Für Fälle, in denen Nahrung als Belohnung eingesetzt wird, gibt es möglicherweise eine physiologische Erklärung für die Abnahme der Selbstkontrolle, die mit der Konzentration auf die Verbrauchseigenschaften des Ergebnisses einhergeht (siehe Kapitel 6).

Selbstkontrolle bei älteren Menschen

Man könnte vermuten, daß bei älteren Menschen bestimmte Formen der Selbstkontrolle im Alltag nachlassen. Wer in hohem Alter glaubt, nicht mehr viele Jahre vor sich zu haben, wird einem Ereignis, das erst in vielen Jahren eintritt, vermutlich einen geringeren Wert beimessen als ein junger Erwachsener. Möglicherweise nimmt bei älteren Menschen die Wahrscheinlichkeit ab, daß sie Geld sparen, das Rauchen aufgeben oder sich cholesterinarm ernähren. Ob diese Hypothese zutrifft, muß allerdings erst noch wissenschaftlich geklärt werden, da bislang noch keine entsprechenden Untersuchungen vorliegen.

Geschlechtsspezifische Unterschiede

Da sich Jungen und Mädchen in mancherlei Hinsicht unterschiedlich entwickeln[48], könnten sich je nach Alter auch geschlechtsspezifische Unterschiede bei der Selbstkontrolle zeigen. Mit anderen Worten, es könnte in bezug auf Selbstkontrolle eine Interaktion von Alter und Geschlecht geben.

Bislang wurde nur ein einziges Experiment zu geschlechtsspezifischen Unterschieden der Selbstkontrolle bei Erwachsenen durchgeführt.[49] In dieser Studie wurde kein meßbarer Unterschied zwischen Männern und Frauen festgestellt, was die Wahl zwischen einer größeren, aufgeschobenen Belohnung oder einer kleineren, rascher gewährten Belohnung in Form von Nahrung betrifft. (Im Experiment wurde die Entscheidung getroffen, indem ein Hebel nach rechts oder links bewegt wurde.) Das Ergebnis dieses einen Experiments besagt nicht, daß es keinerlei geschlechtsspezifische Unterschiede der Selbstkontrolle bei Erwachsenen gibt. Zwar wurde das Selbstkontroll-Verhalten von Erwachsenen beiderlei Geschlechts erst in diesem einen experimentellen Verfahren direkt untersucht, aber andere Untersuchungsmethoden lassen indirekt darauf schließen, daß es doch einen geschlechtsspezifischen Unterschied der Selbstkontrolle geben könnte. So wurde in einer Studie festgestellt, daß Versuchspersonen Männer und Frauen mit geringer Selbstkontrolle im Hinblick auf wichtige andere Merkmale unterschiedlich beschreiben. Die Befragten gaben an, daß Männer mit geringer Selbstkontrolle sich tendenziell in negativer Weise durchsetzen und ihre Umgebung übermäßig kontrollieren. Umgekehrt meinten sie, daß Frauen mit geringer Selbstkontrolle tendenziell zu nachgiebig seien und zu wenig versuchten, ihre Umgebung zu kontrollieren.[50] Bisher ist nicht geklärt, ob solche landläufigen Überzeugungen über Persönlichkeitsunterschiede zwischen Männern und Frauen mit geringer Selbstkontrolle das tatsächliche Verhalten richtig beschreiben. Träfen diese Beschreibungen zu, so ließen sich möglicherweise geschlechtsspezifische Verhaltensunterschiede innerhalb eines experimentellen Selbstkontroll-Paradigmas zeigen, bei dem Selbstkontrolle als Aggressionshemmung definiert ist. (Bei diesem

Paradigma wird also vorausgesetzt, daß sich Aggression als extreme Durchsetzungsfähigkeit mit negativer Kontrolle der Umwelt beschreiben läßt.) In einem solchen Experiment könnte man vielleicht klären, ob Männer sich tatsächlich weniger selbstkontrolliert verhalten als Frauen.

Die Frage, ob Männer und Frauen sich hinsichtlich ihrer Selbstkontrolle unterscheiden, muß jedoch derzeit offen bleiben, solange keine weiteren Daten vorliegen. (Allerdings gibt es indirekte Hinweise im Zusammenhang mit Anorexia nervosa und Bulimia nervosa, siehe Kapitel 6.) Bei Mädchen scheint jedenfalls gesichert, daß sie sich stärker selbst kontrollieren als Jungen.[51] In den Studien, auf die sich diese Aussage stützt, wurden Kinder vom Vorschulalter bis hin zum High-School-Alter mit einer Reihe unterschiedlicher Selbstkontroll-Paradigmen untersucht. Bei Kindern geht es neben der Frage nach geschlechtsspezifischen Unterschieden vor allem um mögliche Ursachen dieser Unterschiede. Hier scheint allerdings das unterschiedliche Sprachvermögen von Jungen und Mädchen kein entscheidender Faktor zu sein. Zwar sind, wie schon erwähnt, sprachliche Fertigkeiten und Selbstkontrolle offenbar positiv korreliert, und verschiedene Forscher berichten, daß Mädchen im Durchschnitt über größere sprachliche Fertigkeiten verfügen als Jungen. Aber diese Unterschiede sind in der Regel zu gering, um die Selbstkontrolle entscheidend beeinflussen zu können.[52] Geschlechtsspezifische Unterschiede in den sprachlichen Fähigkeiten reichen als Erklärung für Unterschiede in der Selbstkontrolle jedenfalls nicht aus.

In der Forschungsliteratur finden sich zahlreiche andere Erklärungsmöglichkeiten für die größere Impulsivität von Jungen. So wird beispielsweise vermutet, daß Jungen durch ihre Sozialisation selbständig und durchsetzungsfähig werden und ein entsprechendes Verhalten nicht immer mit Selbstkontrolle vereinbar ist. Die Sozialisation von Mädchen hingegen ziele darauf ab, daß sie ihre Impulse kontrollieren und sich an gesellschaftliche Normen anpassen, also ein Verhalten zeigen, das sich mit Selbstkontrolle vereinbaren läßt.[53] Auch geschlechtsspezifische Unterschiede des Aktivationsniveaus[54] könnten dafür verantwortlich sein, daß es den relativ aktiveren Jungen schwerer fällt, auf aufgeschobene Verstärker zu warten.[55] Bei Faktoren, deren Einfluß auf die Entwicklung der Selbstkontrolle bereits dargestellt wurde – also etwa die Erfahrung mit lange aufgeschobenen Belohnungen oder die Kenntnis und Anwendung von Ablenkungstechniken –, könnte ein Nachweis geschlechtsspezifischer Unterschiede zu einer Erklärung der unterschiedlichen Selbstkontrolle bei Mädchen und Jungen beitragen. Es sind jedoch noch zahlreiche Experimente erforderlich, um die Ursachen für die größere Selbstkontrolle bei Mädchen genau zu spezifizieren.

Kulturspezifische Unterschiede

Selbstkontrolle läßt sich auch unter dem Aspekt ihrer kulturspezifischen Funktion untersuchen. Verschiedene Kulturen unterscheiden sich *per definitionem* aufgrund der unterschiedlichen Erfahrungen ihrer Mitglieder. Angehörige verschiedener Kulturen könnten im Verlauf der Entwicklung ein unterschiedliches Maß an Selbstkontrolle oder unterschiedliche Formen der Selbstkontrolle erwerben. Untersuchungen zur Selbstkontrolle in verschiedenen Kulturen können aufzeigen, wie stark Selbstkontrolle und Impulsivität trotz des gemeinsamen evolutionären Erbes der Menschheit durch kulturspezifische Einflüsse variieren können. Im Zusammenhang mit diesen kulturspezifischen Faktoren soll zunächst die Selbstkontrolle in der Gesellschaft der Vereinigten Staaten untersucht werden, wobei auch historische Unterschiede und Unterschiede zwischen verschiedenen ethnischen Gruppen in Betracht gezogen werden. Im Anschluß daran folgen Überlegungen zur Rolle der Selbstkontrolle in der japanischen Kultur.

Vereinigte Staaten

In den Vereinigten Staaten scheint es starke kulturelle Tendenzen für beides, Selbstkontrolle wie Impulsivität, zu geben. Einerseits war Selbstkontrolle traditionell offenkundig eines der wichtigsten Prinzipien, auf die sich die Vereinigten Staaten stützten. Sich zu beherrschen und der Versuchung zu widerstehen sind Teil des jüdisch-christlichen Erbes der amerikanischen Gesellschaft (siehe Kasten 4.2 bis 4.5).

So wunderbar der Schritt der Pilgerväter,
deren entschlossenes und leidenschaftliches Drängen
der Freiheit eine Bresche
in die Wildnis schlägt!
Amerika! Amerika!

Gott sühne all deine Fehler
und stärke deine Seele durch Selbstbeherrschung,
deine Freiheit im Gesetz!
[Aus: America the Beautiful[56]]

Kasten 4.2

Selig ist der Mann, der die Anfechtung erduldet; denn nachdem er bewährt ist, wird er die Krone des Lebens empfangen,
welche Gott verheißen hat denen, die ihn liebhaben. [Jak.
1;12]

Kasten 4.3

Hebe dich hinweg von mir, Satan. [Matth. 4;10]

Kasten 4.4

Fällt ein Mann den Verlockungen dieser Welt anheim und wendet sich von seinem Schöpfer ab, so ist nicht er allein verdor-
ben, sondern die ganze Welt mit ihm. Beherrscht er sich jedoch, hält er an seinem Schöpfer fest und macht er sich die
Welt nur insofern zunutze, als dies ihm hilft, seinem Schöpfer
zu dienen, so steigt er auf in eine höhere Ordnung des Seins
und trägt die Welt mit sich. [Mesillat Yesharim][57]

Kasten 4.5

In den vergangenen Jahrzehnten ist jedoch die Besorgnis laut geworden,
daß diese früher herausragende Bedeutung der Selbstkontrolle abnehmen
könnte.[58] Die siebziger und achtziger Jahre waren die Jahrzehnte der
hedonistischen *Ego*-Generation. Viele junge Erwachsene wollten ihre
Bedürfnisse befriedigen, ohne – was sich oft nicht umgehen ließ – darauf
warten zu müssen. Auffällig ist auch, daß die geburtenstarken Jahrgänge,
die jetzt in den Dreißigern und Vierzigern sind, nicht so viel sparen wie
ihre Eltern im selben Alter. Die Ursachen dafür sind unbekannt. Möglicherweise liegt es daran, daß die geburtenstarken Jahrgänge nie eine
Weltwirtschaftskrise erlebt haben und daß die Rentner heute nicht so arm
sind wie früher, so daß sich die geburtenstarken Jahrgänge nicht so viele

Gedanken über die Vorsorge für ihren eigenen Ruhestand machen.[59] Robert Eisenberger stellt in seinem Buch *Blue Monday: The Loss of the Work Ethic in America* dar, was er in Amerika als einen verheerenden Trend zur Impulsivität betrachtet. Er schreibt:

> Der amerikanische Traum bedeutete nicht nur, daß man danach strebte, seine ökonomische Situation zu verbessern, sondern man war auch bereit, fleißig auf diese glücklichere Zukunft hinzuarbeiten. Als Amerika zu einer wohlhabenden Gesellschaft wurde, trat das Interesse an Freizeit und Lustgewinn zunehmend an die Stelle der traditionellen Arbeitsethik. Manager, Arbeiter und Studenten waren immer weniger bereit, sich die Selbstverleugnung aufzuerlegen, die erforderlich ist, um langfristige Ziele zu erreichen. Der gesellschaftliche Konsens darüber, daß harte Arbeit zum Erfolg führt, war bereits aufgelöst, als die meisten heutigen Amerikaner geboren wurden. Mehr denn jemals zuvor betrachten die Amerikaner Schule und Arbeit als eine unangenehme Unterbrechung ihrer Entspannung und Unterhaltung, die man möglichst mit einem Minimum an Anstrengung hinter sich bringt.[60]

Allerdings ist keineswegs klar, ob selbstkontrolliertes Verhalten in unserer Gesellschaft in jeder Hinsicht im Schwinden ist. Beispielsweise beschreibt Kelly D. Brownell das heutzutage immer weiter um sich greifende Streben nach einer (unangemessen) schlanken Figur und umfassenden körperlichen Fitness als eine Form der Selbstkontrolle.[61] (Die Abbildungen 4.1 und 4.2 verdeutlichen den Unterschied zwischen der Bedeutung, die einem durchtrainierten Körper in den 50er Jahren beziehungsweise den 80er Jahren beigemessen wurde.) Nach Brownell gilt Selbstkontrolle in unserer Gesellschaft durchaus als erstrebenswert, und je fitter und schlanker jemand ist, desto eher wird ihm Selbstkontrolle zugeschrieben. Brownell betrachtet diese zunehmende Form der Selbstkontrolle als schädlich für unsere Gesellschaft, da Körpergröße und Figur weitgehend durch physiologische Faktoren vorgegeben sind, die sich nicht individuell steuern lassen (siehe auch Kapitel 6). Welche Erwartungen in einer Gesellschaft oder Kultur im Hinblick auf Selbstkontrolle herrschen, das kann – wie Brownells und Eisenbergers Ansichten zeigen – als Funktion der jeweiligen Situation variieren.

Selbstkontrolle läßt sich nicht nur als Funktion unterschiedlicher Situationen innerhalb einer spezifischen Kultur untersuchen, sondern auch als Funktion des sozioökonomischen Status betrachten. Es gibt viele solche Studien zur Selbstkontrolle verschiedener sozioökonomischer Gruppen. An allen diesen Untersuchungen waren Jugendliche im High-School-Alter beteiligt. Die meisten[62], aber nicht alle Untersuchungen[63],

4.1   Eine „perfekte" Figur aus den fünfziger Jahren: Marylin Monroe (mit Cary Grant).

kommen zu dem Ergebnis, daß Gruppen mit niedrigem sozioökonomischem Status weniger Selbstkontrolle zeigen als Gruppen mit hohem
sozioökonomischem Status.

Bei Untersuchungen, die einen signifikanten Zusammenhang zwischen sozioökonomischem Status und Selbstkontrolle ergeben, handelt
es sich durchweg um Korrelationsstudien. Aus diesen Studien lassen sich
die Ursachen des beobachteten Zusammenhangs nicht ableiten. Einige
Forscher meinen beispielsweise, daß die Selbstkontrolle dadurch beeinflußt sein könnte, in welchem Grad eine Person oder ein Tier in seiner
Entwicklung beeinträchtigt – das heißt, depriviert – wurde. Stärker de-
privierte Versuchspersonen oder -tiere würden daher weniger Selbstkontrolle zeigen[64] (siehe auch Kapitel 6). Wenn man annimmt, daß Personen
mit einem niedrigen sozioökonomischen Status aufgrund ihrer Armut in
ihren Entfaltungsmöglichkeiten relativ stark eingeschränkt sind und ein
entsprechend hohes allgemeines Deprivationsniveau aufweisen, dann

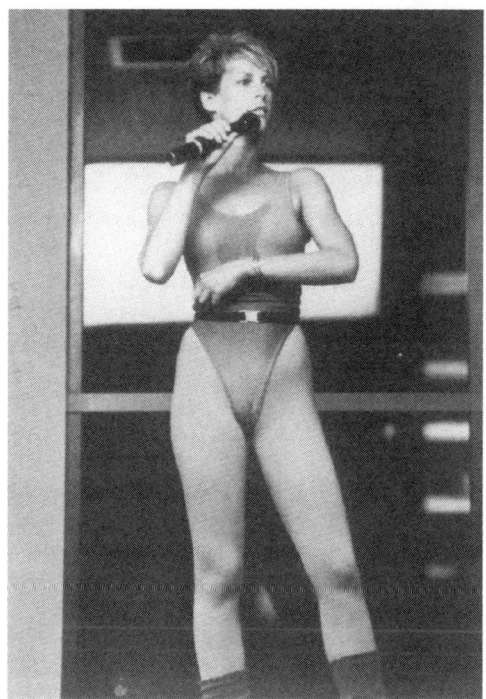

4.2 Eine „perfekte" Figur aus den achtziger Jahren: Jamie Lee Curtis.

kommt ein niedriger sozioökonomischer Status als Ursache einer geringen Selbstkontrolle in Betracht. Andererseits könnte man auch annehmen, daß es Personen mit geringer Selbstkontrolle relativ schwerfällt,
eine gutbezahlte Arbeit zu bekommen und zu behalten. So betrachtet
wäre die geringe Selbstkontrolle als Ursache des niedrigen sozioökonomischen Status anzusehen. Drittens könnte man auch vermuten, daß es
Personen mit einem eingeschränkten zeitlichen Horizont schwerfällt,
selbstkontrolliert zu handeln und einen gutbezahlten Job zu bekommen
und zu behalten. Dann würde der individuelle zeitliche Horizont sowohl
die Selbstkontrolle als auch den sozioökonomischen Status beeinflussen,
und die Korrelation zwischen Selbstkontrolle und sozioökonomischem
Status ließe sich auf den Zeithorizont zurückführen. Dieser Annahme
entsprechen die Befunde einer Untersuchung mit Kindern, bei der sich

ein Zusammenhang zwischen sozioökonomischem Status und der Einschätzung von Zeitspannen zeigte – zusätzlich zur Korrelation zwischen sozioökonomischem Status und Selbstkontrolle. (Die Einschätzung von Zeitspannen wurde gemessen, indem man die Kinder aufforderte, Linien zu ziehen, deren Länge unterschiedlichen zeitlichen Intervallen entsprach, die vom Versuchsleiter vorgegeben wurden)[65]. Wir möchten allerdings noch einmal darauf hinweisen, daß es sich hier um Daten aus Korrelationsstudien handelt. Es könnte also auch eine vierte Variable geben, die sowohl die Einschätzung von Zeitspannen als auch den sozioökonomischen Status und die Selbstkontrolle beeinflußt und die für die Zusammenhänge zwischen diesen drei beobachteten Variablen verantwortlich ist. Inwieweit hier ein kausaler Zusammenhang zwischen der Einschätzung von Zeitspannen, dem sozioökonomischen Status und der Selbstkontrolle vorhanden ist, müssen zukünftige Experimente erweisen.

Japan

Über Selbstkontrolle im Kulturvergleich zwischen fernöstlichen Ländern und der westlichen Welt ist schon viel geschrieben worden. Einige Publikationen befassen sich mit offensichtlichen Unterschieden in der Definition von Selbstkontrolle. In westlichen Gesellschaften wird Selbstkontrolle als „zielorientierte Produktivität, Durchsetzungsfähigkeit und instrumentelles Handeln" definiert, während in den östlichen Gesellschaften unter Selbstkontrolle das „Nachgeben, Hingeben, Akzeptieren und Loslassen" verstanden wird.[66] Allerdings beruht der Unterschied im selbstkontrollierten Verhalten westlicher und östlicher Kulturen nicht etwa auf einer unterschiedlichen Definition von Selbstkontrolle. Der Unterschied ergibt sich vielmehr aus einer unterschiedlichen Bewertung der Ereignisse, auf die zu warten sich lohnt. In westlichen Gesellschaften werden oft konkrete und abgrenzbare Ergebnisse wie Geld, Nahrung oder gute Noten angestrebt. In östlichen Kulturen dagegen haben auch weniger konkrete, eher spirituelle Ergebnisse, wie beispielsweise innere Harmonie, einen hohen Wert.[67] Wenn man berücksichtigt, daß diese Werte ihrem Wesen nach unterschiedlich definiert sind, kann man Selbstkontrolle im östlichen wie westlichen Stil als Verhalten beschreiben, das Ergebnisse mit dem größeren Wert erzielt, indem es zeitlichen Aufschub einbezieht.

Einige Forscher haben sich nicht mit den Unterschieden zwischen dem östlichen und dem westlichen Stil der Selbstkontrolle befaßt, sondern mit der relativen Bedeutung, die ihr in den beiden Kulturen beigemessen wird. So wird die japanische Gesellschaft häufig geradezu als Musterbeispiel für Selbstkontrolle betrachtet. Japaner werden – vielleicht aufgrund der hohen Bevölkerungsdichte – von frühester Kindheit an zu Höflichkeit und guten Umgangsformen erzogen. Individuelle Vorteile gelten weit weniger als das Fortkommen der sozialen Gemeinschaft. Das erfordert von jedem einzelnen, daß er seine persönlichen Belange zurückstellen und sich für langfristige Ziele der Gemeinschaft einsetzen kann.[68] Ein Beispiel für solche sozialen Werte ist die Tradition der Samurai, eines traditionsreichen Ritterstandes in Japan: „Die *Samurai* lebten nach einem Ehrenkodex, den sie *Bushido* – Ritterweg – nannten. Diese Lebensregeln forderten Treue gegen den Herrn, Waffentauglichkeit, Selbstzucht, Todesverachtung und Edelmut."[69] Wertvorstellungen, die Selbstkontrolle als Tugend betonen, sind in vielen japanisch-chinesischen Märchen und Volksweisheiten lebendig. Dazu zwei Beispiele:

In alter Zeit sagte ein Chinese zu seinen Hausaffen, er wolle ihnen morgens drei Früchte und abends vier Früchte geben. Als die Affen daraufhin sehr zornig wurden, bot er ihnen statt dessen vier Früchte am Morgen und drei Früchte am Abend an. Dies hörten die Affen mit großer Befriedigung. Diese Geschichte lehrt, daß wir ebenso leicht übers Ohr gehauen werden können wie die Affen, wenn wir unseren Verstand nicht gebrauchen ... Ein japanisches Sprichwort sagt, daß der ungeduldige Bettler weniger Almosen erhält. Mit anderen Worten: 'Warte, und du wirst mehr bekommen.'[70]

Japanische Geschäftsleute und Manager sind heute dafür bekannt, wesentlich langfristiger zu planen als ihre westlichen Partner. Japaner sparen auch einen höheren Teil ihres Einkommens als Europäer oder Amerikaner – um 1980 legten sie durchschnittlich etwa zwanzig Prozent ihres verfügbaren Einkommens auf Sparkonten an.[71] Die Vergleichszahl lag in den Vereinigten Staaten bei etwa fünf Prozent.[72] Die hohe Sparquote der Japaner mag darauf beruhen, daß sie sich einerseits nicht darauf verlassen, daß langfristig nur gute Zeiten zu erwarten sind, und daß sie andererseits wissen, wie teuer die Ausbildung ihrer Kinder ist. Außerdem wurden Angestellte bis vor kurzem in vielen Unternehmen bereits mit 55 Jahren entlassen – einige Jahre, bevor ihnen Rente zustand, so daß auch für den Ruhestand vorgesorgt werden mußte.[73] Allerdings herrscht in der japanischen Gesellschaft keineswegs nur Selbstkontrolle vor. Ähnlich wie in den Vereinigten Staaten gibt es auch in Japan eine Diskussion darüber, daß Selbstkontrolle eine immer geringere Rolle spielt. Die Sorge um einen Bedeutungsverlust der Selbstkontrolle stützt sich auf Befunde wie die Feststellung, daß auch in Japan neuerdings die Sparquote abnimmt.[74] Möglicherweise hängt diese Entwicklung allerdings auch damit zusammen, daß Japaner inzwischen eher mit 60 als mit 55 Jahren aus dem Berufsleben ausscheiden.

Außerdem scheinen junge Erwachsene in Japan immer häufiger der Ansicht zu sein, daß harte Arbeit sich auch unmittelbar lohnen muß und nicht nur langfristig auszahlen sollte. So ergab eine 1980 von der japanischen Regierung in Auftrag gegebene Untersuchung, daß seit 1960 immer weniger junge Japaner zwischen 15 und 19 Jahren angaben, hart für große zukünftige Vorteile zu arbeiten, und umgekehrt erhöhte sich der Anteil der Personen, die eher einen individuellen Lebensstil verwirklichen wollten, als sich an den Belangen der Gemeinschaft zu orientieren.

Das vom japanischen Erziehungssystem geformte Verhalten japanischer Schüler und Studenten veranschaulicht sowohl die extreme Selbstkontrolle als auch die Impulsivität, die man ihnen zuschreibt. In der Sekundarstufe bereiten sich japanische Schüler unzählige Stunden auf die Eingangsprüfungen der Universitäten vor. Sie verzichten auf viele unmittelbare Vergnügungen, die für amerikanische Teenager einfach zum Leben dazugehören, und zeigen damit ein extremes Maß an Selbstkontrolle. Haben sie die Hürde der Eingangsprüfungen aber erst einmal überwunden, so besteht kaum noch Gefahr, wegen schlechter Noten von der Universität abgehen zu müssen. Und außerdem zählt bei der Einstellung von Universitätsabsolventen vielfach das Abschlußzeugnis der Universität weit mehr als die Leistungen während des Studiums. Ist ein Student also erst einmal an einer Universität zugelassen, so besteht während der folgenden Jahre kaum noch ein Anreiz mehr, sich auf das Studium zu konzentrieren, um auf diese Weise bessere Zukunftsaussichten zu erreichen. In dieser Zeit ist das Verhalten japanischer Studenten weitgehend auf die unmittelbare Bedürfnisbefriedigung hin orientiert.[75]

Insgesamt bedeutet dies, daß die japanische und die amerikanische Kultur im Hinblick auf Selbstkontrolle und Impulsivität zwar zuweilen grundsätzlich verschieden erscheinen, daß aber in beiden Kulturen beide Verhaltensdispositionen zu beobachten sind. Zudem scheinen bisher vorhandene Unterschiede hinsichtlich der Selbstkontrolle schwächer zu werden. Ob dieser Trend letzten Endes dem Überleben und Wohlergehen der Menschheit schadet oder nützt, bleibt abzuwarten.

Fazit

In diesem Kapitel wurden zahlreiche Faktoren dargestellt, die sich tendenziell auf die Entwicklung der Selbstkontrolle auswirken. Selbstkontrolle nimmt in der Kindheit mit dem Alter zu, und zwar bei Mädchen offenbar schneller als bei Jungen. Dies kann unterschiedliche Ursachen haben. Wahrnehmungsentwicklung, Intelligenz und Sprachfähigkeiten können hier ebenso eine Rolle spielen wie Erfahrungen mit aufgeschobenen Belohnungen, altersabhängigen Veränderungen des Aktivationsniveaus oder das Erlernen allgemeiner Strategien der Selbstkontrolle. Auffällig sind auch einige kulturspezifische Unterschiede der Selbstkontrolle, deren Ursachen wir allerdings noch nicht genau kennen.

Die Forschungsergebnisse, die in diesem Kapitel dargestellt wurden, lassen einige mögliche Ursachen individueller Unterschiede der Selbstkontrolle erkennen, die sich als zeitstabil erweisen könnten. Wenn beispielsweise eine Person über lange Zeit relativ hohe sprachliche Fähigkeiten zeigt, so wird sie wahrscheinlich auch langfristig ein hohes Maß an Selbstkontrolle zeigen. Offenbar gibt es stabile individuelle Unterschiede der Selbstkontrolle. Wie jedoch die folgenden Kapitel zeigen werden, kann Selbstkontrolle als Funktion der jeweiligen Situation[76] auch erheblich variieren.

Anmerkungen

1. Mischel, W. *Convergences and Challenges in the Search for Consistency.* In: *American Psychologist* 39 (1984) S. 351–364.
    Mischel, W.; Shoda, Y.; Peake, P. K. *The Nature of Adolescent Competencies Predicted by Preschool Delay of Gratification.* In: *Journal of Personality and Social Psychology* (54 (1988) S. 687–696.
2. Rogers, F. (Produzent); Martin, H. (Produzent und Regisseur). *Mister Rogers' Neighborhood* [Fernsehserie]. Family Communications, Inc. 14. Dezember 1986. Deutsch: Es ist sehr, sehr, sehr schwer zu warten. Besonders wenn man auf etwas sehr Schönes wartet. Es ist sehr, sehr, sehr schwer zu warten.
3. Kopp, C. B. *Antecedents of Self-regulation: A Developmental Perspective.* In: *Developmental Psychology* 18 (1982) S. 199–214.
    Mischel, W.; Shoda, Y.; Rodriguez, M. L. *Delay of Gratification in Children.* In: Science 244 (1989) S. 933–938.

4. Ibid.

    Sonuga-Barke, E. J. S.; Lea, S. E. G.; Webley, P. *The Development of Adaptive Choice in a Self-control Paradigm.* In: *Journal of the Experimental Analysis of Behavior* 51 (1989) S. 77–85.

5. Logue, A. W.; Chavarro, A. *Self-control and Impulsiveness in Preschool Children.* In: *Psychological Record* 42 (1992) S. 189–204.

6. Inouye, A.; Sato S.; Sato, Y. *Develomental Study in Delayed Preference Behavior.* In: *The Japanese Journal of Psychology* 50 (1979) S. 82–88.

    Miller, D. T.; Weinstein, S. M.; Karniol, R. *Effects of Age and Self-verbalization on Children's Ability to Delay Gratification.* In: *Developmental Psychology* 14 (1978) S. 569–570.

    Mischel, W.; Metzner, R. *Preference for Delayed Reward as a Function of Age, Intelligence and Length of Delay Interval.* In: *Journal of Abnormal and Social Psychology* 64 (1962) S. 425–431.

    Sarafino, E. P.; Russo, A.; Barker, J.; Consentino, A. M.; Titus, D. *The Effect of Rewards on Intrinsic Interest: Developmental Changes in the Underlying Processes.* In: *The Journal of Genetic Psychology* 141 (1982) S. 29–39.

    Vaughn, B. E.; Kopp, C. B.; Krakow, J. B. *The Emergence and Consolidation of Self-control from Eighteen to Thirty Months of Age: Normative Trends and Individual Differences.* In: *Child Development* 55 (1984) S. 990–1004.

7. Crooks, R. C. *Magnitude of Reward and Preference in a Delayed-reward Situation.* In: *Psychological Reports* 40 (1977) S. 1215–1219.

    Walsh, R. P. *Sex, Age and Temptation.* In: *Psychological Reports* 21 (1967) S. 625–629.

8. Wilson, J. Q.; Herrnstein, R. J. *Crime and Human Nature.* New York (Simon & Schuster) 1985.

9. Krebs, J. R.; Kacelnik, A. *Time Horizons of Foraging Animals.* In: Gibbon, J.; Allan, L. (Hrsg.) *Timing and Time Perception.* New York (New York Academy of Sciences) 1984. S. 278–291.

10. Logue, A. W.; Forzano, L. B.; Tobin, H. *Independence of Reinforcer Amount and Delay: The Generalized Matching Law and Self-control in Humans.* In: *Learning and Motivation* 23 (1992) S. 326–342.

    Logue, A. W.; Peña-Correal, T. E.; Rodriguez, M. L.; Kabela, E. *Self-control in Adult Humans: Variation in Positive Reinforcer Amount and Delay.* In: *Journal of the Experimental Analysis of Behavior* 46 (1986) S. 159–173.

    Millar, A.; Navarick, D. J. *Self-control and Choice in Humans: Effects of Video Game Playing as a Positive Reinforcer.* In: *Learning and Motivation* 15 (1984) S. 203–218.

11. Sonuga-Barke E. J. S.; Lea, S. E. G.; Webley, P. *Children's Choice: Sensitivity to Changes in Reinforcer Density.* In: *Journal of the Experimental Analysis of Behavior* 51 (1989) S. 185–197.
    Sonuga-Barke; Lea; Webley *The Development of Adaptive Choice.* S. 77–85.
12. Davids, A. *Ego Functions in Disturbed and Normal Children: Aspiration, Inhibition, Time Estimation, and Delayed Gratification.* In: *Journal of Consulting and Clinical Psychology* 33 (1969) S. 61–70.
    Mischel; Metzner *Preference for Delayed Reward.* S. 425–431.
13. Levine, M.; Spivak, G. *Incentive, Time Conception, and Self-control in a Group of Emotionally Disturbed Boys.* In: *Journal of Clinical Psychology* 15 (1959) S. 110–113.
    Siegmann, A. W. *The Relationship between Future Time Perspective, Time Estimation and Impulse Control in a Group of Young Offenders and in a Control Group.* In: *Journal of Consulting Psychology* 25 (1961) S. 470–475.
14. Levine; Spivak *Incentive, Time Conception and Self-control.* S. 110–113.
15. Darcheville, J. C.; Rivière, V.; Wearden, J. H. *Fixed-interval Performance and Self-control in Children.* In: *Journal of the Experimental Analysis of Behavior* 57 (1992) S. 187–199.
16. Kendall, P. C.; Finch, A. J. *Developing Nonimpulsive Behavior in Children: Cognitive-behavioral Strategies for Self-control.* In: Kendall, P. C.; Hollon, S. D. (Hrsg.) *Cognitive-behavioral Interventions.* New York (Academic Press) 1979. S. 37–79.
17. Rodriguez, M. L.; Mischel, W.; Shoda, Y. *Cognitive Person Variables in the Delay of Gratification of Older Children at Risk.* In: *Journal of Personality and Social Psychology* 57 (1989) S. 358–367.
18. Vaughn, B. E.; Kopp, C. B.; Krakow, J. B.; Johnson, K.; Schwartz, S. S. *Process Analyses of the Behavior of Very Young Children in Delay Tasks.* In: *Developmental Psychology* 22 (1986) S. 752–759.
19. Mischel; Shoda; Peake *The Nature of Adolescent Competencies.* S. 687–696.
20. Eisenberger, R.; Adornetto, M. *Generalized Self-control of Delay and Effort.* In: *Journal of Personality and Social Psychology* 51. S. 1020–1031.
    Litrownik, A. J.; Franzini, L. R.; Geller, S.; Geller, M. *Delay of Gratification: Decisional Self-control and Experience with Delay Intervals.* In: *American Journal of Deficiency* 82 (1977) S. 149–154.
    Wilson; Herrnstein *Crime and Human Nature.*
21. Eisenberger; Adornetto *Generalized Self-control.* S. 1020–1031.
22. Funder, D. C.; Block, J. *The Role of Ego-control, Ego-resiliency, and IQ in Delay of Gratification in Adolescence.* In: *Journal of Personality and Social Psychology* 57 (1989) S. 1041–1050.

Golden, M.; Montare, A.; Bridger, W. *Verbal Control of Delay Behavior in Two-year-old Boys as a Function of Social Class.* In: *Child Development* 48 (1977) S. 1107–1 111.

Mischel; Metzner *Preference for Delayed Reward.* S. 425–431.

Rodriguez; Mischel; Shoda *Cognitive Person Variables.* S. 358–367.

23. Ragotzy, S. P.; Blakely, E.; Poling, A. *Self-control in Mentally Retarded Adolescents: Choice as a Function of Amount and Delay of Reinforcement.* In: *Journal of the Experimental Analysis of Behavior* 49 (1988) S. 191–199.

24. Rodriguez; Mischel; Shoda *Cognitive Person Variables.* S. 358–367.

25. Mischel; Shoda; Rodriguez *Delay of Gratification.* S. 933–938.

26. Nisan, M.; Koriat, A. *Children's Actual Choices and Their Conception of the Wise Choice in a Delay-of-gratification Situation.* In: *Child Development* 48 (1977) S. 488–494.

27. Mawhinney, T. C. *Maximizing Versus Matching in People Versus Pigeons.* In: *Psychological Reports* 50 (1982) S. 267–281.

Rodriguez, M. L.; Logue, A. W. *Adjusting Delay to Reinforcement: Comparing Choice in Pigeons and Humans.* In: *Journal of Experimental Psychology: Animal Behavior Processes* 14 /1988) S. 105–117.

28. Golden; Montare; Bridger *Verbal Control of Delay Behavior.* S. 1107–1111.

29. Ainslie, G. W. *Impulse Control in Pigeons.* In: *Journal of the Experimental Analysis of Behavior* 21 (1974) S. 485–489.

Green, L.; Fisher, E. B.; Perlow, S.; Sherman, L. *Preference Reversal and Self-control: Choice as a Function of Reward Amount and Delay.* In: *Behaviour Analysis Letters* 1 (1981) S. 43–51.

Grosch, J.; Neuringer, A. *Self-control in Pigeons under the Mischel Paradigm.* In: *Journal of the Experimental Analysis of Behavior* 35 (1981) S. 3–21.

Logue, A. W.; Chavarro, A.; Rachlin, H.; Reeder, R. W. *Impulsiveness in Pigeons Living in the Experimental Chamber.* In: *Animal Learning and Behavior* 16 (1988) S. 31–39.

Logue, A. W.; Peña-Correal, T. E. *Responding During Reinforcement Delay in a Self-control Paradigm.* In: *Journal of the Experimental Analysis of Behavior* 41 (1984) S. 267–277.

Logue, A. W.; Peña-Correal, T. E. *The Effect of Food Deprivation on Self-control.* In: *Behavioural Processes* 10 (1985) S. 355–368.

Logue, A. W.; Rodriguez, M. L.; Peña-Correal, T. E.; Mauro, B. C. *Choice in a Self-control Paradigm: Quantification of Experience-based Differences.* In: *Journal of the Experimental Analysis of Behavior* 41 (1984) S. 53–67.

Rachlin, H.; Green, L. *Commitment, Choice and Self-control.* in: *Journal of the Experimental Analysis of Behavior* 17 (1972) S. 15–22.

Tobin, H.; Chelonis, J. J.; Logue, A. W. *Choice in Self-control Paradigms Using Rats.* In: *Psychological Record* 43 (1993) S. 441–454.

4. Entwicklung der Selbstkontrolle 93

0. Logue, A. W.; *Research on Self-control: An Integrating Framework*. In: *Behavioral and Brain Sciences* 11 (1988) S. 665–709.
Tobin, H.; Logue, A. W. *Self-control Across Species (Columba livia, Homo sapiens, and Rattus norvegicus)*. In: *Journal of Comparative Psychology* (im Druck).
31. Logue; Peña-Correal; Rodriguez; Kabela *Self-control in Adult Humans*. S. 159–173.
32. Logue *Research on Self-control*. S. 665–709.
33. Bentall, R. P.; Lowe, C. F. *The Role of Verbal Behavior in Human Learning: III. Instructional Effects in Children*. In: *Journal of the Experimental Analysis of Behavior* 47 (1987) S. 177–190.
Bentall, R. P.; Lowe, C. F.; Beasty, A. *The Role of Verbal Behavior in Human Learning: II. Developmental Differences*. In: *Journal of the Experimental Analysis of Behavior* 43 (1985) S. 165–181.
Lowe, C. F.; Beasty, A.; Bentall, R. P. *The Role of Verbal Behavior in Human Learning: Infant Performance on Fixed-interval Schedules*. In: *Journal of the Experimantal Analysis of Behavior* 39 (1983) S. 157–164.
34. Skinner, B. F. *About Behaviorism*. New York (Knopf) 1974.
35. Lowe, C. F.; Horne, P. J. *On the Origins of Selves and Self-control*. In: *Behavioral and Brain Sciences* 11 (1988) S. 689–690.
36. Kopp *Antecedents of Self-regulation*. S. 199–214.
Vaughn; Kopp; Krakow; Johnson; Schwartz *Process Analyses*, S. 752–759.
37. Kopp *Antecedents of Self-regulation*. S. 199–214.
Maitland, S. D. P. *Time Perspective, Frustration-failure and Delay of Gratification in Middle-class and Lower-class Children from Organized and Disorganized Families*. In: *Dissertation Abstracts* 27 (1967) S. 3 676-B.
38. Kopp *Antecedents of Self-regulation*. S. 199–214.
39. Siegman *The Relationship Between Future Time Perspective*. S. 470–475.
40. Levine; Spivak *Incentive, Time Conception and Self Control*. S. 110–113.
Siegman *The Relationship Between Future Time Perspective*. S. 470–475.
41. Bentall; Lowe *The Role of Verbal Behavior in Human Learning*. S. 177–190.
42. Lopatto, D.; Lewis, P. *Contributions of Elicitation to Measures of Self-control*. In: *Journal of the Experimental Analysis of Behavior* 44 (1985) S. 69–77.
43. Eisenberger; Adornetto *Generalized Self-control*. S. 1020–1031.
Eisenberger, R.; Mitchell, M.; Masterson, F. A. *Effort Training Increases Generalized Self-control*. In: *Journal of Personality and Social Psychology* 49 (1985) S. 1 294–1 301.
Eisenberger, R.; Weier, F.; Masterson, F. A.; Theis, L. Y. Fixed-*ratio Schedules Increase Generalized Self-control: Preference for Large Rewards De-*

spite High Effort or Punishment. In: *Journal of Experimental Psychology: Animal Behavior Processes* 15 (1989) S. 383–392.

44. Trommsdorff, G.; Schmidt-Rinke, M. *Individuelle und situative Merkmale als Determinanten von Belohnungsaufschub*. In: *Archiv für Psychologie* 133 (1980) S. 263–275.

45. Mischel, H. N.; Mischel, W. *The Development of Children's Knowledge of Self-control Strategies*. In: *Child Development* 54 (1983) S. 603–619.
    Mischel; Shoda; Rodriguez *Delay of Gratification*. S. 933–938.

46. Karniol, R.; Miller, D. T. *The Development of Self-control in Children*. In: Brehm, S. S.; Kassin, S. M.; Gibbons, F. X. (Hrsg.) *Developmental Social Psychology*. Oxford (Oxford University Press) 1981. S. 32–50.

47. Mischel, W.; Ebbesen, E. B. *Attention in Delay of Gratification*. In: *Journal of Personality and Social Psychology* 16 (1970) S. 329–337.

48. Maccoby, E. E.; Jacklin, C. N. *The Psychology of Sex Differences*. Stanford (Stanford University Press) 1974.

49. Forzano, L. B.; Logue, A. W. *Predictors of Adult Humans' Self-control and Impulsiveness for Food Reinforcers*. In: *Appetite* 19 (1992) S. 33–47.

50. Shapiro, D. H. *Self-control: Refinement of a Construct*. In: *Biofeedback and Self-Regulation* 8 (1983) S. 443–460.

51. Kanfer, F. H.; Zich, J. *Self-control Training: The Effects of External Control on Children's Resistance to Temptation*. In: *Developmental Psychology* 10 (1974) S. 108–115.
    Logue; Chavarro *Self-control and Impulsiveness*. S. 189–204.
    Maccoby; Jacklin *The Psychology of Sex Differences*.
    Sonuga-Barke; Lea; Webley *Children's Choice*. S. 185–197.
    Trommsdorf; Schmidt-Rinke *Individuelle und situative Merkmale*. S. 263–275.
    Walsh *Sex, Age and Temptation*. S. 625–629.

52. Hyde, J. S.; Linn, M. C. *Gender Differences in Verbal Ability: A Meta-analysis*. In *Psychological Bulletin* 104 (1988) S. 53–69.
    Jacklin, C. N. *Female and Male: Issues of Gender*. In: *American Psychologist* 44 (1989) S. 127–133.
    Rutter, M. *Speech Delay*. In: Rutter, M.; Herso, L. (Hrsg.) *Child Psychiatry: Modern Approaches*. Philadelphia (Lippincott) 1977. S. 688–716.

53. Funder, D. C.; Block, J. H.; Block, J. *Delay of Gratification: Some Longitudinal Personality Correlates*. In: *Journal of Personality and Social Psychology* 44 (1983) S. 1198–1 213.
    Low, B. S. *Cross-cultural Patters in the Training of Children: An Evolutionary Perspective*. In: *Journal of Comparative Psychology* 103 (1989) S. 311–319.

54. American Psychiatric Association *Diagnostisches und Statistisches Manual Psychischer Störungen DSM-III-R*. Weinheim (Beltz) 1989.

55. Campbell, S. B.; Szumowski, E. K.; Ewing, L. J.; Gluck, D. S.; Breaux, A. M. *A Multidimensional Assessment of Parent-identified Behavior Problem Toddlers.* In: *Journal of Abnormal Child Psychology* 10 (1982) S. 569–592. Schweitzer, J. B.; Sulzer-Azaroff, B. *Self-control: Teaching Tolerance for Delay in Impulsive Children.* In: *Journal of the Experimental Analysis of Behavior* 50 (1988) S. 173–186.
56. Bates, K. L. *America the Beautiful.* In: Beall, P. C.; Nipp, S. H. (Hrsg.) *We Sing America.* Los Angeles (Price Stern Sloan) 1987. S. 17. (erstmals veröffentlicht 1893)
57. zit. in: Goldman, A. L. *The Search for God at Harvard.* New York (Ballantine Books) 1991. S. 74–75.
58. Eisenberger, R. *Blue Monday: The Loss of the Work Ethic in America.* New York (Paragon House) 1989.
59. Nasar, S. *Baby Boomers Fail as Born-again Savers* (24. September 1991). *The New York Times* S. A1, D5.
60. Eisenberger *Blue Monday.* S. ix.
61. Brownell, K. D. *Dieting and the Search for the Perfect Body: Where Physiology and Culture Collide.* In: *Behavior Therapy* 22 (1991) S. 1–12.
62. Freire, E.; Gorman, B.; Wessman, A. E. *Temporal Span, Delay of Gratification, and Children's Socioeconomic Status.* In: *The Journal of Genetic Psychology* 137 (1980) S. 247–255.
    Golden; Montare; Bridger *Verbal Control of Delay Behavior.* S. 1107–1111.
    Maitland *Time Perspective.* S. 3 676-B.
    Walls, R. T.; Smith, T. S. *Development of Preference for Delayed Reinforcement in Disadvantaged Children.* In: *Journal of Educational Psychology* 61 (1970) S. 118–123.
63. Herzberger, S. D.; Dweck, C. S. *Attraction and Delay of Gratification.* In: *Journal of Personality* 46 (1978) S. 214–227.
    Straus, M. A. *Deferred Gratification, Social Class, and the Achievement Syndrome.* In: *American Sociological Review* 27 (1962) S. 326–335.
64. Snyderman, M. *Optimal Prey Selection: The Effects of Food Deprivation.* In: *Behaviour Analysis Letters* 3 (1983) S. 359–369.
    Stephens, D. W.; Krebs, J. R. *Foraging Theory.* Princeton, NJ (Princeton University Press) 1986.
65. Freire; Gorman; Wessman *Temporal Span.* S. 247–255.
66. Shapiro *Self-control.* S. 443–460 (S. 444).
67. Imada, S.; Imada, H. *Self-restraint: A Type of Self-control in an Approach-Avoidance Situation.* In: *Behavioral and Brain Sciences* 11 (1988) S. 687–688.
68. Christopher, R. C. *The Japanese Mind.* New York (Fawcett Columbine) 1983.
69. Kalman, B. *Japan, the Land.* New York (Crabtree) 1989. S. 14.

70. Imada; Imada *Self-restraint.* S. 687–688.
71. Christopher *The Japanese Mind.*
72. Nasar *Baby Boomers Fail.* S. A1,D5.
73. Christopher *The Japanese Mind.*
74. Nasar *Baby Boomers Fail.* S. A1,D5.
75. Christopher *The Japanese Mind.*
76. Mischel, W. *Personality Dispositions Revisited and Revised: A View after Three Decades.* In: Pervin, L. A. (Hrsg.) *Handbook of Personality: Theory and Research.* New York (Guilford) 1990. S. 111–134.

5. Methoden zur Veränderung der Selbstkontrolle

Die Frage, wie sich Selbstkontrolle beeinflussen läßt, ist ein Thema, das unsere Gesellschaft immer wieder beschäftigt. In diesem Kapitel sollen einige allgemeine Methoden zur Veränderung der Selbstkontrolle dargestellt werden.

Allgemeingültigkeit der Methoden zur Veränderung der Selbstkontrolle

Praktisch alle in diesem Kapitel dargestellten Interventionsmethoden waren ursprünglich allein dazu gedacht, Selbstkontrolle zu verstärken, und nicht, sie zu verringern. Die Tatsache, daß die überwiegende Mehrzahl der Studien auf eine Verstärkung der Selbstkontrolle abzielt, könnte ein Zeichen dafür sein, daß in unserer Gesellschaft Selbstkontrolle nur in wenigen und weit hergeholten Ausnahmefällen als etwas Unangemessenes, Unadaptives angesehen wird. Das mag an einer allgemeinen Überzeugung liegen, daß wir Menschen ohnehin stark zu impulsivem Verhalten neigen, oder es könnte auf der positiven Einstellung zur Selbstkontrolle beruhen, die – im Gegensatz zur Impulsivität – als ein erwünschtes Verhalten gilt (siehe Kapitel 3). Beide Ursachen könnten aber auch zusammenwirken. Selbstkontrolle kann jedoch ein höchst fehlangepaßtes Verhalten sein, wie Kapitel 3 und ausführlicher noch Kapitel 6 verdeutlichen. Sollte diese Erkenntnis sich in unserer Gesellschaft durchsetzen, wird es sicherlich auch mehr Studien geben, die allgemeine Methoden zur Verstärkung der Impulsivität untersuchen. Bislang kann man allenfalls spekulieren, daß Strategien zur Verstärkung von Impulsivität in vielen Fällen darin bestehen könnten, genau das Gegenteil der unten dargestellten Strategien zur Verstärkung der Selbstkontrolle anzuwenden. Zwei weitere Merkmale der in diesem Kapitel dargestellten Methoden zur Veränderung der Selbstkontrolle deuten darauf hin, daß diese Methoden nicht ganz so allgemein sein mögen, wie man vielleicht vermuten könnte. Zunächst einmal wurden die meisten dieser Methoden zur Verstärkung der Selbstkontrolle für Kinder entwickelt und auch an Kindern getestet. Zwar gibt es auch einige Experimente mit Erwachsenen oder mit Versuchstieren, aber sie sind in der Minderzahl. Vielleicht hat das damit zu tun, daß Kindern im allgemeinen ein impulsiveres Verhalten zugeschrieben wird als Erwachsenen – was ja auch empirisch belegt ist (siehe Kapitel 4). Möglicherweise läßt sich deshalb im Labor eine Verstärkung der Selbstkontrolle bei Kindern leichter feststellen. Außerdem scheint es uns bei Kindern vielleicht besonders wichtig, die Selbstkontrolle zu fördern. Ein weiterer Grund dafür, daß allgemeine Methoden zur Verstärkung der Selbstkontrolle vor allem bei Kindern untersucht werden, könnte darin liegen, daß Experimente mit Erwachsenen tendenziell auf die Lösung erwachsenenspezifischer Selbstkontroll-Probleme abzielen. In solchen Experimenten geht es dann beispielsweise um therapeutische Interventionsmethoden bei Eßstörungen, Drogenmißbrauch oder Kriminalität. In den folgenden Kapiteln werden wir uns auch mit diesen spezifischen Problembereichen befassen.

Der zweite Aspekt, der die in diesem Kapitel beschriebenen Methoden in ihrer Allgemeingültigkeit einschränkt, liegt darin, daß sie zum Teil situationsspezifisch sind. Beispielsweise lassen sich Befunde aus Experimenten, in denen Nahrung als Belohnung zur Verstärkung der Selbstkontrolle eingesetzt wird, nicht ohne weiteres auf experimentelle Situationen übertragen, in denen die Belohnung aus etwas anderem besteht (siehe Kapitel 6). Allerdings geht es in diesem Kapitel vor allem um Experimente, aus denen die Forscher allgemeine Methoden zur Verstärkung der Selbstkontrolle ableiten und in deren Befunden sich kein Hinweis auf eine Situationsspezifität erkennen läßt (auch wenn man berücksichtigen muß, daß nicht alle diese Experimente von der ursprünglichen Konzeption her auf die Entwicklung allgemeiner Methoden abzielten). Wie sich im weiteren Verlauf noch zeigen wird, gibt es bei bestimmten Selbstkontroll-Problemen aber doch verschiedene Hinweise auf situationsspezifische Mechanismen der Selbstkontrolle und situationsspezifische Interventionsformen.

Aufbau und Inhalt des Kapitels

In diesem Kapitel geht es um Methoden zur Veränderung der Selbstkontrolle, die sich an den verschiedenen Aspekten des Entscheidungsparadigmas für unterschiedlichen Belohnungsaufschub orientieren (siehe Kapitel 2). Da innerhalb des Selbstkontroll-Paradigmas die Dauer des Ergebnisaufschubs, der Wert des Ergebnisses und spezifische Ergebniskontingenzen (Bedingungen, unter denen das Ergebnis erreicht werden kann) die Wahl zwischen aufgeschobenem und unmittelbarem Ergebnis bestimmen, folgt der Aufbau des Kapitels diesen drei Elementen eines Selbstkontroll-Paradigmas.

Anhand dieser drei Faktoren – Ergebnisaufschub, Ergebniswert und Ergebniskontingenzen – lassen sich die im folgenden dargestellten Interventionsformen zur Beeinflussung der Selbstkontrolle gliedern. In den Experimenten, die dabei zur Sprache kommen, wurden nicht nur diese drei externen physikalischen Einflußfaktoren selbst gezielt verändert, sondern auch Veränderungen der *wahrgenommenen* Größe dieser physikalischen Faktoren berücksichtigt. Die externen physikalischen Gegebenheiten beeinflussen Verhalten nämlich nur in dem Maße, in dem sie von dem Betreffenden wahrgenommen werden. Unser Verhalten ist keine Funktion dessen, was in unserer Umwelt existiert, sondern eine Funktion dessen, was wir davon *wahrnehmen*. Manchmal spiegelt unsere Wahrnehmung die externe physikalische Welt ziemlich genau wider, manchmal aber auch nicht. Ein Beispiel für ein Fehlen einer solchen Eins-zu-eins-Relation zwischen externer physikalischer Umwelt und interner Repräsentation (d.h. Wahrnehmung) dieser Umwelt ist die Potenzgleichung $W = 1/A^s$ für den Wert W eines Ereignisses als Funktion des Zeitaufschubs A (siehe Kapitel 3). In einem Selbstkontroll-Paradigma (und offensichtlich auch in unserer Wahrnehmung der verfügbaren Alternativen) entspricht unser Wahlverhalten keiner linearen Funktion, sondern einer Potenzfunktion, in die der externe physikalische Wert von Ergebnisaufschub und Ergebnisgröße eingeht. Wenn nun unser Verhalten letztendlich eine Funktion unserer Wahrnehmung der externen Welt – der physikalischen Umwelt selbst – ist (wobei beide mehr oder weniger deckungsgleich sein mögen), dann wird innerhalb eines Selbstkontroll-Paradigmas alles unsere Selbstkontrolle beeinflussen, was sich auf den wahrgenommenen Ergebnisaufschub und die wahrgenommene Ergebnisgröße auswirkt. Aus diesem Grund handelt dieses Kapitel auch von Forschungsarbeiten, in denen allein die wahrgenommenen Ergebniswerte und Ergebniskontingenzen variiert wurden – ohne daß gleichzeitig die entsprechenden externen physikalischen Eigenschaften selbst manipuliert wurden.

Wenn Verhalten eine Funktion der wahrgenommenen und nicht der externen, physikalischen Umwelt ist, würde es dann nicht auch ausreichen, nur diejenigen Forschungsarbeiten zu berücksichtigen, in denen die Auswirkungen wahrgenommener Ergebniswerte und Ergebniskontingenzen untersucht wurden? Eine solche Verengung des Blickwinkels brächte allerdings einige nachteilige Einschränkungen mit sich. Selbst wenn keine Eins-zu-eins-Relation zwischen wahrgenommenem und extern vorliegendem Wert einer physikalischen Größe besteht, gibt es eine systematische Beziehung. So nimmt in der oben zitierten Potenzgleichung der Wert W systematisch mit dem realen Zeitaufschub ab. Wenn man also überlegt, mit welchen Interventionsmethoden sich Selbstkontrolle beeinflussen ließe, sollte man deshalb auch Interventionsformen berücksichtigen, die die externen Ergebnisse und Ergebniskontingenzen selbst verändern – und nicht nur die wahrgenommenen Ergebniswerte und Ergebniskontingenzen. Zweitens bieten Interventionen, bei denen die externen Bedingungen manipuliert werden, einen wichtigen Vorteil gegenüber Interventionen, bei denen lediglich der wahrgenommene Ergebniswert oder die wahrgenommenen Ergebniskontingenzen manipuliert werden: Wird lediglich die Wahrnehmung manipuliert, so läßt sich kaum präzisieren, was genau (wenn überhaupt etwas) manipuliert wurde. Eine Manipulation externer physikalischer Werte läßt sich viel leichter beschreiben und quantifizieren.

Allerdings stellt sich in beiden Fällen ein weiteres methodisches Problem – ob nun lediglich die wahrgenommenen Ergebniswerte und Ergebniskontingenzen manipuliert werden oder ob sowohl externe, physikalische als auch wahrgenommene Ergebniswerte und Ergebniskontingenzen manipuliert werden. Das Problem besteht darin, daß sich verschiedene Gründe dafür anführen lassen, warum eine Manipulation sich nicht auf die Selbstkontrolle auswirkt: Es kann sein, daß der untersuchte Faktor selbst (beispielsweise der Ergebnisaufschub) die Selbstkontrolle nicht beeinflußt, aber es kann auch sein, daß es durch die experimentelle Manipulation nicht gelingt, die Wahrnehmung der Entscheidungssituation zu beeinflussen. Solche Interpretationsprobleme lassen sich häufig lösen, indem man nicht nur verbale Äußerungen oder Verhalten beobachtet, sondern auch physiologische Daten aufzeichnet (siehe beispielsweise Kapitel 6). Allerdings werden in den meisten veröffentlichten Forschungsarbeiten positive Befunde beschrieben, denen zufolge eine Manipulation die Selbstkontrolle beeinflussen konnte, und solche Ergebnisse lassen sich leichter interpretieren: Beeinflußt eine Manipulation von Ergebnisaufschub, Ergebniswert und/oder Ergebniskontingenzen die Selbstkontrolle, so wirkt sie sich auch auf irgendeinen Aspekt des wahrgenommenen Selbstkontroll-Paradigmas sowie auf das selbstkontrollierte Verhalten aus.

Ergebnisaufschub

Der Ergebnisaufschub scheint den Ergebniswert dahingehend zu beeinflussen, daß Ergebnisse mit zunehmendem Aufschub immer stärker abgewertet werden. Dabei kommt es zu impulsivem Verhalten, wenn ein Zeitaufschub den Wert eines Ergebnisses so weit vermindert, daß der wahrgenommene Wert dieses Ergebnisses geringer erscheint als der Wert eines weniger aufgeschobenen Ergebnisses mit objektiv kleinerem Wert. Demnach müßte also alles, was das objektiv größere Ergebnis dem objektiv kleineren Ergebnis *de facto* zeitlich näherbringt, die Selbstkontrolle verstärken. Und umgekehrt sollte ein zeitliches Auseinanderrücken der Ereignisse die Impulsivität erhöhen. Betrachten wir beispielsweise eine Situation, in der sich jemand unbedingt neu einkleiden will, der aber nicht viel Geld hat und sich in den nächsten Wochen nur einen Tag zum Einkaufen freinehmen kann. Nehmen wir an, diese Person sieht sich vor der Alternative, daß sie entweder heute freinehmen und nur ein einziges neues Kleidungsstück kaufen oder aber bis zum morgigen Zahltag warten und sich dann drei neue Kleidungsstücke kaufen kann. Auch wenn sie sich überlegt, ob sie sich morgen ein oder drei neue Kleidungsstücke kaufen will, wird sie sich für drei entscheiden. Wenn für die beiden Alternativen die wahrgenommenen Aufschubzeiten relativ nahe beieinanderliegen, müßte tendenziell das größere Ergebnis gewählt werden, und umgekehrt sollten stark abweichende Zeiten das weniger aufgeschobene Ereignis begünstigen.

In einer Vielzahl von Experimenten wurde der relative Aufschub, d.h. der Zeitunterschied zwischen dem Eintreten der beiden Ergebnisse, in unterschiedlicher Weise manipuliert. Wie erwartet, vermindert ein relativ größerer Aufschub des größeren Ergebnisses die Selbstkontrolle.[1]

Der wahrgenommene relative Wert des Aufschubs in einem Selbstkontroll-Paradigma läßt sich aber auch dadurch verändern, daß man die

Versuchspersonen schon vor der Entscheidungssituation spezifischen Wartezeiten aussetzt.[2] Einige Forscher gehen davon aus, daß eine solche Wartezeit vorab die Versuchspersonen an die mit einem Aufschub verbundene Frustration oder Aversion gewöhnt.[3] Dieser Auffassung zufolge müßte eine Vorab-Wartezeit, egal wie lang sie ist, in solchen Experimenten zu einer wie auch immer erhöhten Selbstkontrolle führen. Andere vertreten dagegen die Auffassung, daß eine Vorab-Wartezeit im darauffolgenden Selbstkontroll-Verhalten zu einem Kontrasteffekt führt: Ein bestimmter Zeitaufschub innerhalb des Selbstkontroll-Paradigmas wird nach kürzeren Vorab-Wartezeiten als länger empfunden, während er nach längerem Vorab-Warten kürzer erscheint. Eine dritte Position schließlich betont den Einfluß des Vorab-Wartens auf die Ergebniserwartung.[4] Den beiden letztgenannten Auffassungen zufolge könnte Vorab-Warten je nach Dauer dieses Aufschubs in den Vorabexpositionen im anschließenden Selbstkontroll-Paradigma die Selbstkontrolle erhöhen oder verringern. Diese Vorhersage wird durch die vorliegenden Daten bestätigt.[5]

Bei einer bestimmten Form der Aufschub-Präexposition wird ein *Fading*-Verfahren eingesetzt (siehe Abbildung 5.1). In diesem Verfahren haben die Versuchspersonen oder Versuchstiere zunächst die Wahl zwischen einem großen und einem kleinen Ergebnis, auf die sie gleich lange warten müssen. Anschließend wird der Aufschub bis zum kleinen Ergebnis ganz allmählich verkürzt (das sogenannte *Fading* oder Ausschleichen), bis die Versuchsperson oder das Versuchstier sich schließlich zwischen einem großen, aufgeschobenen Ergebnis und einem kleinen, unmittelbaren Ergebnis entscheiden muß (alternativ dazu kann der Aufschub bis zum großen Ergebnis in kleinen Schritten verlängert werden). Sowohl Tiere (Tauben) als auch Menschen (impulsive Kinder) zeigten unter solchen experimentellen Bedingungen ein erhöhtes Maß an Selbstkontrolle.[6]

Auch eine Vorabexposition von Anstrengung kann zu einer Verstärkung der Selbstkontrolle führen, was möglicherweise darauf beruht, daß ein Zusammenhang zwischen der Vorabexposition an Befriedigungsaufschub und der Vorabexposition von Anstrengung besteht. Die Forschungsarbeiten auf diesem Gebiet wurden von Psychologen durchgeführt, die Selbstkontrolle als Wahlentscheidung zwischen einem kleinen, leicht erzielbaren Ergebnis und einem großen, weniger leicht erzielbaren Ergebnis definieren. Diesem Ansatz zufolge setzt Selbstkontrolle ein aktives Aufrechterhalten der Entscheidungsoption für ein größeres Ergebnis voraus, wobei die Anstrengung über eine bestimmte Zeit hinweg

Erste Entscheidung

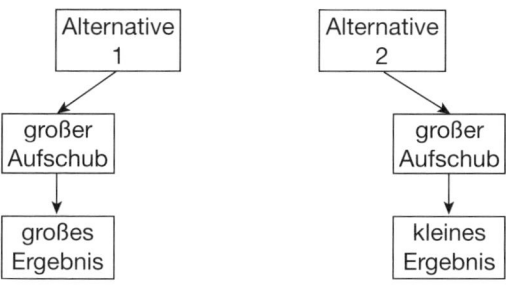

Letzte Entscheidung

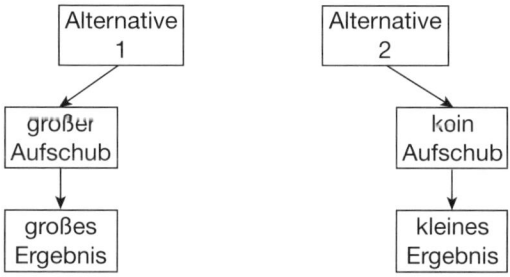

5.1 Diagramm zum Fading-Verfahren, mit dem selbstkontrolliertes Verhalten verstärkt werden soll (weitere Erläuterungen im Text).

aktiv aufrechterhalten wird. Auch wenn es auf den ersten Blick nicht so scheinen mag, ist diese Definition der in Kapitel 2 formulierten Definition sehr ähnlich, denn eine größere Anstrengung erfordert oft mehr Zeit als eine kleinere Anstrengung. Einige Forscher drücken das in der Formulierung aus, es sei anstrengender, einen langen Befriedigungsaufschub auszuhalten als einen kurzen. Unabhängig von den zugrunde liegenden Mechanismen läßt sich jedenfalls feststellen, daß bei Kindern, Ratten und Tauben die Präexposition an anstrengende Entscheidungsparadigmen dazu führt, daß sich anschließend die Neigung verstärkt, ein größeres Ergebnis zu wählen, das mehr Anstrengung beansprucht.[7] Allgemeiner ausgedrückt handelt es sich hier um eine vorab induzierte

Assoziation von Belohnung mit körperlicher oder kognitiver Anstrengung. Und diese Assoziation kann zur Folge haben, daß schon das Gefühl der Anstrengung als Belohnung empfunden wird – ein Phänomen,
das Robert Eisenberger zutreffend als *erworbenen Fleiß* bezeichnet.[8]
Eine der am häufigsten eingesetzten Methoden zur Verstärkung der
Selbstkontrolle durch die Manipulation des Befriedigungsaufschubs besteht darin, die wahrgenommene Zeit zu manipulieren, so daß sie für die
Versuchspersonen schneller oder langsamer zu vergehen scheint. Betrachten wir noch einmal die Wahlentscheidung zwischen *einem* schon
heute erreichbaren neuen Kleidungsstück und *drei* neuen Kleidungsstük-
ken morgen. Wenn die wahrgenommene Zeit sehr schnell zu vergehen
scheint, dann wird der wahrgenommene Belohnungsaufschub bis zu den
drei Kleidungsstücken kürzer, und die Selbstkontrolle müßte sich erhöhen. Umgekehrt sollte ein langsamer wahrgenommener Verlauf der Zeit
bedeuten, daß der wahrgenommene Belohnungsaufschub bei drei Kleidungsstücken länger wird und die Selbstkontrolle sich erhöht. In zahlreichen Experimenten wurden die Auswirkungen untersucht, die Manipulationen der wahrgenommenen Geschwindigkeit des Zeitablaufs haben,
aber in vielen Fällen wurden leider nur die Auswirkungen auf die Selbstkontrolle berücksichtigt und keine Experimente zur Wahrnehmung der
Geschwindigkeit von Zeitabläufen vorgenommen. Daher wissen wir
noch nicht, ob Veränderungen der wahrgenommenen Geschwindigkeit
von Zeitabläufen tatsächlich der Mechanismus sind, über den diese Manipulationen Selbstkontrolle beeinflussen. Allerdings deuten die bisherigen Experimente insgesamt darauf hin, daß bestimmte Aktivitäten, die
die Zeit des Belohnungsaufschubs kürzer erscheinen lassen, auch die
Selbstkontrolle verstärken. Beschäftigungen, die Spaß machen, oder angenehme Gedanken oder auch die Darbietung von Reizen, die zuvor mit
Belohnungen assoziiert wurden, erhöhen die Selbstkontrolle und *vice
versa*[9] (siehe Kasten 5.1 und 5.2 sowie Abbildung 5.2). Außerdem zeigte
sich auch dann eine erhöhte Selbstkontrolle, wenn weniger Aufmerksamkeit auf den Belohnungsaufschub gerichtet war – möglicherweise liegt
der Grund dafür wiederum darin, daß die Zeit schneller zu vergehen
scheint – und die wahrgenommene Geschwindigkeit des Zeitablaufs zunimmt. Beispielsweise ist es oft eine der besten Strategien, die Wartezeit
des Belohnungsaufschubs bis zum größeren Ergebnis selbstkontrolliert
durchzuhalten, indem man seine Aufmerksamkeit völlig von der Warte-
frist abwendet und einfach einschläft.[11] Dann vergeht die Zeit recht
schnell.

Beim Kreuz! Der Morgen graut,
Vergnügen und Geschäft verkürzt die Zeit.
[William Shakespeare[10]]

Kasten 5.1

Wer wartet, dem wird die Zeit lang.

Kasten 5.2

5.2   „Umgekehrt verlangsamt sich die Zeit, wenn Ihr *keinen* Spaß habt." *Zeichnung von Nick Downes*. Abdruck mit Genehmigung von *Science* 247 (1990) S. 696.

Ergebniswert

Selbstkontrolle ist, wie in Kapitel 3 diskutiert, vom Wert und Aufschub
der Ereignisse abhängig, zwischen denen wir wählen können. Ob wir
selbstkontrolliert reagieren oder nicht, hängt zum Beispiel von der relativen Anzahl der verfügbaren Kleidungsstücke und der relativen Dauer bis
zu dem Zeitpunkt ab, an dem sie verfügbar sind. Diesen allgemeinen
Zusammenhang verdeutlicht Abbildung 5.3. Wenn man die Linie des
größeren, weiter aufgeschobenen Ergebnisses verlängert, anders gesagt,
wenn sich der wahrgenommene Wert des späteren Ergebnisses weiter
erhöht, gibt es keinen Schnittpunkt zwischen den Bewertungskurven für
beide Ergebnisse, und es würde immer selbstkontrolliertes Verhalten
auftreten, weil der Wert des späteren Ergebnisses stets über dem des
früheren liegt. Wird dagegen in derselben Abbildung die Linie des kleineren, weniger aufgeschobenen Ergebnisses verlängert und damit der
wahrgenommene Wert erhöht, so verschiebt sich der Schnittpunkt nach
links, zu einem früheren Zeitpunkt hin, und es setzt entsprechend früher
impulsives Verhalten ein. Manipulationen, die die wahrgenommenen
Wertunterschiede beider Ergebnisse verändern, können Selbstkontrolle
beeinflussen.

Präsenz von Ergebnissen

Die relativen Werte lassen sich natürlich auch dadurch verändern, daß
man auf die Präsenz von Ergebnissen Einfluß nimmt. Ein Ergebnis, das
nicht existiert und niemals existieren wird, kann keinen Wert haben und
wird grundsätzlich zugunsten eines Ergebnisses aufgegeben, das präsent
ist oder sein wird, wie groß oder klein es auch sein mag.

Um herauszufinden, wie sich die Präsenz von Ergebnissen auf die
Selbstkontrolle auswirkt, hat man in verschiedenen Experimenten versucht, diese Präsenz von Ergebnissen zu variieren, und zwar sowohl
durch physikalische Manipulationen der Ergebnisse selbst als auch durch
Beeinflussung der auf die Ergebnisse gerichtete Aufmerksamkeit. Dabei
hat sich gezeigt, daß es im allgemeinen schwieriger ist, ein Ergebnis
abzuwarten, das physisch präsent ist. Dies wurde sowohl bei Tauben als
auch bei Kindern festgestellt.[12] In anderen Untersuchungen zeigte sich,
daß die Selbstkontrolle von Kindern stärker wird, wenn sie angewiesen
werden, ihre Aufmerksamkeit nicht auf die Ergebnisse zu richten.[13] Dar-

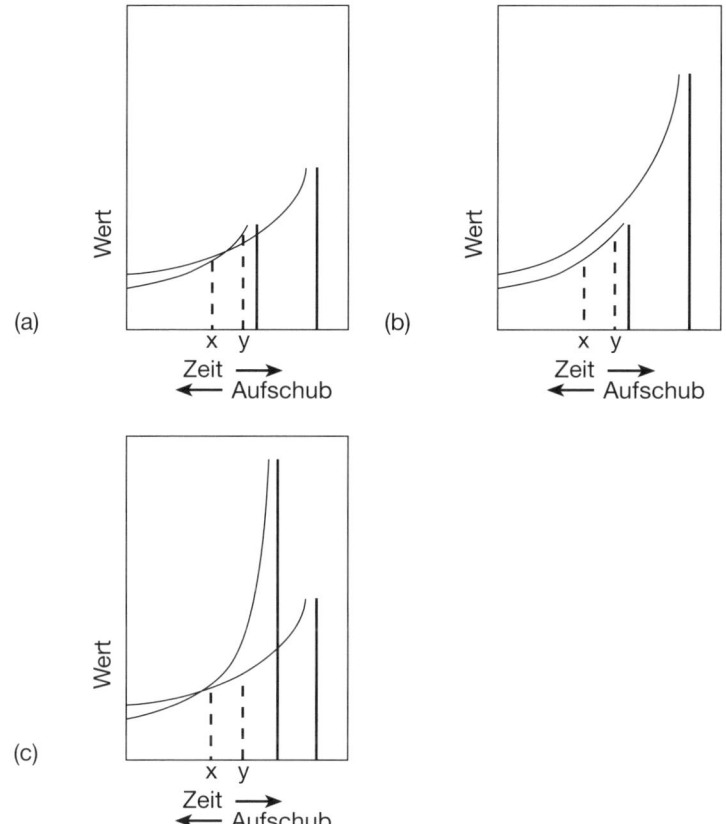

5.3 Der Einfluß des wahrgenommenen Werts zweier Ereignisse auf die Selbstkontrolle. Bildteil (a) entspricht Abbildung 3.2 und zeigt, wie der Schnittpunkt der Bewertungskurven für zwei Ereignisse bei zunehmender Aufschubzeit den Wechsel von selbstkontrolliertem zu impulsivem Handeln bestimmt. Wenn der Wert des zeitlich weiter aufgeschobenen Ereignisses hinreichend hoch ist (b), wird es im Prinzip immer Selbstkontrolle geben, da der Wert des späteren Ereignisses zu jedem Zeitpunkt größer ist als der des früher eintretenden Ereignisses. Umgekehrt wird ein hoher Wert des früheren Ereignisses zu Impulsivität führen (c).

über hinaus vermuten einige Forscher, daß Menschen sich weniger impulsiv verhalten, wenn sie ihre Aufmerksamkeit so steuern, daß sie nicht ständig an die verlockende Situation denken.[14] Im allgemeinen sollte jede Beschäftigung, die die Aufmerksamkeit von den angestrebten Ergebnissen ablenkt, die Selbstkontrolle erhöhen. Möglicherweise liegt die Wirkung der Beschäftigungen, die wir weiter oben im Zusammenhang mit der wahrgenommenen Geschwindigkeit des Zeitablaufs erwähnt haben, in einigen Fällen teilweise oder ganz darin, daß die Aufmerksamkeit der Versuchspersonen von den Ergebnissen abgelenkt wird.

Lange bevor die Auswirkungen von Ablenkung auf die Selbstkontrolle empirisch untersucht wurden, war man sich in der Psychologie bereits darüber im klaren, daß solche Techniken erfolgreich sein müßten. So hat B. F. Skinner bereits in seinem 1948 erschienenen utopischen Roman *Futurum II* beschrieben, wie man Kindern Selbstkontrolle beibringen könnte – nämlich indem man das kleinere, unmittelbare Objekt ihrer Wünsche aus ihrem Blickfeld entfernt:

> Wir geben jedem Kind eine Lutschstange, die mit Puderzucker bestreut ist, so daß man ihr eine Berührung der Zunge ansieht. Wir sagen dem Kind, es könne das Ding später essen, aber nur, wenn es nicht schon daran geleckt habe ... Ein so simples Prinzip wie eine Versuchung außer Reichweite zu rücken, müßte vor dem vierten Jahr erworben sein ... Vor allem werden die Kinder ja genötigt, während sie auf die Lutschstange starren, ihr eigenes Verhalten zu bedenken. Das hilft ihnen, die Notwendigkeit einer Selbstbeherrschung zu erkennen. Dann wird die Süßigkeit weggelegt und das Kind veranlaßt, einen Gewinn an Behagen oder ein Nachlassen der Spannung zu bemerken. Darauf folgt eine Ablenkung, etwa in Form eines fesselnden Spiels. Später wird das Kind dann wieder an die Lutschstange erinnert und zum Nachdenken über seine eigene Empfindung angeregt. Der Wert der Ablenkung liegt klar zutage.[2]

Man beachte, daß in Skinners Darstellung Frustration als Störvariable fungiert: Die Präsenz des Lutschers verursacht Frustration, die die Selbstkontrolle vermindert; bei Abwesenheit des Lutschers ist die Frustration geringer und die Selbstkontrolle stärker. Ablenkung verringert Frustration und erhöht Selbstkontrolle, ohne daß dafür eine physikalische Manipulation des gewünschten Objekts erforderlich wäre. Aufgrund der eindeutigen und überzeugenden (wenn auch hypothetischen) Skinnerschen Darstellung von 1948 ist zwar der Einfluß von Frustration auf Selbstkontrolle plausibel, aber wir wissen bislang nicht, inwieweit Frustration von der Präsenz der Belohnungen beeinflußt wird und inwieweit sie sich unmittelbar auf die Selbstkontrolle auswirkt. Sicher ist jedoch, daß es sehr hilfreich sein kann zu lernen, wie man durch Ablenkung Selbstkontrolle erleichtern kann. In Situationen, in denen man keinen Einfluß auf die Objekte oder Ereignisse hat, die zur Wahl stehen, lassen sich die wahrgenommene Präsenz und andere Eigenschaften psychologisch manipulieren.

Andere Verfahren können Selbstkontrolle verstärken, indem sie die Aufmerksamkeit auf einen größeren, aufgeschobenen Vorteil lenken. So kann man Menschen beispielsweise beibringen, Selbstkontroll-Situationen als Kosten-Nutzen-Rechnung zu betrachten. Mit dieser Methode lernen sie, alle mit einer Entscheidung verbundenen Vor- und Nachteile zu bedenken und zu überlegen, welche Chancen ihnen durch eine bestimmte Entscheidung entgehen (denn entgangene Chancen sind ja eine Form von Kosten). Zugleich läßt sich dabei lernen, den relativen Nettowert jedes Ergebnisses sorgfältig abzuwägen, bevor man eine Entscheidung trifft. Eine entsprechende Anleitung zur Abwägung von Kosten und Nutzen jeder Wahlmöglichkeit scheint es wahrscheinlicher zu machen, daß die Alternative gewählt wird, die langfristig am meisten Vorteil verspricht.[16] Ohne eine solche Anleitung gelingt es manchen Menschen vielleicht gar nicht, auf wertvolle, langfristige Ziele hinzuarbeiten.

Eine weitere Möglichkeit, Selbstkontrolle zu verstärken, indem man die Aufmerksamkeit auf das größere, weiter aufgeschobene Ergebnis lenkt, bieten Vorbilder, die Selbstkontrolle vorleben. Wenn man jemanden dabei beobachtet, wie er eine selbstkontrollierte Entscheidung trifft und von dieser Entscheidung profitiert, kann dieses Modell die Präsenz und Verfügbarkeit des größeren, aufgeschobenen Vorteils verdeutlichen. Ein solches Modell-Lernen kann auch dazu führen, daß die wahrgenommene Zeit bis zum Eintreffen des aufgeschobenen Ereignisses kürzer erscheint. Zahlreiche Forschungsarbeiten deuten darauf hin, daß Modell-Lernen Selbstkontrolle verstärken kann[17]; bisher ist allerdings noch nicht geklärt, über welchen Mechanismus das genau geschieht.

Der relative Ergebniswert

Wenn man die Selbstkontrolle beeinflussen will, muß man nicht unbedingt eines oder beide Ergebnisse aus dem Bewußtsein oder Blickfeld entfernen. Man kann auch die relativen Ergebniswerte, das heißt, die Wertunterschiede, gezielt manipulieren. Erhöht sich für das größere, aufgeschobene Ergebnis der Wertunterschied im Vergleich zum früher eintretenen Ergebnis, so nimmt die Selbstkontrolle zu. Eine solche Zunahme des relativen Werts läßt sich erreichen, indem man entweder den physikalischen oder den wahrgenommenen Wert des aufgeschobenen

Ergebnisses weiter erhöht und/oder den Wert des kleineren Ergebnisses verringert. Der relative Wert eines Ergebnisses läßt sich manipulieren, indem man etwa die Höhe einer Belohnung, die Zeitspanne, in der sie zugänglich ist, oder ihre Qualität variiert. In einer Reihe von Experimenten mit Tauben und Menschen hat sich gezeigt, wie erfolgreich solche Strategien sind.[18] In einem der Experimente zeigten Tauben – bekanntermaßen impulsiv reagierende Tiere – in höherem Maße Selbstkontrolle, wenn ihnen als aufgeschobene Belohnung bevorzugtes Futter zur Verfügung gestellt wurde – das genauso lange verfügbar war wie das weniger bevorzugte Futter bei der impulsiven Alternative.[19] In einer anderen Variation dieses Selbstkontroll-Paradigmas wählten Versuchspersonen häufiger die anstrengendere (selbstkontrollierte) Alternative, wenn die Belohnung vergrößert worden war.[20]

In den bisher beschriebenen Experimenten wurde der wahrgenommene relative Ergebniswert jeweils durch externe Manipulation der objektiven Ergebnisse variiert. Aber man kann offenbar auch bestimmte Gedanken und Gefühle einbeziehen, um den wahrgenommenen Wertunterschied zwischen den Wahlalternativen zu manipulieren. In diesem Kapitel wurde bereits erwähnt, daß eine positive Stimmung in der Regel Selbstkontrolle verstärkt – möglicherweise deshalb, weil dann im allgemeinen die Zeit schneller zu vergehen scheint. Eine positive Stimmung beeinflußt wahrscheinlich auch generell den wahrgenommenen relativen Wert der Ergebnisse, aber die bisherigen Untersuchungen reichen noch nicht aus, um diese Hypothesen zu belegen. Etwas besser scheint sich die Annahme belegen zu lassen (wenn auch nicht mit Befunden aus Laborexperimenten), daß spezifische Arten von Emotionen die relativen Ergebniswerte bei bestimmten Typen von Ergebnissen beeinflussen. Nehmen wir an, jemand stehe vor der Wahl, mit Freunden auszugehen oder für eine spätere Prüfung zu lernen. Wenn er einen harten Tag hinter sich hatte und ständig mit Menschen zu tun hatte, die ihn mit nervtötenden und irrationalen Fragen behelligten, wird er vielleicht am Abend keinen Menschen mehr sehen wollen, und er verliert die Freude am Ausgehen – der relative Wert des Lernens steigt und damit auch die Wahrscheinlichkeit, daß er sich für diese Alternative entscheidet. Gefühle können den relativen Wert spezifischer, verfügbarer Ergebnisse und damit die Selbstkontrolle verändern.[21]

Auch Gedanken, die man sich über Ergebnisalternativen macht, können die Selbstkontrolle beeinflussen. Möglicherweise verändern bestimmte Gedanken den wahrgenommenen relativen Ergebniswert. Walter

Mischel und seine Kollegen haben in verschiedenen Experimenten gezeigt, daß die Selbstkontrolle bei den Versuchspersonen abnimmt, wenn sie angewiesen werden, über die konsumtiven oder motivationalen Eigenschaften der Ergebnisse nachzudenken, oder über entsprechende Gedanken berichten – Mischel spricht dabei von „heißen Gedanken". Umgekehrt erhöht sich die Selbstkontrolle, wenn sich Versuchspersonen auf Anweisung des Versuchsleiters hin oder spontan über die nicht konsumtiven oder nicht motivationalen Eigenschaften der Ergebnisse „kalte Gedanken" machen.[22] Mischel führt alle seine Experimente mit Kindern durch. In einem typischen Experiment stellt er die Kinder vor die Wahl, entweder sofort eine Brezel zu bekommen oder später drei Brezeln zu erhalten (wenn eine bestimmte Wartezeit verstrichen ist, in der die Kinder eine bereitstehende Glocke nicht läuten sollten). Werden die Kinder angewiesen, darüber nachzudenken, wie die Brezeln schmecken und wie knusprig sie sind, so nimmt ihre Selbstkontrolle ab. Sollen sie dagegen über die Farbe und die Form der Brezeln nachdenken, so nimmt ihre Selbstkontrolle zu.[23] In ähnlicher Richtung scheinen die Befunde aus Experimenten mit Tauben in einem Selbstkontroll-Paradigma zu weisen, auch wenn wir die Gedanken von Tauben natürlich noch weniger kennen als die von Kindern. Tauben warten tendenziell seltener auf eine größere Menge Futter, wenn in dem Trichter, aus dem das Futter kommt, während der Wartezeit das Licht angeschaltet bleibt. Dieses Licht könnte dieselbe stimulierende Funktion haben wie Mischels „heiße Gedanken", wenn es mit Futter assoziiert wird.[24] Mischel vermutet, daß heiße und kalte Gedanken die Selbstkontrolle indirekt beeinflussen, indem sie sich auf die Frustration auswirken: Heiße Gedanken erhöhen die Frustration, kalte Gedanken nicht.[25] Bislang liegen allerdings noch keine unmittelbaren Belege für eine Rolle der Frustration bei der Erklärung der Selbstkontrolle vor.

Kombinierte Ergebnisse

Eine letzte Möglichkeit, in einem Selbstkontroll-Paradigma den relativen Ergebniswert zu verändern, besteht darin, das aufgeschobene Ergebnis mit einem weiteren positiven oder negativen Ergebnis zu kombinieren, das den Gesamtwert erhöht oder vermindert. Dafür gibt es verschiedene Möglichkeiten. Man kann beispielsweise jede Entscheidung mit einer Belohnung oder mit einer Bestrafung kombinieren.[26] Am einfachsten geschieht dies, indem der Versuchsleiter oder ein Freund den Kindern etwas als zusätzliche Belohnung schenkt oder eben nicht. Eltern können beispielsweise ihren Kindern immer dann einen Keks geben, wenn diese sich selbstkontrolliert verhalten. Im allgemeinen haben zahlreiche Menschen im sozialen Umfeld eines Kindes Einfluß darauf, ob dieses Kind darin bestärkt wird, selbstkontrolliertes oder impulsives Verhalten zu entwickeln – je nachdem, wie sie Selbstkontrolle belohnen oder bestrafen.

Auch Selbstbelohnung und Selbstbestrafung spielen eine Rolle.[27] Bei der *Selbstbelohnung* erlaubt man sich immer dann etwas Angenehmes (Belohnung), wenn man zuvor etwas Bestimmtes erledigt hat. Bei der *Selbstbestrafung* nimmt man immer dann etwas Unangenehmes (Strafreiz) auf sich, wenn man zuvor eine bestimmte andere Handlung ausgeführt hat. Allerdings lassen sich im Zusammenhang mit der Ausführung der angenehmen oder der unangenehmen Aktivität situativ keine äußeren Einflüsse erkennen. Für Belohnung oder Bestrafung scheint allein die individuelle Person verantwortlich zu sein. Daher läßt sich auch nicht immer feststellen, wann eine Selbstbestrafung oder eine Selbstbelohnung erfolgt, oder wodurch sie beeinflußt sind. Ebenso wenig geklärt ist die Frage, inwiefern die Konzepte der Selbstbestrafung und Selbstbelohnung unabhängig von den Erfahrungen des einzelnen in seiner Umwelt anwendbar sind. Um zu klären, welche Bedeutung Selbstbelohnung und Selbstbestrafung im Hinblick auf die Selbstkontrolle haben, bleibt noch viel zu tun.

Mit der Selbstbelohnung verwandt sind die Konzepte der *Verbindung von Belohnungen* und der *Nebenabsprachen*, die beide von George Ainslie detailliert dargestellt wurden.[28] Beide Konzepte sind im Hinblick auf die Verstärkung von Selbstkontrolle bis zu einem gewissen Grad spekulativ. Bisher gibt es zwar noch nicht viele empirische Belege, aber es handelt sich um interessante Konzepte, die einer weiteren Untersuchung wert wären.

Die Verbindung von Belohnungen beruht auf dem folgenden Prinzip: Ein aufgeschobenes Ergebnis (wir wollen es Ergebnis B nennen), das im Verhältnis zu einem kleineren, weniger aufgeschobenen Ergebnis (Ergebnis A) die selbstkontrollierte Alternative darstellt, kann im Verhältnis zu einem noch größeren, noch weiter aufgeschobenen Ergebnis (Ergebnis C) auch als impulsive Alternative betrachtet werden (siehe Kapitel 2). Wenn sich nun die Entscheidung für Ergebnis C mit der Entscheidung für Ergebnis A kombinieren läßt (man also diese beiden Ergebnisse verbinden kann), kann der Gesamtwert von A und C so hoch sein, daß er die Entscheidung für Ergebnis B verhindert. Nehmen wir beispielsweise an, ein Beamter, der für einen großen Etat verantwortlich ist und keine unmittelbar notwendigen Ausgaben zu tätigen hat, steht vor der folgenden Entscheidung zwischen den Ergebnissen A, B und C: Er kann A sofort einen relativ geringen Betrag für einige nicht sehr kostspielige Vorhaben ausgeben, B im Lauf des Haushaltsjahres das Geld für etwas teurere Vorhaben verwenden, deren Notwendigkeit sich im Lauf des Jahres herausstellen wird, oder er kann C das Geld für etwaige langfristig eintretende Ausgaben zurücklegen, die mit einem hohen finanziellen Aufwand verbunden sind. Sieht der Beamte sich vor die Wahl zwischen Ergebnis B oder Ergebnis C + A gestellt, spart er wahrscheinlich für zukünftige Notfälle. So wird er sich jedoch kaum verhalten, wenn er sich vor die Wahl zwischen A und C oder B und C gestellt sieht.

Nebenabsprachen gleichen der Verbindung von Belohnungen insofern, als auch hier Ergebnisse ins Spiel kommen, die kein unmittelbarer Bestandteil der Wahlentscheidung sind. Sie spielen dann eine Rolle, wenn sich jemand vor eine lange Reihe vergleichbarer Entscheidungen gestellt sieht. Nehmen wir beispielsweise an, jemand möchte abends gern in eine aufgeräumte Wohnung zurückkommen und beschließt, sein Bett immer schon morgens zu machen. Er weiß also, daß er sich, solange er berufstätig ist, jeden Morgen neu entscheiden muß, das Bett zu machen oder nicht. Tut er es, so kommt er jeden Abend in den Genuß der aufgeräumten Wohnung. Macht er das Bett dagegen nicht, so gewinnt er morgens ein wenig mehr Zeit, an der ihm aber nicht so viel liegt wie an der aufgeräumten Wohnung. Er kann nun mit sich selbst eine Nebenabsprache treffen, um die Wahrscheinlichkeit zu erhöhen, daß das Bett abends gemacht ist. Zum Beispiel kann er beschließen (für sich und vielleicht auch vor anderen), daß er auf die größeren, weiter aufgeschobenen Vorteile verzichten muß, wenn er sein Bett auch *nur einmal* nicht gleich morgens macht. In unserem Beispiel könnte der Betreffende also bestimmen, daß sein Bett, wenn es auch nur einmal nicht gleich morgens gemacht ist, nie wieder gemacht sein wird und die Wohnung nie wieder aufgeräumt sein wird, so daß andere Menschen ihn immer für schlampig halten werden. Kombiniert er auf diese Weise viele größere, aufgeschobene Vorteile, so kann ihr Gesamtwert so hoch sein, daß er sich auch nicht ein einziges Mal für das kleinere, unmittelbarere Ergebnis entscheidet.

Ergebniskontingenzen

Denkbar ist auch der Fall, daß jemand sich verschiedener Ergebnisalternativen mit unterschiedlichem Wert und unterschiedlichem Belohnungsaufschub bewußt ist, daß er aber nicht weiß, welches Verhalten zu welchem Ergebnis führt. Die Beziehungen zwischen eigenem Verhalten und Ergebnissen bezeichnen wir als *Ergebniskontingenzen*. Bestimmte Ergebniskontingenzen und ihre Wahrnehmung können dazu beitragen, Selbstkontrolle zu verstärken.

Entscheidungsumkehr

Eine besonders einfache Ergebniskontingenz, die die Selbstkontrolle beeinflußt, besteht darin, daß man sich während des Wartens auf das größere, aufgeschobene Ergebnis neu entscheiden kann. Experimentelle Untersuchungen haben ergeben, daß Tauben letztendlich seltener auf das größere, aufgeschobene Ergebnis warten, wenn sie die Möglichkeit haben, sich zwischenzeitlich umzuentscheiden.[29] Das mag daran liegen, daß wie in der oben dargestellten Situation der Nebenabsprachen die Versuchstiere sich eigentlich wiederholt zwischen einem unmittelbaren, kleineren Ergebnis und einem aufgeschobenen, größeren Ergebnis entscheiden müssen. Damit ist einfach die Wahrscheinlichkeit einer etwaigen impulsiven Entscheidung größer, als wenn eine solche Entscheidung nur einmal möglich wäre.

Vorabfestlegung

Eine mit der Entscheidungsumkehr verwandte Ergebniskontingenz, die die Selbstkontrolle ebenfalls beeinflussen kann, ist die *Vorabfestlegung*[30] (siehe Abbildung 5.4). In dieser Situation hat jemand, bevor er sich zwischen einem selbstkontrollierten Ergebnis (Reaktion 3 in Abbildung 5.4) und einem impulsiven Ergebnis (Reaktion 4 in Abbildung 5.4) entscheidet, die Möglichkeit, durch sein Verhalten von vornherein die impulsive Entscheidung zu verhindern. Dieses vorangehende Verhalten ist die Vorabfestlegung (Reaktion 1 in Abbildung 5.4). Erfolgt keine Vorabfestlegung (Reaktion 2), so entsteht die übliche Entscheidungssituation zwischen selbstkontrollierter und impulsiver Reaktion.

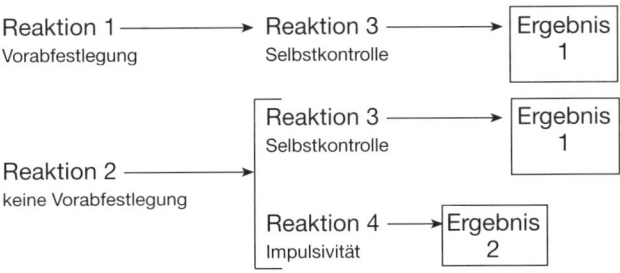

5.4   Diagramm eines Entscheidungs-Paradigmas mit Vorabfestlegung (Reaktion 1) und ohne Vorabfestlegung (Reaktion 2).

Seit alters her werden Verfahren der Vorabfestlegung eingesetzt, um Selbstkontrolle zu verstärken. George Ainslie beschreibt einen der ersten Berichte über dieses Verfahren:

> Die erste Darstellung der Vorabfestlegung findet sich in der *Odyssee*, in der Odysseus an den Sirenen vorbeisegeln mußte. Da der Klang ihrer Stimmen verführerischer war als jede andere Motivation, mußte er sich selbst und seine Mannschaft davor bewahren, daß ihr Schiff auf die Sirenen zusteuerte und an den Klippen zerschellte. Zwei Listen fielen ihm ein: Da er den Gesang der Sirenen hören wollte, ließ er sich von seiner Mannschaft am Mast festbinden und ordnete an, sie sollten ihn erst dann wieder losbinden, wenn sie an ihrem Ziel angekommen seien. Seine Mannschaft aber mußte frei sein zu rudern, daher verstopfte er ihre Ohren mit Wachs.[31]

Odysseus bediente sich der Vorabfestlegung, um sich selbst und seine Mannschaft davon abzuhalten, impulsiv zu reagieren und dem betörenden Gesang der Sirenen zu folgen. Sich selbst ließ er die Bewegungsfreiheit nehmen, seiner Mannschaft nahm er das Gehör. Beides bewirkte, daß er eine impulsive Handlung ausschloß und daß nur noch die Möglichkeit bestand, selbstkontrolliert an den Sirenen vorbeizusegeln.

Ein neueres Beispiel der Vorabfestlegung ist unser Gebrauch des Weckers. Morgens haben wir die Wahl zwischen dem selbstkontrollierten Ergebnis, rechtzeitig zum Unterricht oder zur Arbeit zu kommen, und dem Ergebnis, etwas länger schlafen zu können. Abends legen wir uns vorab auf die selbstkontrollierte Reaktion fest, indem wir den Wecker stellen. Wenn er am nächsten Morgen klingelt, ist die Alternative des längeren Schlafens erst einmal verhindert (auch wenn es manchmal nötig ist, einen ziemlich lauten Wecker weit weg vom Bett aufzustellen).

Vorabfestlegung hat man nicht nur bei Versuchspersonen, sondern auch bei Versuchstieren beobachtet, wenngleich die Fähigkeit dazu individuell höchst unterschiedlich zu sein scheint.[32] Vorab festgelegte Reaktionen sind für Psychologen interessant, weil sie darauf hindeuten, daß sich die Präferenzen zwischen selbstkontrollierten und impulsiven Ergebnissen bei Mensch und Tier als Funktion der Zeit ändern. Betrachten wir als Beispiel den Wecker. Wenn jemand abends den Wecker stellt, bringt er damit zum Ausdruck, daß er sich zu diesem Zeitpunkt für den größeren Ergebniswert entscheidet, rechtzeitig zum Unterricht oder zur Arbeit zu kommen. Am anderen Morgen jedoch kehrt sich diese Präferenz um. Eine solche Präferenzumkehr ist implizit auch in Abbildung 5.3a enthalten. Zum Zeitpunkt x hat das aufgeschobene Ergebnis einen höheren Wert, und die Versuchsperson müßte in der Lage sein, sich vorab festzulegen. Zum Zeitpunkt y besitzt das weniger aufgeschobene Ergebnis den höheren Wert, und die Versuchsperson wird nicht in der Lage sein, sich vorab festzulegen. Strategien der Vorabfestlegung stellen ein äußerst nützliches, allgemeines Verfahren zur Verstärkung der Selbstkontrolle dar. Dies bringt auch der Volksmund zum Ausdruck (siehe Kasten 5.3).

Ein Handschlag zur rechten Zeit
spart zehne bei Gelegenheit.

Kasten 5.3

Wahrnehmung von Kontingenzen

Selbstkontrolle hängt nicht nur davon ab, daß wir zu bestimmten Reaktionen fähig sind, sondern wir müssen auch wissen oder lernen, welche Reaktionen zu welchen Ergebnissen führen. Niemand kann sich selbstkontrolliert verhalten, wenn er nicht irgendwie gelernt hat, daß eine selbstkontrollierte Reaktion letztendlich zu einem größeren Vorteil führt. Dabei spielen verschiedene Aspekte der Selbstkontrolle eine Rolle. Zunächst einmal lernt man einfach aus Erfahrung mit Situationen, in denen Selbstkontrolle wichtig ist. In Experimenten mit Tauben wird das Erlernen selbstkontrollierter Reaktionen sichergestellt, indem die Tiere in verschiedenen Versuchsdurchgängen reagieren müssen, wobei manchmal nur eine der beiden Wahlmöglichkeiten offensteht. Nur wenn die Tauben diese eine Reaktion zeigen, kommen sie zum nächsten Versuchsdurchgang – der so als Konsequenz der Wahlreaktion gelernt wird.[33] Menschen machen in einem Selbstkontroll-Paradigma Erfahrungen, indem sie die Konsequenzen ihrer Wahlentscheidung erleben oder andere Menschen beobachten, die vor einer vergleichbaren Entscheidung stehen oder indem sie mit Menschen sprechen, die etwas darüber wissen.[34] Auch das *Monitoring*, das sorgfältige Beobachten und Überwachen der eigenen Reaktionen und der damit verbundenen Konsequenzen kann dazu beitragen, daß man Verhaltenskonsequenzen erkennt und im Gedächtnis behält, so daß die Selbstkontrolle verstärkt wird.[35] Monitoring kann beispielsweise so weit gehen, eigenes Verhalten zu protokollieren, Listen zu führen oder Schaubilder zu zeichnen.

Zuweilen erscheint der Zusammenhang zwischen einer selbstkontrollierten Situation und ihrem Ergebnis unklar und unsicher, und das kann Selbstkontrolle beeinträchtigen. Wie in Kapitel 3 dargestellt, sinkt der Wert eines zukünftigen Ereignisses, wenn die Gewißheit schwindet, daß man es auch tatsächlich erleben wird. In einem Experiment zur Selbstkontrolle kann diese Gewißheit beispielsweise dadurch abnehmen, daß eine Versuchsperson dem Versuchsleiter nicht traut.[36] Wenn sie nicht glaubt, daß der Versuchsleiter sein Versprechen einlöst, ihr den größeren, weiter aufgeschobenen Vorteil zu sichern, wird es für sie sinnlos, sich selbstkontrolliert zu verhalten. Solche Mechanismen erklären vielleicht, warum Kinder dann eher Selbstkontrolle zeigen, wenn sie nicht von Erwachsenen, sondern von anderen Kindern getestet werden, und warum Schwarze sich dann eher selbstkontrolliert verhalten, wenn sie nicht von Weißen, sondern von anderen Schwarzen getestet werden.[37]

Auch die eigenen Äußerungen einer Versuchsperson scheinen ihre Wahrnehmung der Beziehung zwischen Verhaltensreaktion und Ergebnis zu beeinflussen. Versuchspersonen, die sich während der Wartezeit verbal ins Gedächtnis rufen, was geschieht, wenn sie lange genug warten, oder was sie tun müssen, um den größeren Vorteil zu erzielen, verhalten sich verstärkt selbstkontrolliert.[38] In einem Experiment fiel es den Kindern im Alter zwischen zweieinhalb und vier Jahren schwer, langsam zu reagieren und dafür eine Belohnung zu bekommen. Als man ihnen jedoch beibrachte, ein Lied über langsames Reagieren zu singen, gelang es ihnen, langsam genug zu reagieren, um die Belohnung auch zu erhalten. (Bei älteren Kindern genügten Anweisungen in der üblichen Form, um zu erreichen, daß sie langsam reagierten).[39] Wie verschiedene Untersuchungen zeigen, unterstützt allerdings Selbstablenkung[40] (wie oben dargestellt) die Selbstkontrolle effizienter als Selbst-Verbalisierungen zu den Verstärkerkontingenzen.

Eigene Äußerungen können Selbstkontrolle insofern fördern, als sie als stimulierende Reize mit dem Bedingungszusammenhang zwischen eigener Reaktion und Ergebnis assoziiert sind und damit der Versuchsperson die Reaktion-Ergebnis-Kontingenz ins Gedächtnis rufen. In dieser Hinsicht können ähnliche Reize auch im Tierexperiment dargeboten werden: Wenn Versuchstauben während der Wartezeit ein Lichtreiz dargeboten wird, der dieselbe Farbe hat wie der Knopf, auf den diese Tauben bereits in einem Selbstkontroll-Paradigma gepickt haben, verhalten sie sich tatsächlich selbstkontrollierter als ohne einen solchen Lichtreiz.[41] Es bedarf keiner komplexen Sprachfähigkeit, um bestimmte Reize als Gedächtnishilfen zum Behalten von Reaktions-Ergebnis-Kontingenzen nutzen und Selbstkontrolle verstärken zu können.

Fazit

In diesem Kapitel wurden zahlreiche Möglichkeiten dargestellt, wie sich Selbstkontrolle verstärken und wahrscheinlich auch verringern läßt. Einige Methoden scheinen vor allem die Auswirkungen des Ergebnisaufschubs, andere die der Ergebnisgröße und wieder andere die Auswirkungen der Ergebniskontingenzen zu beeinflussen. In vielen Fällen bleibt dennoch unklar, warum ein spezifisches Verfahren Selbstkontrolle verstärkt, oder ob es überhaupt stichhaltige empirische Belege für seine Wirksamkeit gibt. Die Mechanismen zur Verstärkung und Verminderung der Selbstkontrolle müßten noch sehr viel genauer bestimmt werden. Menschen erwerben offenbar im Laufe ihrer Entwicklung (siehe Kapitel 4) ohne jedes formale Training zahlreiche Mechanismen zur Verstärkung der Selbstkontrolle, aber es gibt doch viele Situationen, in denen man durch Einüben angemessene Reaktionen in Selbstkontroll-Paradigmen wahrscheinlicher machen kann. In den folgenden Kapiteln sollen nun im dritten Teil dieses Buches einige Situationen dargestellt werden, in denen dieses Wissen anwendbar ist.

Anmerkungen

1. Ainslie, G.; Herrnstein, R. J. *Preference Reversal and Delayed Reinforcement.* In: *Animal Learning and Behavior* 9 (1981) S. 476–482.
    Fantino, E. *Immediate Reward Followed by Extinction vs. Later Reward without Extinction.* In: *Psychonomic Science* 6 (1966) S. 233–234.
    Green, L.; Fisher, E. B.; Perlow, S.; Sherman, L. *Preference Reversal and Self-Control: Choice as a Function of Reward Amount and Delay.* In: *Behaviour Analysis Letters* 1 (1981) S. 43–51.
    Mischel, W.; Grusec, J. *Waiting for Rewards and Punishments: Effects of Time and Probability on Choice.* In: *Journal of Personality and Social Psychology* 5 (1967) S. 24–31.
2. Litrownik, A. J.; Franzini, L. R.; Geller, S.; Geller, M. *Delay of Gratification: Decisional Self-control and Experience with Delay Intervals.* In: *American Journal of Mental Deficiency* 82 (1977) S. 149–154.
    Walls, R. T.; Smith, T. S. *Development of Preference for Delayed Reinforcement in Disadvantaged Children.* In: *Journal of Educational Psychology* 61 (1970) S. 118–123.
3. Eisenberger, R.; Adornetto, M. *Generalized Self-control of Delay and Effort.* In: *Journal of Personality and Social Psychology* 51 (1986) S. 1 020–1 031.
4. Grosch, J.; Neuringer, A. *Self-control in Pigeons under the Mischel Paradigm.* In: *Journal of the Experimental Analysis of Behavior* 35 (1981) S. 3–21.
5. Eisenberger, R.; Masterson, F. A. *Effects of Prior Learning and Current Motivation on Self-control.* in: Nevin, J. A.; Rachlin, H. (Hrsg.) *Quantitative Analyses of Behavior: Vol. 5, The Effects of Delay and of Intervening Events on Reinforcement Value* Hillsdale, NJ (Erlbaum) 1987. S. 267–282.
    Grosch; Neuringer *Self-control in Pigeons.* S. 3–21.
6. Logue, A. W.; Peña-Correal, T. E. *Responding During Reinforcement Delay in a Self-control Paradigm.* In: *Journal of the Experimental Analysis of Behavior* 41 (1984) S. 267–277.
    Logue, A. W.; Rodriguez, M. L.; Peña-Correal, T. E.; Mauro, B. C. *Choice in a Self-control Paradigm: Quantification of Experience-based Differences.* In: *Journal of the Experimental Analysis of Behavior* 41 (1984) S. 53–67.
    Mazur, J. E.; Logue, A. W. *Choice in a „Self-control‘ Paradigm: Effects of a Fading Procedure.* In: *Journal of the Experimental Analysis of Behavior* 30 (1978) S. 11–17.
    Schweitzer, J. B.; Sulzer-Azaroff, B. *Self-control: Teaching Tolerance for delay in Impulsive Children.* In: *Journal of the Experimental Analysis of Behavior* 50 (1988) S. 173–186.

7. Eisenberger, R.; Mitchell, M.; Masterson, F. A. *Effort Training Increases Generalized Self-control*. In: *Journal of Personality and Social Psychology* 49 (1985) S. 1 294–1 301.
Eisenberger, R.; Weier, F.; Masterson, F. A.; Theis, L. Y. *Fixed-ratio Schedules Increase Generalized Self-control: Preference for Large Rewards Despite High Effort or Punishment*. In: *Journal of Experimental Psychology: Animal Behavior Processes* 15 (1989) S. 383–392.
Mahoney, M. J.; Bandura, A. *Self-reinforcement in Pigeons*. In: *Learning and Motivation* 3 (1972) S. 293–303.

8. Eisenberger, R. *Learned Industriousness*. In: *Psychological Review* 99 (1992) S. 248–267.

9. Grosch; Neuringer *Self-control in Pigeons*. S. 3–21.
Mischel, W.; Ebbesen, E. B. *Attention in Delay of Gratification*. In: *Journal of Personality and Social Psychology* 16 (1970) S. 329–337.
Mischel, W.; Ebbesen, E. B.; Zeiss, A. R. *Cognitive and Attentional Mechanisms in Delay of Gratification*. In: *Journal of Personality and Social Psychology* 21 (1972) S. 204–218.

10. Shakespeare, W. *Othello*. In: Schücking, L. L. (Hrsg.) *Shakespeares Werke*. Bd. V. Darmstadt (Der Tempel-Verlag) 1955. S. 43.

11. Mischel; Ebbesen *Attention in Delay*. S. 329–337.

12. Grosch; Neuringer *Self-control in Pigeons*. S. 3–21.
Mischel; Ebbesen *Attention in Delay*. S. 329–337.
Yates, J. F.; Revelle, G. L. *Processes Operative During Delay of Gratification*. In: *Motivation and Emotion* 3 (1979) S. 103–115.

13. Mischel, W.; Patterson, C. J. *Substantive and Structural Elements of Effective Plans for Self-control*. In: *Journal of Personality and Social Psychology* 34 (1976) S. 942–950.
Patterson, C. J.; Mischel, W. *Effects of Temptation-inhibiting and Task-facilitating Plans on Self-control*. In: *Journal of Personality and Social Psychology* 33 (1976) S. 209–217.

14. Ainslie, G.; Haslam, N. *Self-control*. In: Loewenstein, G.; Elster, J. (Hrsg.) *Choice Over Time*. New York (Russell Sage Foundation) 1992. S. 177–209.

15. Skinner, B. F. *Futurum Zwei: Die Vision einer aggressionsfreien Gesellschaft*. Reinbek (Rowohlt) 1975. S. 99.

16. Larrick, R. P.; Morgan, J. N.; Nisbett, R. E. *Teaching the Use of Cost-benefit Reasoning in Everyday Life*. In: *Psychological Science* 1 (1990) S. 362–370.

17. Bandura, A.; Mischel, W. *Modification of Self-imposed Delay of Reward through Exposure to Live and Symbolic Models*. In: *Journal of Personality and Social Psychology* 2 (1965) S. 698–705.
LaVoie, J. C.; Anderson, K.; Fraze, B.; Johnson, K. *Modeling, Tuition, and Sanction Effects on Self-control at Different Ages*. in: *Journal of Experimental Child Psychology* 31 (1981) S. 446–455.

18. Cabanac, M. *Money versus Pain: Experimental Study of a Conflict in Humans.* In: *Journal of the Experimental Analysis of Behavior* 46 (1986) S. 37–44.

    Fantino *Immediate Reward.* S. 233–234.

    Grusec, J. E. *Waiting for Rewards and Punishments: Effects of Reinforcement Value on Choice.* In: *Journal of Personality and Social Psychology* 9 (1968) S. 85–89.

    Herzberger, S. D.; Dweck, C. S. *Attraction and Delay of Gratification.* In: *Journal of Personality* 46 (1978) S. 214–227.

19. King, G. R.; Logue, A. W. *Choice in a Self-control Paradigm: Effects of Reinforcer Quality.* In: *Behavioural Processes* 22 (1990) S. 89–99.

20. Blakely, E.; Starin, S.; Poling, A. *Human Performance Under Sequences of Fixed-ratio Schedules: Effects of Ratio Size and Magnitude of Reinforcement.* In: *The Psychological Record* 38 (1988) S. 111–119.

21. Ainslie; Haslam *Self-control.* S. 177–209.

    Baron, J. *Thinking and Deciding.* New York (Cambridge University Press) 1988.

22. Mischel, W.; Shoda, Y.; Rodriguez, M. L. *Delay of Gratification in Children.* In: *Science* 244 (1989) S. 933–938.

23. Mischel, W.; Baker, N. *Cognitive Appraisals and Transformations in Delay Behavior.* In: *Journal of Personality and Social Psychology* 31 (1975) S. 254–261.

24. Grosch; Neuringer *Self-control in Pigeons.* S. 3–21.

25. Mischel, W.; Moore, B. *Effects of Attention to Symbolically Presented Rewards on Self-control.* In: *Journal of Personality and Social Psychology* 28 (1973) S. 172–179.

26. Karniol, R.; Miller, D. T. *The Development of Self-control in Children.* In: Brehm, S. S.; Kassin, S. M.; Gibbons, F. X. (Hrsg.) *Developmental Social Psychology: Theory and Research.* Oxford (Oxford University Press) 1981. S. 32–50.

    Little, V. L.; Kendall, P. C: *Cognitive-behavioral Interventions with Delinquents: Problem-solving, Role-taking, and Self-control.* In: Kendall, P. C.; Hollon, S. D. (Hrsg.) *Cognitive-behavioral Interventions.* New York (Academic Press) 1979. S. 81–115.

27. Kanfer, F. H. *The Maintenance of Behavior by Self-generated Stimuli and Reinforcement.* In: Jacobs, A.; Sachs, L. (Hrsg.) *The Psychology of Private Events.* New York (Academic Press) 1971. S. 39–59.

    O'Leary S. G.; Dubey, D. R. *Applications of Self-control Procedures by Children: A Review.* In: *Journal of Applied Behavior Analysis* 12 (1979) S. 449–465.

28. Ainslie, G. *Specious Reward: A Behavioral Theory of Impulsiveness and Impulse Control.* In: *Psychological Bulletin* 82 (1975) S. 463–496.

Ainslie; Haslam *Self-control.* S. 177–209.

29. Elster, J. *Weakness of Will and the Free-rider Problem.* In: *Economics and Philosophy* 1 (1985) S. 231–265.
    Logue; Peña-Correal *Responding During Reinforcement Delay.* S. 267–277.

30. Ainslie *Specious Reward.* S. 463–496.
    Rachlin, H. *Self-control.* In: *Behaviorism* 2 (1974) S. 94–107.

31. Ainslie *Specious Reward.* S. 463-496 (S. 474).

32. Ainslie, G. W. *Impulse Control in Pigeons.* In: *Journal of the Experimental Analysis of Behavior* 21 (1974) S. 485–489.
    Deluty, M. Z.; Whitehouse, W. G.; Mellitz, M.; Hineline, P. N. *Self-control and Commitment Involving Aversive Events.* In: *Behaviour Analysis Letters* 3 (1983) S. 213–219.
    Rachlin, H.; Green, L. *Commitment, Choice and Self-control.* In: *Journal of the Experimental Analysis of Behavior* 17 (1972) S. 15–22.
    Solnick, J. V.; Kannenberg, C. H.; Eckerman, D. A.; Waller, M. B. *An Experimental Analysis of Impulsivity and Impulse Control in Humans.* In: *Learning and Motivation* 11 (1980) S. 61–77.

33. Mazur; Logue *Choice in a ‚Self-control‘ Paradigm.* S. 11–17.

34. Kendall, P. C. *Individual Versus Group Cognitive-behavioral Self-control training: 1-year Follow-up.* In: *Behavior Therapy* 13 (1982) S. 241–247.
    Kendall, P. C.; Zupan, B. A. *Individual Versus Group Application of Cognitive-behavioral Self-control Procedures with Children.* In: *Behavior Therapy* 12 (1981) S. 344–359.

35. Mischel, W. *Personality Dispositions Revisited and Revised: A View after Three Decades.* In: Pervin, L. A. (Hrsg.) *Handbook of Personality: Theory and Research.* New York (Guilford) 1990. S. 111–134.
    Rachlin *Self-control.* S. 94–107.

36. Shybut, J . *Delay of Gratification and Severity of Psychological Disturbance among Hospitalized Psychiatric Patients.* In: *Journal of Consulting and Clinical Psychology* 32 (1968) S. 462–468.

37. Lew, M. B. *Child and Adult Experimenters: Some Differential Effects.* In: *Child Study Journal* 12 (1982) S. 223–235.
    Strickland, B. R. *Delay of Gratification as a Function of Race of the Experimenter.* In: *Journal of Personality and Social Psychology* 22 (1972) S. 108–112.

38. Anderson, W. H.; Moreland, K. L. *Instrumental vs. Moralistic Self-verbaliziations in Delaying Gratification.* In: *Merrill-Palmer Quarterly* 28 (1982) S. 291–296.
    Kendall, P. C. *On the Efficacious Use of Verbal Self-instructional Procedures with Children.* In: *Cognitive Therapy and Research* 1 (1977) S. 331–341.

Meichenbaum, D.H.; Goodman, J. *Training Impulsive Children to Talk to Themselves.* In: *Journal of Abnormal Psychology* 77 (1971) S. 115–126.
39. Bentall, R. P.; Lowe, C. F. *The Role of Verbal Behavior in Human Learning: III. Instructional Effects in Children.* In: *Journal of the Experimental Analysis of Behavior* 47 (1987) S. 177–190.
40. Anderson, W. H. *A Comparison of Self-distraction with Self-verbalization under Moralistic Versus Instrumental Rationales in a Delay-of-gratification Paradigm.* In: *Cognitive Therapy and Research* 2 (1978) S. 299–303.
41. Logue, A. W.; Mazur, J. E. *Maintenance of Self-control Acquired Through a Fading Procedure: Follow-up on Mazur and Logue (1978).* In: *Behaviour Analysis Letters* 1 (1981) S. 131–137.

Teil III

Anwendungen in der Praxis

6. Essen

Kasten 6.1

Essen spielt in unserem Alltag eine ungeheuer wichtige Rolle. Von dem
Augenblick an, in dem wir (und andere Lebewesen) morgens aufwachen,
bis zu dem Augenblick, in dem wir schlafengehen, müssen wir immer
wieder entscheiden, was wir essen, wieviel wir essen, und wann wir
essen. Im Alltag eines jeden Lebewesens geht es dabei häufig um die
Wahl zwischen Nahrung mit geringerem Wert, die schneller verfügbar
ist, und hochwertiger Nahrung, die erst später verfügbar ist. In solchen
Fällen läßt sich die Entscheidung als Entscheidung zwischen Impulsivität und Selbstkontrolle beschreiben. Auch bei Eßstörungen wie übermäßigem Essen, Anorexia nervosa und Bulimia nervosa kommen exzessive
Impulsivität und Selbstkontrolle ins Spiel. Außerdem wird Selbstkontrolle in unserer Gesellschaft von vielen als eine Tugend angesehen, und ein
schlanker Körper gilt als augenfälliger Beweis für ein hohes Maß an
Selbstkontrolle.[2] So sind Selbstkontrolle und Essen in vielerlei Hinsicht
untrennbar ineinander verwoben.

Im diesem Kapitel sollen Selbstkontrolle und Impulsivität im Hinblick
auf Nahrung als Belohnung untersucht werden. Der erste Abschnitt des
Kapitels befaßt sich mit Selbstkontrolle und Impulsivität als Teil der
täglichen Nahrungssuche, mit anderen Worten als Ernährungsverhalten.
Dabei sollen auch einige mögliche evolutionäre Ursachen von Selbstkontrolle und Impulsivität in diesem Bereich besprochen werden. Im
darauf folgenden Abschnitt wird übermäßiges Essen als Problem der
Selbstkontrolle beschrieben. Außerdem werden einige physiologische
Mechanismen dargestellt, die für impulsives übermäßiges Essen verant-

wortlich sein könnten. Am Ende des Kapitels besprechen wir die Problematik von Anorexia nervosa und Bulimia nervosa.

Nahrungserwerb

Menschen wie Tiere müssen sich in ihrem Alltag oft zwischen Nahrung von unterschiedlichem Wert entscheiden, die außerdem zu unterschiedlichen Zeiten – zum Teil erst in der Zukunft – verfügbar ist. Dieses Verhalten ist ein Aspekt des sogenannten *Nahrungserwerbs* – des „Umherwanderns oder Umherschweifens auf der Suche nach Nahrung oder anderen Vorräten".[3] Bei der Nahrungssuche entsprechen manche Entscheidungen einer Wahl zwischen Selbstkontrolle und Impulsivität. So muß beispielsweise ein Bär, dem es an Protein mangelt, entscheiden, ob er im Wald bleibt und Beeren pflückt oder ob er zum Fluß zieht, um Fische zu fangen. In gleicher Weise muß ein hungriger Mensch im Supermarkt entscheiden, ob er ein vorgegrilltes Hähnchen kauft oder lieber ein frisches Hähnchen mit nach Hause nimmt, um es mit etwas mehr Zeitaufwand knuspriger auf den Tisch zu bringen.

Hypothese der Aufschubreduktion

Viele Forscher haben versucht, eine Theorie zu entwickeln, die das Wahlverhalten nahrungssuchender Tiere erklärt. Ein solcher Ansatz ist Edmund Fantinos *Hypothese der Aufschubreduktion.*[4] Das Modell ist für unsere Untersuchung besonders interessant, weil es zur Erklärung selbstkontrollierten Verhaltens herangezogen wird. Fantinos Modell zufolge treffen Lebewesen in Entscheidungssituationen eine Wahl zwischen unterschiedlichen Reizen (im Fall der Nahrungssuche sind das die mit Nahrung assoziierten Reize). Diese Reize sind Belohnungen, wenn sie mit einer Reduktion der Wartezeit assoziiert sind, die ein Lebewesen bis zum Verzehr der Nahrung hinnehmen muß. Ein Reiz, der in der Vergangenheit damit assoziiert wurde, daß Nahrung in erheblich kürzerer Zeit verfügbar war, stellt eine sehr viel größere Belohnung dar als ein Reiz, der in der Vergangenheit damit assoziiert wurde, daß die Wartezeit auf die Nahrung kaum verkürzt war. Nach der Hypothese der Aufschubreduktion müßten sich Lebewesen für diejenige Reizalternative entscheiden, bei der die Zeitspanne bis zum Zugang zu Nahrung am stärksten reduziert ist. Eine hungrige Taube dürfte also das graue Bürogebäude, an dem sie in der Vergangenheit nie lange auf Futter warten mußte, bevorzugt anfliegen, statt das helle Bürogebäude zu wählen, an dem sie in der Vergangenheit ziemlich lange warten mußte, bis ein Büroangestellter Futter auf einen Fenstersims legte.

Die Theorie der Aufschubreduktion war ursprünglich nicht für Wahlsituationen gedacht, in denen sich die Entscheidungsalternativen sowohl im Wert des Belohnungsbetrags als auch im Belohnungsaufschub unterscheiden (in denen es also um die Alternative zwischen Selbstkontrolle und Impulsivität geht). Diese Theorie läßt sich jedoch so abwandeln, daß sie auch Wahlreaktionen zwischen unterschiedlich großen Belohnungen beschreibt. Dann kann sie viele Daten aus Untersuchungen zur Selbstkontrolle und zum Nahrungserwerb zufriedenstellend erklären.

Theorie des optimalen Nahrungserwerbs

Wenn es darum geht, die Entscheidungen nahrungssuchender Lebewesen zu erklären, wird am häufigsten die *Theorie des optimalen Nahrungserwerbs* herangezogen. Bei diesem Ansatz wird vorausgesetzt, daß eine angemessene Ernährung eine entscheidende Voraussetzung für das Überleben des Individuums und zugleich für die inklusive Fitness ist, das heißt, auch die Überlebenschancen verwandter Individuen vergrößert. Die Evolution muß dieser Theorie zufolge das Verhalten bei der Nahrungssuche in einer Weise geformt haben, die eine maximale Energieaufnahme pro Zeiteinheit ermöglicht.[5] Allerdings läßt sich nicht immer leicht angeben, was jeweils die optimale Wahl wäre. Außer der Energieaufnahme, die mit der Wahl einer bestimmten Alternative möglich wird, müssen auch zahlreiche andere Faktoren berücksichtigt werden.

Ein solcher Faktor, der bei der optimalen Entscheidung eines nahrungssuchenden Lebewesens einbezogen werden muß, ist das Risiko oder die Gefahr, die mit der Entscheidung für ein bestimmtes Nahrungsangebot verbunden sein kann.[6] Wie in Kapitel 3 dargestellt, besteht bei aufgeschobenen Ergebnissen in Form von Nahrung eine gewisse Unsicherheit darüber, ob das Ergebnis auch tatsächlich eintrifft. Während ein Hirsch darauf wartet, daß die Beeren reif werden, könnten sie von einem anderen Tier geholt werden, oder ein heftiger Regen könnte sie verderben; oder der Hirsch selbst könnte einem Feind zum Opfer fallen. Das gilt im Prinzip auch für den Menschen, der seine Nahrungsmittel im Supermarkt erwirbt: Das Hähnchen, das im Ofen schmort, könnte sich ein ungebetener Gast holen, oder es könnte anbrennen und ungenießbar werden, weil der Thermostat defekt ist oder man die Zeit vergessen hat, und schließlich gibt es auch für Menschen ein gewisses Risiko, Opfer eines Herzinfarkts zu werden. Forscher, die sich mit dem Nahrungserwerb befassen, berücksichtigen solche Risiken. Jedes Risiko (jede Unsicherheit) verringert den Wert aufgeschobener Ergebnisse, auch den Wert von Nahrung, weil es impliziert, daß diese Ergebnisse vielleicht niemals eintreffen. Bei der Beurteilung eines jeden Ergebniswertes muß daher das mit dem Ergebnis verbundene Risiko berücksichtigt werden. Ist ein Risiko vorhanden, so ist es in manchen Fällen höchst vorteilhaft, sich für die kleinere, weniger aufgeschobene Nahrungsalternative oder sogar für jedes unmittelbar verfügbare Nahrungsangebot zu entscheiden, anstatt auf bessere, aber risikoreichere Gelegenheiten zu warten (siehe Kasten 6.2).

Potior est, qui prior est (wer zuerst kommt, mahlt zuerst). [Terenz]

Kasten 6.2

WARBUCKS:
Der New Deal ist meiner Ansicht nach schlecht geplant, schlecht organisiert und schlecht umgesetzt. Deine Programme sind nicht durchdacht, Franklin. Du hast nicht bedacht, wie sie sich langfristig auf die Wirtschaft auswirken.
FRANKLIN D. ROOSEVELT:
Menschen brauchen nicht langfristig etwas zu essen.[8] [*Annie*]

Kasten 6.3

Ein weiterer Faktor, der die optimale Entscheidung bei der Nahrungssuche eines Lebewesens beeinflußt, ist der Grad der Nahrungsdeprivation. Ein hungriges Tier wird eher eine größere Menge an Nahrung brauchen als eine kleinere und sollte sich daher eher selbstkontrolliert als impulsiv verhalten. Anders liegen die Dinge bei einem Tier, das schon so ausgehungert ist, daß es die größere, weiter aufgeschobene Nahrungsmenge zu dem Zeitpunkt, an dem sie endlich verfügbar ist, gar nicht mehr aufnehmen kann, weil ihm die Kraft dazu fehlt oder es schon verhungert ist. Hier liegt die optimale Wahl in der Entscheidung für die kleinere, rascher verfügbare Alternative[7] (siehe Kasten 6.3). In diesem Fall hat das Tier nur dann eine Überlebenschance, wenn es sich für die kleinere, weniger aufgeschobene Belohnung entscheidet. In zahlreichen Experimenten hat man untersucht, ob das Deprivationsniveau die Selbstkontrolle beeinflußt. Einige Untersuchungen kamen zu dem Ergebnis, daß zunehmende Deprivation zu zunehmender Impulsivität im Hinblick auf Nahrungsbelohnungen führt; andere Experimente ließen keine Auswirkungen oder gar eine Zunahme der Selbstkontrolle erkennen.[9] Da die Versuchspläne in diesen Experimenten ganz unterschiedlich waren, läßt sich nur schwer feststellen, worauf die unterschiedlichen Ergebnisse zurückzuführen sind. Wir wollen im folgenden einige Befunde diskutieren, wobei das Deprivationsniveau die Selbstkontrolle in einigen Fällen beeinflußte und in anderen nicht.

Das erste Beispiel stammt aus einem Experiment mit Tauben.[10] In einer Voruntersuchung wurde zunächst einmal festgestellt, welches Gewicht die Tauben aufwiesen, wenn sie jeden Tag beliebig viel fressen konnten. Dann wurde ihnen die Nahrung vorenthalten, bis sie nur noch 70, 80 oder 90 Prozent ihres Ausgangsgewichts hatten. Unabhängig von ihrer unterschiedlichen Gewichtsabnahme verhielten sich die Tauben durchgängig impulsiv. Sie entschieden sich auch dann nicht häufiger für die größere (aber weiter aufgeschobene) Nahrungsbelohnung, wenn ihr Deprivationsniveau höher lag. Die Impulsivität der Tauben war in diesem Experiment völlig fehlangepaßt, denn der Versuchsplan stellte sicher, daß sie unabhängig von ihrem Wahlverhalten jeweils einmal pro Minute eine Belohnung erhielten. Brauchten sie also größere Nahrungsmengen, so konnten sie die nur bekommen, wenn sie sich innerhalb dieses Belohnungstaktes für die größeren, weiter aufgeschobenen Belohnungen entschieden. Man sollte allerdings bedenken, daß dieses experimentelle Verfahren nicht unbedingt den Entscheidungen gleicht, mit denen eine Taube in der Natur konfrontiert ist. In der Natur hängen Belohnungsaufschub und Belohnungsfrequenz meist zusammen. Anders gesagt, ein kürzerer Belohnungsaufschub ist in der Regel mit einer höheren Belohnungsfrequenz verbunden und umgekehrt, so daß eine impulsive Reaktion insgesamt nicht unbedingt zu einem geringeren Belohnungsbetrag führt. Freilebende Tauben müssen vielleicht gar nicht auf die gesamte Belohnungsfrequenz achten, um ihre gesamte Nahrungsaufnahme zu maximieren, und sie haben diese Fähigkeit wohl deshalb auch nicht entwickelt. Umgekehrt ist es aufgrund ihres konstant hohen Energiebedarfs vielleicht so, daß ihr Überleben gefährdet wäre, wenn sie lange auf eine größere Nahrungsbelohnung warten würden. Insofern könnten sie die Tendenz zu durchgängig impulsivem Verhalten entwickelt haben, das auch von Veränderungen des Deprivationsniveaus nicht beeinflußt wird.[11]

Ein ähnliches Entscheidungsparadigma zum Nahrungserwerb wurde eingehend bei Vögeln untersucht, die vor Sonnenuntergang genügend Nahrung aufnehmen müssen, um eine möglicherweise kalte und lange Nacht zu überstehen.[12] Ist einer dieser Vögel extrem nahrungsdepriviert und hat er dann die Wahl zwischen einer riskanten Alternative, deren Ergebnis entweder eine kleine oder eine große Nahrungsmenge sein kann, und einer risikofreien Alternative, die immer eine mittlere Nahrungsmenge bietet, so wählt der Vogel eher die riskante Alternative. Bei extrem nahrungsdeprivierten Vögeln reicht nur die große Nahrungsmenge zum Überleben, so daß nur die riskante Alternative ein Überleben ermöglicht. Solange ein Vogel dagegen nicht sehr nahrungsdepriviert und damit nicht auf die große Nahrungsmenge angewiesen ist, um überleben zu können, entscheidet er sich eher für die risikofreie Alternative. Anders als diese Vögel entscheiden sich Ratten unabhängig vom Deprivationsniveau durchgängig für die nicht riskante Alternative.[13] Diese unterschiedlichen Befunde bei Ratten und Vögeln könnten auf unterschiedlichen Versuchsanordnungen beruhen oder damit zusammenhängen, daß Ratten mehr Energie speichern können als Vögel, oder es könnten Unterschiede im präfrontalen Cortex von Vögeln und Ratten oder auch ein ganz anderer Faktor dafür verantwortlich sein.[14]

Unser letztes Beispiel stammt aus einem Experiment mit Frauen.[15] Jede Versuchsperson entschied sich wiederholt zwischen den Alternativen, rasch, aber nur wenig von ihrem Lieblingssaft zu bekommen, oder aber später und dafür mehr trinken zu können. Einige der Versuchspersonen verhielten sich impulsiv, einige indifferent und einige selbstkontrolliert. Es war kein Zusammenhang zwischen dem jeweiligen Ausmaß an selbstkontrolliertem Verhalten und der Kalorienmenge festzustellen, die in den zwölf Stunden vor der Sitzung aufgenommen worden war, und es zeigte sich auch keine Beziehung zwischen Selbstkontrolle und Unter- oder Übergewicht. Auch als im Verlauf der Sitzungen die Versuchspersonen immer mehr Saft getrunken hatten und damit ihr Bedürfnis nach Saft abnahm, zeigten sich keine Auswirkungen auf die Selbstkontrolle. Alle diese Ergebnisse scheinen darauf hinzudeuten, daß bei Menschen das Deprivationsniveau keinen Einfluß auf die Selbstkontrolle hat. Im selben Experiment wurde allerdings festgestellt, daß Frauen, die ihren eigenen Angaben zufolge gerade eine Diät machten, signifikant impulsiver reagierten als Versuchspersonen, die angaben, keine Diät zu machen. Für diese scheinbar widersprüchlichen Ergebnisse gibt es mindestens zwei Erklärungen. Eine Möglichkeit besteht darin, daß die Frauen, die eine Diät machten, in einer entscheidenden, wenn auch nicht gemessenen Form tatsächlich nahrungsdeprivierter waren als diejenigen, die keine Diät machten. In diesem Fall hätten die Frauen mit ihrem impulsiven Verhalten vielleicht ihr evolutionäres Erbe demonstriert: die Tendenz, unmittelbar verfügbare Nahrung vorzuziehen, wenn Deprivation vorliegt und in Zukunft die Fähigkeit des Nahrungserwerbs gefährden könnte. Die höhere Impulsivität bei Versuchspersonen, die angaben, eine Diät zu machen, ließe sich aber auch damit erklären, daß sie die impulsive Alternative mit Absicht wählten, um weniger Saft zu bekommen und ihre Diät nicht zu gefährden. Mit anderen Worten, diese Frauen wählten die impulsive Alternative möglicherweise als eine Strategie der Vorabfestlegung (siehe Kapitel 5) und stellten mit ihrer Entscheidung für die impulsive Alternative sicher, daß sie keine Gelegenheit erhielten, große Saftmengen zu konsumieren. Für diese Personen wäre die impulsive Alternative dann eigentlich die selbstkontrollierte Alternative gewesen. Diese Erklärung stützt unsere Behauptung aus Kapitel 2, derzufolge Selbstkontrolle und Impulsivität sich nur im Verhältnis zu anderen Lebensereignissen definieren lassen.

Um die optimale Entscheidung beim Nahrungserwerb bestimmen zu können, muß schließlich auch der Energieaufwand berücksichtigt werden.[16] Wenn die größere, weiter aufgeschobene Nahrungsmenge mit einem höheren Energieaufwand verbunden ist als die kleinere, weniger aufgeschobene Alternative, so kann die Entscheidung für die kleinere, weniger aufgeschobene Nahrungsmenge vorteilhafter sein. Impulsives Verhalten wäre in diesem Fall also vorteilhafter. In manchen Situationen spielen sowohl das Deprivationsniveau als auch der Energieaufwand eine Rolle bei der optimalen Entscheidung (siehe Kasten 6.4).

Während der ganzen Zeit fanden sie nichts Eßbares, und die mageren Vorräte, die sie hatten mitnehmen können, waren fast aufgebraucht.

„Morgen", erklärte Varnak, als sie am Abend des dritten Tages dicht gedrängt am Boden hinter den Schlitten kauerten, die nur einen kümmerlichen Windschutz abgaben, „werden wir unseren Vorrat nicht anrühren. Ich habe das sichere Gefühl, daß wir am Tag danach auf besseres Land stoßen werden."
„Wenn das Land fruchtbarer sein soll", fragte einer der Männer, „warum sollen wir uns dann nicht darauf verlassen, daß wir dort genug zu essen haben werden?", und Varnak versuchte ihn zu überzeugen: „Wenn es dort Nahrung gibt, dann brauchen wir Kraft für die Jagd. Wir müssen das Tier verfolgen, es einholen und es erlegen und viel riskieren. Und das gelingt uns nur, wenn der Bauch voll ist."[17]

Kasten 6.4

Optimaler Nahrungserwerb entspricht nicht unbedingt immer dem tatsächlichen Verhalten von Mensch und Tier. Vielmehr deuten die vorliegenden empirischen Befunde darauf hin, daß aus vielen Gründen ein suboptimaler Nahrungserwerb auftreten kann. Einem Tier fehlt möglicherweise die kognitive Fähigkeit zu bestimmen, welche Reaktion seine Überlebenschancen erhöht (siehe die Diskussion zum Zeithorizont in Kapitel 4). Außerdem hat sich dieses Tier vielleicht in einer Umwelt entwickelt, in der bestimmte Reaktionen ein adaptives Verhalten darstellen, während dieselben Reaktionen in einer völlig anderen experimentellen Umgebung fehlangepaßt sind. Schließlich müssen alle Lebewesen, um optimal reagieren zu können, über bestimmte physische Voraussetzungen und über die notwendigen Informationen aus ihrer Umwelt verfügen.[18] Wenn ein Tier in einem spezifischen Laborexperiment unfähig zu sein scheint, eine optimale Entscheidung zum Nahrungserwerb zu treffen, so braucht dieses Verhalten in der Natur nicht unbedingt eine Unfähigkeit darzustellen – dieses Verhalten kann in der jeweiligen ökologischen Nische des Tieres angesichts der spezifischen Kontingenzen perfekt darauf abgestimmt sein, die notwendige Nahrungsversorgung zu sichern.[19]

Vorratshaltung

Im Zusammenhang mit Selbstkontrolle ist ein Typus des Nahrungser-
werbverhaltens von besonderem Interesse: das *Anlegen von Nahrungsvorräten* oder, in einer allgemeineren Definition, „das Handhaben von
Nahrung mit dem Ziel, sie für den zukünftigen Verbrauch zu konservie-
ren."[20] Tiere, die Nahrungsvorräte anlegen, sammeln und horten sie, um
sie später verbrauchen zu können. Diese Vorratshaltung läßt sich insofern
als selbstkontrolliertes Verhalten beschreiben, als das Tier im Augenblick
darauf verzichtet, wertvolles Futter zu verbrauchen, um später darauf
zurückgreifen zu können, wenn es noch wertvoller sein wird.[21] Solange
ein Tier mehr Futter zur Verfügung hat, als es verbrauchen kann, ist nicht
einmal Verzicht notwendig, wenn es seine Nahrungsvorräte anlegt. Daher läßt sich in solchen Fällen das Anlegen von Vorräten kaum als selbstkontrolliertes Verhalten beschreiben. Allerdings gibt es, wie die Forschung gezeigt hat, zumindest eine Nagetierart, deren Vorratshaltung
sich eindeutig als selbstkontrolliertes Verhalten beschreiben läßt: Bei
Hamstern führt Nahrungsdeprivation zu verstärkter Vorratsbildung. Sie
verzichten darauf, momentan benötigtes Futter zu verbrauchen, um später, wenn es vielleicht noch dringender benötigt wird, darüber verfügen
zu können. Im Gegensatz zu den Hamstern erhöhen nahrungsdeprivierte
Wüstenmäuse tendenziell ihren gegenwärtigen Futterverbrauch, statt
vermehrt Vorräte anzulegen.[22] Mit anderen Worten, Deprivation führt bei
Hamstern, nicht aber bei Wüstenmäusen zu verstärkter Vorratsbildung.
Hier wäre interessant zu prüfen, inwieweit sich die natürliche Umwelt
von Hamstern und Wüstenmäusen in Zeiten des Futtermangels unterscheidet und welche Unterschiede dazu beitragen, daß das Anlegen von
Nahrungsvorräten bei Hamstern adaptiver ist als bei Wüstenmäusen.

Übermäßiges Essen

Von *übermäßigem* Essen spricht man, wenn jemand mehr ißt, als gesund
oder wünschenswert wäre. Übermäßig viel zu essen, bedeutet aus der
Sicht des Selbstkontroll-Paradigmas, daß man sich *gegen* eine höher
bewertete, aber in der Regel weiter aufgeschobene Alternative entscheidet – beispielsweise gegen einen gesünderen oder attraktiveren Körper
oder einen gesunden Appetit auf die spätere Mahlzeit. So gesehen ist das

übermäßige Essen eine impulsive Reaktion. Die meisten Menschen sagen, sie würden zumindest hin und wieder mehr essen, als ihnen gut tut.
Solange sie das nur gelegentlich tun, entsteht daraus noch kein ernsthaf-
tes Problem. Manche Menschen essen jedoch regelmäßig zuviel, was
dann sowohl gesundheitliche als auch soziale Probleme mit sich bringt.

Wenn die Ursachen bekannt wären, die ein impulsives übermäßiges
Essen hervorrufen, ließe sich dieses Problem gezielter reduzieren. Ein
Forschungsansatz wäre die evolutionäre Perspektive. In Kapitel 3 wurde
bereits darauf hingewiesen, daß in der Evolutionsgeschichte des Menschen Nahrung in der Regel knapp war und nicht selten Hungersnöte
drohten. In einer Umwelt, in der die Nahrungsversorgung höchst ungewiß ist, kommt es für Menschen – und jedes andere Lebewesen – darauf
an, jede Nahrungsquelle zu nutzen, die sich bietet. In einer solchen
Umwelt folgt auf Zeiten des Nahrungsüberflusses oft eine Zeit der Nahrungsknappheit. Deshalb ist es auch unwahrscheinlich, daß das Essen
großer Mengen dann, wenn viel Nahrung zur Verfügung steht, zu über-
dauernden Gesundheitsschäden führt – es folgt ja in der Regel wieder
eine Phase der Deprivation. Doch in der heutigen zivilisierten westlichen
Welt leben die meisten Menschen in einer Umwelt mit einem Überange-
bot an Nahrungsmitteln, und sie können auf Dauer so große Mengen an
Nahrung konsumieren, daß ihr physisches wie ihr psychisches Wohlergehen erheblich beeinträchtigt ist.

Übermäßiges Essen ist also möglicherweise ein Aspekt der Impulsivität, die zu unserem evolutionären Erbe gehört. Aber die Annahme, daß
die Evolution uns eine Neigung zu übermäßigem Essen mitgegeben hat,
sagt noch nichts darüber aus, welche physiologischen Mechanismen dafür verantwortlich sind oder welche Umweltfaktoren dieses übermäßige
Essen beeinflussen können. Da wir dieses Problem bei seinen Ursachen
erfolgreich angehen können, sollen im folgenden einige der möglichen
physiologischen Mechanismen sowie die Umweltreize dargestellt werden, die dem impulsiven übermäßigen Essen zugrunde liegen. Der Abschnitt endet mit einigen Überlegungen zu der Frage, wie sich die wissenschaftlichen Erkenntnisse in die Praxis umsetzen lassen, um übermäßiges Essen zu reduzieren.

Übermäßiges Essen ohne spezifische Nahrungspräferenzen

Beim übermäßigen Essen spielen viele verschiedene physiologische Mechanismen eine Rolle. Einige von ihnen wirken sich primär auf die langfristige Regulierung des Körpergewichts aus, andere vor allem auf die kurzfristige Regulierung des Nahrungsverbrauchs. Jeder dieser Mechanismen kann in seiner Funktion durch vielfältige Umweltfaktoren beeinflußt werden. Darüber hinaus haben auch bestimmte Umweltfaktoren Einfluß auf das übermäßige Essen, bei denen die physiologischen Wirkungsmechanismen noch nicht bekannt sind.

Ein physiologischer Mechanismus, der bei der Langzeitregulierung des Körpergewichts beteiligt ist und, wie wir wissen, auch das übermäßige Essen beeinflußt, ist die Anzahl der Fettzellen im Körper eines Menschen. *Fettzellen* sind Bindegewebszellen, die Fett speichern. Wenn diese Zellen mit viel Fett gefüllt sind, entsteht weniger Hungergefühl, als wenn sie wenig Fett enthalten. Deshalb können zwei Personen bei gleich hohem Fettanteil im Körper in verschiedenem Grade Hunger empfinden, je nachdem, in wievielen Fettzellen das Fett jeweils gespeichert ist.[23] Die Anzahl der Fettzellen ist bei jedem Menschen genetisch vorgegeben und individuell verschieden. Sie kann außerdem in jedem Lebensalter (vor allem aber in der Kindheit) durch Übergewicht zunehmen. Die einmal erreichte Anzahl der Fettzellen nimmt nicht mehr ab.[24] Wenn jemand sein Gewicht unter das einmal in seinem Leben erreichte Höchstgewicht senken konnte, kann es also sein, daß er ständig hungrig ist. Dies wiederum kann dazu führen, daß er übermäßig ißt und so das verlorene Gewicht wiedergewinnt.

Andere Faktoren, die zum übermäßigen Essen beitragen, sind bei der kurzfristigen Regulierung der Nahrungsaufnahme beteiligt. Manche Menschen scheinen sich beispielsweise unabhängig von einer physiologischen Notwendigkeit impulsiv zu überessen, wann immer Essen präsent ist. Solche Menschen reagieren auf externe Nahrungsreize. Extern ansprechbare Menschen zeigen tendenziell spezifische physiologische Reaktionen auf Nahrungsreize. Wenn sie Essen auch nur sehen oder riechen, steigt ihr Insulinspiegel, was wiederum ihr Hungergefühl und die Tendenz verstärkt, die aufgenommene Nahrung als Fett zu speichern. Mit anderen Worten, auf externe Reize reagierende Menschen werden schon durch den Anblick von Essen hungrig.[25] Frauen, die bei einem Fragebogentest eine hohe Tendenz zeigten, in Gegenwart von Essen

hungrig zu werden, reagieren auch im Labor tendenziell auf Nahrungsbelohnungen impulsiv.[26]

Nahrungsreize sind nicht die einzigen Reize, die übermäßiges Essen
auslösen. Auch andere Umweltreize, die gleichzeitig mit einem Nahrungsangebot auftreten und schließlich mit Nahrung assoziiert werden,
haben diese Wirkung. Wenn Ratten beispielsweise eine Licht/Ton-Kom-
bination dargeboten wird, auf die regelmäßig eine Mahlzeit folgt, werden
die Ratten – wie Harvey P. Weingarten gezeigt hat – dann fressen, wenn
sie satt sind.[27] Der folgende Fall könnte ein Beispiel für einen ähnlichen
Effekt bei Menschen sein. Angenommen, Sie haben gerade ein frühes
Abendessen eingenommen und machen noch einen Stadtbummel. Es ist
ein wunderschöner Sommerabend, viele Menschen sitzen in Straßenca-
fés und Biergärten. Sie treffen einen alten Freund, der in einem dieser
Restaurants essen will. Er hat noch nicht bestellt und fordert Sie auf, sich
zu ihm zu setzen. Noch vor wenigen Minuten haben Sie sich satt gefühlt,
doch jetzt beschließen Sie, noch eine Kleinigkeit zu essen. Am Ende
dieses Abends stellen Sie fest, daß Sie zwei Mahlzeiten verspeist haben,
obwohl Sie auf Ihr Gewicht achten wollten. Möglicherweise induzieren
mit Nahrung assoziierte Reize bei Ratten und Menschen eine Insulinre-
aktion, die das Hungergefühl verstärkt und impulsives Essen begünstigt,
auch wenn man satt ist.

Unser Beispiel veranschaulicht eine weitere Ursache des impulsiven
übermäßigen Essens. In Gesellschaft essen wir mehr, als wenn wir allein
sind. Experimente haben gezeigt, daß sowohl Studenten als auch Studentinnen in einer Gruppe mehr Eiscreme essen, als wenn sie allein essen.[28]
In einem anderen Experiment aßen Männer mehr Lasagne, wenn sie in
einer Gruppe und nicht allein am Tisch saßen.[29] Janet Polivy und ihre
Kollegen zeigten, daß Frauen dazu neigen, in Gesellschaft einer anderen
Frau, die viel ißt, ebenfalls viel zu essen. Umgekehrt essen sie tendenziell weniger, wenn die Mahlzeit zusammen mit einer Frau eingenommen
wird, die angibt, gerade eine Diät zu machen.[30] Welche physiologischen
Mechanismen für diese sozialen Einflüsse auf das übermäßige Essen
verantwortlich sind, läßt sich aus den bisherigen Befunden noch nicht
entnehmen.

Umweltreize können übermäßiges Essen ohne spezifische Nahrungs-
präferenzen auch dadurch auslösen, daß sie eine bevorstehende Nahrungsdeprivation signalisieren. Marcie Greenberg Lowe vermutete, daß
Menschen essen (und oft übermäßig essen), wenn sie solchen Reizen
ausgesetzt sind. Beispielsweise könnte jemand während einer Diät etwas

essen, das gegen die Diätregeln verstößt, und sich nun Gedanken darüber machen, daß er sich wieder an die Regeln halten will. Er denkt also an alle möglichen Reize, die mit der zukünftigen Nahrungsdeprivation assoziiert sind – beispielsweise an das Gebäck, das ein Kollege immer ins Büro mitbringt und das während der Diät verboten ist. Lowe führte das folgende Experiment durch, um ihre Hypothese zu prüfen, derzufolge Reize, die mit der zukünftigen Nahrungsdeprivation und der Antizipation der Diät assoziiert sind, zu einem noch stärkeren impulsiven Überessen führen (siehe Abbildung 6.1). Lowe sagte ihren Versuchspersonen, bei dem Experiment gehe es um die Auswirkungen von Hunger auf die Geschmackswahrnehmung. Dann forderte sie die Versuchspersonen auf, einige Snacks geschmacklich zu beurteilen. Zusammen mit der Aufforderung, zunächst die geschmacklichen Ausgangswerte festzustellen, teilte sie der Hälfte der Versuchspersonen mit, daß sie bis zum Ende des vierstündigen Experiments ihre normalen Tagesmahlzeiten einnehmen könnten (das Experiment war so gelegt worden, daß entweder das Mit-

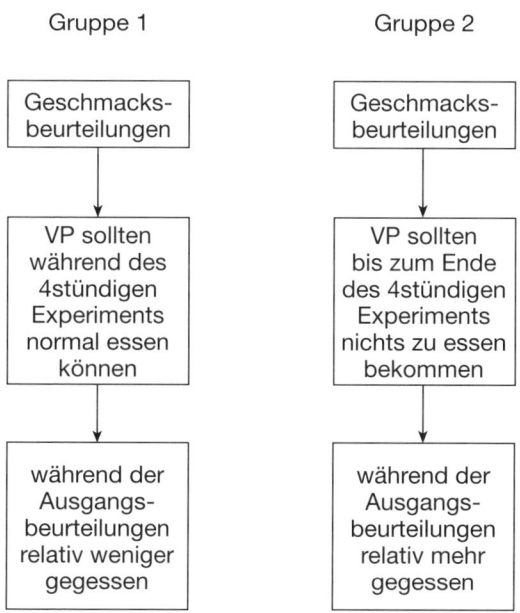

6.1 Diagramm des von Lowe eingesetzten experimentellen Verfahrens.[31]

tag- oder das Abendessen in diesen Zeitraum fiel); der anderen Hälfte sagte sie, sie könnten während dieser Zeit nichts essen. Als nun vor Beginn der Vierstundenfrist alle Versuchspersonen die Snacks probierten und beurteilten, aßen die Personen in der Versuchsgruppe, für die laut Instruktion eine Mahlzeit ausfallen sollte, bis zu der letzten Beurteilung der Snacks signifikant mehr als diejenigen Teilnehmer, die annahmen, daß sie keine Mahlzeit auslassen würden. Lowes Hypothese war damit bestätigt.[32]

Auch Nahrungsvielfalt kann übermäßiges Essen begünstigen. Wenn Menschen immer wieder dasselbe essen, nimmt ihre Vorliebe für dieses Nahrungsmittel ab. Dieser Zusammenhang wird als *wahrnehmungsspezifischer Sättigungseffekt* bezeichnet. Ein Verzehr vielfältiger Nahrungsmittel verhindert oder verringert diesen Sättigungseffekt und erhöht die Wahrscheinlichkeit übermäßigen Essens.[33] In unserer Industriegesellschaft ist es durchaus üblich, daß bei jeder Mahlzeit eine Vielfalt von Speisen angeboten wird, und diese Vielfalt fördert übermäßiges Essen.

Als letztes Beispiel dafür, wie bestimmte Umweltaspekte übermäßiges Essen begünstigen können, sei der Einfluß erwähnt, den Alkoholgenuß im Experiment hat. Insbesondere bei *gezügelten Essern* zeigt sich, daß die Überzeugung, man habe Alkohol getrunken, die Tendenz zum übermäßigen Essen fördert. Als gezügelte Esser bezeichnet man Personen, die weniger essen, als sie aufgrund ihres spontanen Eßbedürfnisses wollen. Wer eine Diät macht, ist *per definitionem* ein gezügelter Esser. Janet Polivy und C. Peter Herman untersuchten eine Stichprobe von Studentinnen, die als gezügelte Esserinnen identifiziert worden waren. Die eine Hälfte der Versuchspersonen erhielt ein alkoholisches Getränk, die andere Hälfte bekam ein Getränk mit Vitamin C. In beiden Gruppen war jeweils die Hälfte der Versuchspersonen der Meinung, Alkohol getrunken zu haben, während die andere Hälfte glaubte, sie habe keinen Alkohol zu sich genommen. Es gab also vier verschiedene Gruppen von Versuchspersonen in diesem Experiment (das einem *ausbalancierten Placebo-Versuch* entsprach).[34] Diejenigen Versuchspersonen, denen gesagt worden war, sie hätten Alkohol (und kein Vitamin-C-Getränk) zu sich genommen, aßen mehr Eiscreme, und zwar unabhängig davon, ob sie tatsächlich Alkohol konsumiert hatten oder nicht.[35] Wie dieses Experiment zeigt, ist bei gezügelten Essern nicht der Alkohol als solcher erforderlich, um die Tendenz zum Überessen zu erhöhen, sondern es genügt, daß man annimmt, man habe Alkohol konsumiert, um daraufhin übermäßig zu essen. Wenn ein gezügelter Esser tatsächlich Alkohol getrunken hat, ist das Überessen folgenschwerer als wenn er zu Unrecht glaubt, Alkohol getrunken zu haben, denn der konsumierte Alkohol enthält ebenso Kalorien wie das zusätzliche Essen.

Übermäßiges Essen bei spezifischen Nahrungsmitteln

Beim übermäßigen Essen spielt auch die Art der verfügbaren Nahrung eine Rolle. Menschen bevorzugen aufgrund ihrer genetischen Veranlagung süße und salzige Nahrungsmittel. Diese Präferenz kann durch bestimmte Erfahrungen mit süßen und salzigen Nahrungsmitteln beeinflußt werden, aber sie tritt bei den meisten Menschen schon zu dem Zeitpunkt auf, an dem sie in der Lage sind, beides zu schmecken (den süßen Geschmack von Geburt an, den salzigen etwa ab einem Alter von vier Monaten). Außerdem scheinen wir genetisch prädisponiert zu sein, hochkalorische Nahrungsmittel vorzuziehen. Diese genetische Veranlagung führt häufig zu einer Vorliebe für fettes Essen, denn ein Gramm Fett enthält doppelt so viele Kalorien wie ein Gramm Protein oder Kohlenhydrat. Diese genetisch vorgegebenen Präferenzen waren im Laufe der Evolution äußerst sinnvoll, solange Nahrungsquellen knapp waren. Die Menschen mußten möglichst viele kalorienreiche, also möglichst fette und möglichst süße Nahrungsmittel finden und konsumieren. Zucker ist eine hervorragende Energiequelle. Außerdem findet sich Zucker in der Natur meistens in reifen Früchten, die nicht nur Energie enthalten, sondern auch dringend benötigte Vitamine. Auch Salz braucht der menschliche Körper, um zu funktionieren, und in der Natur ist Salz nicht allzu leicht zu finden. Daher trug die genetische Prädisposition für süße, salzige und kalorienreiche Nahrungsmittel dazu bei, daß die ersten Menschen das aßen, was sie brauchten. Inzwischen stehen jedoch so viele fette, süße und/oder salzige Nahrungsmittel zur Verfügung, daß die Tendenz, immer dann zuzugreifen, wenn sich die Gelegenheit bietet, zu übermäßigem Essen führt – mit der Folge, daß mit dem Körpergewicht auch das Risiko zunimmt, an Diabetes, Krebs, Bluthochdruck und anderen Leiden zu erkranken.[36] Untersuchungen an Ratten und Menschen haben gezeigt, daß Situationen, in denen große Mengen äußerst schmackhafter Nahrungsmittel zur Verfügung stehen, übermäßiges Essen fördern und Fettsucht begünstigen.[37]

Viele Forscher haben sich speziell mit der Frage befaßt, welche Rolle der süße Geschmack bei der Entstehung von Übergewicht und Adipositas (Fettsucht) spielt. Nicht alle, aber zahlreiche Experimente scheinen darauf hinzudeuten, daß der süße Geschmack allgemein den Appetit und die Tendenz zum übermäßigen Essen erhöht. Das gilt ebenso für künstliche, kalorienfreie Süßstoffe wie für natürliche, kalorienhaltige Süßstoffe.[38] Teilweise mag das daran liegen, daß der Insulinspiegel ansteigt, nachdem man etwas Süßes geschmeckt hat. Der erhöhte Insulinspiegel setzt den Blutzuckerspiegel herab und verstärkt dadurch das Hungergefühl und die Tendenz, übermäßig zu essen. Süße Nahrungsmittel können den Hunger auch dadurch verstärken, daß der Blutzuckerspiegel durch die Leber gesenkt und das konsumierte Nahrungsmittel vermehrt als Fett eingelagert wird.[39]

Manche Menschen essen übermäßig, weil sie einen Heißhunger auf Kohlenhydrate haben. So gibt es unter den Patienten, die unter saisonalen depressiven Störungen (SDS) leiden, eine kleine Gruppe übergewichtiger Personen. Diese Form der Depression kommt gehäuft in den lichtarmen Wintermonaten zum Ausbruch und ist in einigen Fällen von einem Heißhunger auf Kohlenhydrate, übermäßigem Essen und Gewichtszunahme begleitet.[40] Dieser Heißhunger auf Kohlenhydrate ist möglicherweise auf eine Dysfunktion des Serotoninstoffwechsels im Gehirn zurückzuführen, genauer gesagt, auf eine quantitativ unzureichende Aktivierung des Gehirns durch Serotonin.[41] Serotonin ist ein Neurotransmitter, das heißt eine chemische Substanz, die Signale zwischen Nervenzellen übermittelt. Einige, aber nicht alle Forscher vermuten, daß Serotonin auch bei der Entstehung des Appetits auf Kohlenhydrate beteiligt ist.[42] Nach einer kohlenhydratreichen Mahlzeit erhöht sich der *Tryptophan*-Spiegel im Gehirn. Tryptophan ist eine Aminosäure, die chemisch eine Vorstufe von Serotonin darstellt. Wenn also mit der Nahrung vor allem Kohlenhydrate aufgenommen werden, kann im Gehirn mehr Serotonin gebildet werden.[43]

Ein weiteres Beispiel für übermäßiges Essen durch Heißhunger auf Kohlenhydrate läßt sich bei manchen Frauen in der zweiten Phase des Menstruationszyklus beobachten – in der sogenannten Lutealphase (nach der Ovulation). Einige Forscher vermuten, daß der Heißhunger auf Kohlenhydrate auch hier, ähnlich wie bei SDS, mit dem Serotonin-Stoffwechsel zusammenhängen könnte.[44] Als weitere Erklärung ließe sich anführen, daß der Grundumsatz bei Frauen in der zweiten Hälfte des Menstruationszyklus höher ist als in der ersten.[45] Der nachweisbar erhöhte Energieumsatz könnte den prämenstruellen Heißhunger auf hochkalorische Nahrungsmittel wie süße Kohlenhydrate (insbesondere Schokolade) erklären. Tatsächlich liegt der Energieverbrauch in der zweiten Zyklushälfte um acht bis 20 Prozent höher als in der ersten Zyklushälfte, aber in dieser Zeit steigt die gesamte Kalorienzufuhr nachweisbar um 20 bis 30 Prozent, also stärker als der Energieverbrauch.[46] Daher kann das Vorbeugen eines Energiedefizits nicht die einzige Erklärung für die Hungerattacken in der zweiten Hälfte des Zyklus sein, denn die in die Untersuchungen einbezogenen Frauen neigten dazu, in dieser Zeit mehr zu essen als zur Aufrechterhaltung des Körpergewichts erforderlich ist. Vielleicht bietet auch hier die Evolution eine Erklärungsmöglichkeit: Damit Mutter und Kind Schwangerschaft und Stillzeit gesund überstehen, werden viele zusätzliche Kalorien benötigt (50 000 bis 80 000 Kalorien mehr während der Schwangerschaft und 765 bis 980 Kalorien pro Tag mehr für das Stillen[47]). Angesichts der Tatsache, daß wir uns in einer Umwelt entwickelt haben, in der die Nahrungsversorgung oft unsicher war, wäre eine evolutionäre Entwicklung nicht überraschend, durch die der weibliche Körper in der zweiten Zyklushälfte – der Zeit, in der eine Schwangerschaft beginnen kann – zusätzlich Energie in Form von Fett speichert.[48] Bei Frauen, die tatsächlich schwanger werden, ist der Heißhunger nach der Ovulation also keine Form des übermäßigen Essens. Allerdings ist die Zahl der Schwangerschaften im Vergleich zur Zahl der Monatszyklen heute bei Frauen erheblich geringer als früher, und im Gegensatz zu früher können sie sich während der Schwangerschaft meistens auch mehr als ausreichend ernähren. Insofern sind Eßanfälle in der zweiten Zyklushälfte heute doch eine Form übermäßigen Essens.

Schließlich kann auch Streß einen übermäßigen Konsum bestimmter Nahrungsmittel hervorrufen. In vielen Experimenten wurde bei Menschen und Tieren festgestellt, daß unter körperlichem oder emotionalem Streß vermehrt bevorzugte, vertraute Nahrungsmittel verzehrt werden. Die Auswirkungen von Streß wurden unter anderem bei Laborratten getestet, indem man sie wiederholt leicht in den Schwanz zwickte. In einem dieser Experimente stellten Neil E. Rowland und Seymour M. Antelman fest, daß Ratten, die über einen Zeitraum von bis zu fünf Tagen sechsmal täglich 10 bis fünfzehn Minuten lang in den Schwanz gezwickt wurden, durchschnittlich 63 Gramm zunahmen – was 18 Prozent ihres durchschnittlichen Ausgangsgewichts entsprach. Die Ratten der Kontrollgruppe, die nicht in den Schwanz gezwickt wurden, nahmen durchschnittlich nur 17 Gramm zu.[49] Ein weiteres Beispiel für eine streßbedingte Zunahme des Eßbedürfnisses liefert eine Untersuchung von Michael B. Cantor und seinen Kollegen. Sie stellten Versuchspersonen

Aufgaben, bei denen Informationen verarbeitet werden mußten. Dabei zeigte sich, daß die Versuchspersonen während der Bearbeitung einer Aufgabe, bei der ein kreisender Punkt mit einem Stift verfolgt werden mußte, gern Snacks aßen. Wurde die Aufgabe erschwert, nahm der Snack-Konsum zu.[50] Es gibt zahlreiche Erklärungsversuche für dieses streßinduzierte übermäßige Essen. John E. Morley und Allen S. Levine beispielsweise behaupten, daß körpereigene Opiate (Endorphine) bei streßinduziertem Essen eine Rolle spielen, und begründen das mit der Beobachtung, daß die streßinduzierte Nahrungsaufnahme verhindert werden kann, wenn man durch Naloxon-Injektion die Wirkung der körpereigenen Opiate blockiert.[51]

Wie läßt sich übermäßiges Essen einschränken?

In den vorangegangenen Abschnitten wurde dargestellt, welche verschiedenen Typen von impulsivem übermäßigem Essen wir kennen und durch welche Faktoren es begünstigt wird. Bei einigen Formen des impulsiven übermäßigen Essens kennen wir Zusammenhänge mit physiologischen Mechanismen, bei anderen nicht. Auch wenn unser Wissen unvollständig ist, lassen sich – in Verbindung mit den in Kapitel 5 dargestellten allgemeinen Verfahren zur Verstärkung der Selbstkontrolle – Hinweise gewinnen, wie sich übermäßiges Essen vermeiden oder reduzieren läßt.

WIMPY: Wenn du mir heute einen Hamburger gibst, bezahle ich ihn gern am Dienstag. [Aus einem Popeye-Cartoon]

Kasten 6.5

Zum Beispiel läßt sich eine der allgemeinen Methoden zur Verstärkung der Selbstkontrolle, die Vorabfestlegung, so modifizieren, daß impulsivem übermäßigen Essen vorgebeugt wird. Mit Hilfe der Vorabfestlegung kann man die folgenden Situationen vermeiden, die zum übermäßigen Essen verleiten:

— Nahrungsreize oder mit Nahrung assoziierte Reize,
— Anreize durch Nahrungsdeprivation,
— Gelegenheiten zum Essen in Gesellschaft,

- Mahlzeiten mit vielen verschiedenen Speisen,
- Alkoholkonsum während des Essens,
- süße Nahrungsmittel,
- salzige Nahrungsmittel,
- Nahrungsmittel mit hohem Fettanteil,
- Streß in Verbindung mit Situationen, in denen man ißt, oder einfach
- allzu viele Gelegenheiten zum Essen.

In all diesen Situationen kann man durch ein wenig Vorabplanung verhindern, in Situationen zu geraten, die zum Essen verleiten. Beispielsweise kann man zum Einkaufen nur einen bestimmten Geldbetrag mitnehmen, um nicht in Versuchung zu kommen, zu große Mengen an Nahrungsmitteln zu besorgen (siehe Kasten 6.5). In der Praxis ist es natürlich sehr schwer, durch Vorabfestlegung alle zum Essen verlockenden Situationen zu meiden.

Wenn man nur ein bestimmtes Nahrungsmittel meiden will, beispielsweise raffinierten Zucker, so kann man mit sich selbst einen Vertrag abschließen (auch das eine Form der Vorabfestlegung), der einem nur dann erlaubt, etwas Schönes zu unternehmen, wenn man es geschafft hat, weniger raffinierten Zucker zu konsumieren. Solche Verträge wurden bei der Behandlung von adipösen Personen erfolgreich eingesetzt, um den Konsum ungesunder Nahrungsmittel herabzusetzen und gleichzeitig den Konsum gesunder Nahrungsmittel zu steigern und zusätzlich die gesamte Nahrungsaufnahme zu reduzieren.[52]

Wenn Verfahren der Vorabfestlegung eingesetzt werden, um impulsives übermäßiges Essen zu verhindern, müssen die Abläufe im äußeren Umfeld des ungezügelten Essers manipuliert werden, was wiederum das innere Umfeld (die Physiologie) zugunsten einer verstärkten Selbstkontrolle beeinflussen sollte. Ähnlich geht man vor, wenn man Patienten mit hellem Licht behandelt, um die Auswirkungen von SDS-Winterdepressionen und den damit verbundenen Heißhunger auf Kohlenhydrate zu verringern.[53] Das innere Umfeld läßt sich auch durch eine spezifische pharmakologische Behandlung beeinflussen. Bestimmte Wirkstoffe erhöhen beispielsweise den Serotoninspiegel und scheinen auch einige Formen des Heißhungers auf Kohlenhydrate zu reduzieren. Bei streßinduziertem übermäßigem Essen kann ein Mittel wie Naloxon, das die Endorphinwirkung hemmt, die Tendenz zu übermäßigem Essen verringern. Wirkstoffe, die ein Absinken des Blutzuckerspiegels infolge nahrungsassoziierter Reize verhindern, könnten schließlich ebenfalls dazu beitragen, übermäßiges Essen zu vermeiden. Die Forschung auf diesem Gebiet steckt allerdings noch in den Kinderschuhen.

Dieses Kapitel enthielt verschiedene Vorschläge zur Vermeidung des impulsiven übermäßigen Essens (siehe auch die Hinweise am Ende des Buches, wo die Adressen von Selbsthilfe-Einrichtungen genannt sind). Allerdings ist zu bedenken, daß eine Einschränkung des impulsiven übermäßigen Essens – etwa durch eine Diät – nicht unbedingt zu einem dauerhaften Gewichtsverlust führt. Ob jemand abnimmt, hängt nicht nur davon ab, wieviel Nahrung er aufnimmt, sondern auch davon, wie hoch sein Stoffwechselumsatz – insbesondere der Grundumsatz – ist. Der Grundumsatz ist genetisch bedingt bei manchen Menschen niedriger als bei anderen. Er kann durch häufige Diäten auf Dauer herabgesetzt sein, weil der Körper bei abnehmendem Nahrungsangebot den Stoffwechsel auf „Sparflamme" schaltet. Wenn jemand weniger ißt, heißt das also nicht unbedingt, daß er auch abnimmt. Der Einfluß des Stoffwechselumsatzes ist wahrscheinlich dafür verantwortlich, daß bei Übergewichtigen durch Interventionen mit dem Ziel einer Verhaltensänderung meist nur eine geringe Gewichtsabnahme erreicht wird – ungeachtet der umfangreichen Forschung auf diesem Gebiet. Neuere Untersuchungen deuten allerdings darauf hin, daß regelmäßiger Sport und körperliche Bewegung eine Gewichtsabnahme begünstigen, indem sie den Stoffwechselumsatz heraufsetzen[54] (siehe in Kapitel 8 das Vermeiden körperlicher Anstrengung als impulsives Verhalten bzw. die Entscheidung zwischen dem Vermeiden der kleinen, unmittelbaren körperlichen Anstrengung und dem Vermeiden der großen, langfristigen Mühe, eine gute körperliche Verfassung zu bewahren).

Anorexia nervosa

Das Handbuch *Diagnostisches und Statistisches Manual Psychischer Störungen DSM-III-R* der American Psychiatric Association definiert die Eßstörung Anorexia nervosa, die Magersucht, als „die Weigerung, das Minimum des für Alter und Größe normalen Körpergewichtes zu halten; große Angst vor Gewichtszunahme oder davor, dick zu werden, obwohl Untergewicht vorliegt; Körperschemastörungen und bei Frauen Amenorrhoe."[55] Diese Störung tritt vor allem bei jungen Mädchen und jungen Frauen in der Mittel- und Oberschicht auf – zwischen Teenageralter und den Dreißigern. Die Häufigkeit der Anorexia nervosa wird in verschiedenen Schätzungen je nach Untersuchungsgruppe zwischen einem Prozent und einem Promille (1 : 100 beziehungsweise 1 : 1000) der jungen Mädchen angegeben. Bei der Anorexia nervosa handelt es sich um eine sehr schwerwiegende Störung mit einer Mortalitätsrate von etwa 18 Prozent.[56]

Anorexia nervosa läßt sich sowohl als Selbstkontrolle als auch als Impulsivität klassifizieren. Aus der Sicht der magersüchtigen Patientin stellt sich die Weigerung zu essen als ein selbstkontrolliertes Verhalten dar. Ihre größere, weiter aufgeschobene Belohnung besteht darin, so schlank wie möglich zu sein, und nicht zu essen hilft ihr, dieses Ziel zu erreichen. Daher erscheint aus ihrer Sicht jede Nahrungsaufnahme impulsiv, da sie ja dazu führt, daß sie nicht extrem dünn wird oder bleibt.

Umgekehrt erscheint die Weigerung der Anorexie-Patientin zu essen aus der Sicht der anderen als ein impulsives Verhalten. Aus dieser Perspektive ist die größere, weiter aufgeschobene Belohnung ein langes, gesundes Leben, und die kleinere, raschere Belohnung das Dünnsein. Bei den meisten Anorexie-Patientinnen führt die Unterernährung nicht zum Tode, aber das extrem gezügelte Eßverhalten und das geringe Körpergewicht führen dazu, daß die Menstruation ausbleibt. Angesichts dieser erheblichen Beeinträchtigung der Fortpflanzungsfähigkeit ist die Nahrungsverweigerung die kurzsichtigere, impulsive Art zu reagieren. Anorexia nervosa ist ein gutes Beispiel dafür, daß oft der Kontext entscheidet, ob ein Verhalten als Selbstkontrolle oder Impulsivität zu klassifizieren ist.

Eine Studie von Staffan Sohlberg und Kollegen stützt die Klassifikation der Anorexia nervosa als impulsives Verhalten.[57] Sie interviewten 35 Erwachsene mit Anorexia nervosa oder Bulimia nervosa (einer Störung, die durch Freßanfälle und anschließendes Erbrechen charakterisiert ist und die im folgenden Abschnitt beschrieben wird). Jede Probandin wurde anhand von vier verschiedenen impulsiven Verhaltensdimensionen nach ihrer Impulsivität eingestuft. Anhand einer Ratingskala stufte jede Probandin ihre Neigung zu Eßattacken, kleptomanem Verhalten oder Drogen- und Alkoholmißbrauch ein und machte Angaben zu noch nicht lange zurückliegenden Selbstmordversuchen. Vier bis sechs Jahre später neigten Probandinnen um so eher zu anorektischen Symptomen, je höher ihre Impulsivität eingestuft worden war. Die Impulsivitäts-Ratings eigneten sich allerdings nur als Prädiktoren für anorektische Symptome. Die als impulsiver beurteilten Probandinnen zeigten zwar einige Jahre später häufiger anorektische Symptome, aber auf Depressions-Skalen oder bei

Messungen der allgemeinen psychischen Gesundheit ergaben sich keine
signifikanten Unterschiede im Vergleich zu den weniger impulsiven Probandinnen.

Wenn man die Anorexia nervosa unter dem Aspekt der Selbstkontrolle
analysiert, liegt die Vermutung nahe, daß sich Männer und Frauen auch
hier im Hinblick auf Selbstkontrolle und Impulsivität unterscheiden (siehe den Abschnitt über geschlechtsspezifische Unterschiede in Kapitel 4).
Eine Behandlung der Anorexia nervosa müßte dann darauf abzielen, den
Aufschub der langfristigen Gesundheitsprobleme durch Magersucht
möglichst kurz erscheinen zu lassen. So könnte ein Gespräch mit anderen magersüchtigen Frauen, die unter den gesundheitlichen Folgen ihrer
Anorexia nervosa leiden, therapeutisch sinnvoll sein. Außerdem könnte
man versuchen, den Wert, den das Dünnsein für die Anorexie-Patientin
hat, schrittweise herabzusetzen, indem man sie davon überzeugt, daß in
den Medien das Bild der attraktiven Frau zwar oft durch eine extrem
schlanke Figur gekennzeichnet ist, daß dieses extreme Schlankheitsideal
aber keineswegs von der Allgemeinheit als attraktiv bewertet wird. Diese
Behandlungsmöglichkeiten reichen natürlich allein nicht aus – Anorexia
nervosa ist bekanntermaßen schwer zu behandeln. Daher empfiehlt sich
wahrscheinlich eine Kombination unterschiedlicher Behandlungsansätze
aus Einzel- und Gruppentherapie, Familientherapie, pharmakologischer
Behandlung, Ernährungsberatung und spezifischen Beratungsgesprä-
chen[58] (siehe auch im Anhang des Buches weitere Informationen und
Selbsthilfe-Einrichtungen).

Bulimia nervosa

Die Definition, die die American Psychiatric Association für die *Bulimia
nervosa* angibt, ist in einiger Hinsicht sehr ähnlich wie bei der Anorexia
nervosa. Sie enthält drei charakteristische Merkmale: „a) Wiederholte
Episoden von Freßanfällen (schnelle Aufnahme einer großen Nahrungsmenge innerhalb einer bestimmten Zeitspanne). b) Das Gefühl, das Eßverhalten während der Freßanfälle nicht kontrollieren zu können. c)
Selbstinduziertes Erbrechen, Mißbrauch von Laxantien oder Diuretika
und strenge Diät oder Fasten oder übermäßige körperliche Betätigung
zur Verhinderung einer Gewichtszunahme. Eine andauernde übertriebene
Beschäftigung mit Figur und Gewicht.“[59] Mit anderen Worten, Bulimiker

sind ähnlich wie Anorektiker extrem auf ihr Körpergewicht fixiert und unternehmen alles, um nicht zuzunehmen – eben bis hin zur Einnahme von Abführ- und Entwässerungsmitteln und dem selbstinduzierten Erbrechen. Bei den Patienten handelt es sich ebenfalls häufig um junge erwachsene Frauen. Schätzungen der Prävalenz unter jungen Frauen um die Zwanzig schwanken zwischen einem und 19 Prozent. Bei der Bulimie kommt es, ähnlich wie bei der Anorexie, aufgrund der Eßstörung zu schwerwiegenden physiologischen Störungen. Wiederholtes Erbrechen beispielsweise kann zu Halsentzündungen, schweren Schädigungen der Zähne durch den Magensaft, zu Dehydratation, Herzrhythmusstörungen und auch zum Tod führen. Der entscheidende Unterschied zwischen Anorexie und Bulimie liegt darin, daß Bulimikerinnen die Nahrungsaufnahme nicht völlig verweigern, sondern sogar immer wieder große Mengen an Nahrung zu sich nehmen (in der Regel zwischen 1 000 bis 55 000 Kilokalorien bei einer einzigen Eßattacke). Um den dickmachenden Effekt der aufgenommenen Kalorien zu verhindern, setzen sie dann verschiedene Methoden ein.[60] Aus ihrer eigenen Sicht schwankt eine Bulimikerin zwischen Impulsivität (der unkontrollierten Nahrungsaufnahme) und Selbstkontrolle (Entleerung). Aus der Sicht ihrer Umgebung schwankt sie dagegen zwischen einer Form des impulsiven Verhaltens (übermäßig essen, Eßattacke) und einem zweiten impulsiven Verhalten (ungesunde Art, die aufgenommenen Kalorien wieder loszuwerden). Weder das unkontrollierte Essen noch die ebenso ungesunde Art der Entleerung ist letzten Endes gesundheitlich zuträglich.

Audrey J. Ruderman betrachtet die bulimischen Eßattacken ebenfalls als Form von Impulsivität.[61] Dabei nimmt eine Bulimikerin ihre Eßattacke als Kontrollverlust wahr, wobei diese Wahrnehmung ihrerseits zur Folge hat, daß sich die Eßattacke verstärkt, bis sie letztendlich durch Erbrechen beendet wird. Rudermans Beschreibung der Eßattacken von Bulimikerinnen gleicht der Beschreibung des *Abstinenz-Abbruch-Effekts* (AAE), der ursprünglich zur Erklärung der Frage untersucht wurde, warum Drogenabhängige nach einem Entzug wieder abhängig werden. Der AAE bewirkt bei einem Rückfall, wenn also die Selbstkontrolle erst einmal verloren ist, daß die Betroffenen sich selbst als willensschwache Süchtige wahrnehmen, was ihnen Selbstkontrolle danach noch schwieriger macht. Man vermutet, daß der AAE-Effekt ein Mechanismus ist, der bei vielen Eßstörungen und anderen Formen impulsiven Verhaltens eine Rolle spielt.[62] Der Klassifikation von bulimischen Eßattacken als Fällen von AAE entspricht der Befund, daß Bulimiker bei ihren Eßattacken einen höheren Anteil fettreicher Nahrungsmittel (deren impulsiven Verzehr sie sich sonst verbieten) aufnehmen als in Zeiten der normalen Nahrungsaufnahme.[63]

Wie die Anorexia nervosa läßt sich auch die Bulimia nervosa unterstützend behandeln, indem man Methoden einbezieht, die eine selbstkontrollierte Entscheidung für die langfristigen gesundheitlichen Vorteile begünstigt. Viele Forscher plädieren auch für den Einsatz von Antidepressiva, um das unkontrollierte Essen und selbstinduzierte Erbrechen einzudämmen.[64] Eine solche Behandlungsstrategie liegt aufgrund anderer Befunde nahe, die belegen, daß Streß und aversive Stimmungslagen allgemein die Tendenz zum übermäßige Essen begünstigen.[65] Möglicherweise liegt diesen Formen impulsiven Essens und Trinkens, die mit Angst und Depression verbunden sind, ein gemeinsamer physiologischer Mechanismus zugrunde. Jedenfalls handelt es sich bei der Bulimia nervosa, ähnlich wie bei der Anorexia nervosa, um eine schwere Eßstörung, bei der eine professionelle Behandlung erforderlich ist (siehe Anhang des Buches mit weiteren Informationen und Selbsthilfe-Einrichtungen).

Fazit

Wie viele Aspekte unseres Verhaltens scheint auch das Eßverhalten häufig impulsiv zu sein – viele von uns essen oft übermäßig, und einige von uns sind anorektisch oder bulimisch. Im häufigsten Fall impulsiven Eßverhaltens, dem übermäßigen Essen, handelt es sich um ein evolutionäres Erbe, das in den meisten Phasen der Evolution durchaus adaptiv gewesen ist. Eine übermäßige Aufnahme von Nahrung, die gerade verfügbar war, konnte über spätere Zeiten der Nahrungsknappheit hinweghelfen. Inzwischen allerdings steht uns praktisch immer Nahrung zur Verfügung, so daß wir auch regelmäßig zuviel essen können, und auf Dauer ist das unserer Gesundheit abträglich. Angesichts dieser aufgeschobenen Nachteile entspricht dieses Eßverhalten deshalb heute einem impulsiven Verhalten. Im Hinblick auf Ernährung und auch andere Aspekte unseres Verhaltens scheint uns die Evolution bestens auf eine Umwelt vorbereitet zu haben, die sich von unserer heutigen Umwelt enorm unterscheidet. Wenn wir uns gesund ernähren wollen, müssen wir oft bewußt einige Auswirkungen unseres evolutionären Erbes ausschalten. Aufgrund der entscheidenden Rolle der Nahrungsaufnahme während der Evolution sollte es nicht überraschen, wenn sich beim Menschen und bei anderen Arten ein physiologischer Mechanismus entwickelt hätte, der übermäßiges Essen bei jeder sich bietenden Gelegenheit begünstigt. Bis zu einem gewissen Grad scheint das jedenfalls so zu sein. Beim impulsiven übermäßigen Essen sind offensichtlich bestimmte physiologische Mechanismen am Werk.

Anmerkungen

1. Skinner, B. F. *Notebooks.* Englewood Cliffs, NJ (Prentice Hall) 1980. S. 59.
2. Brownell, K. D. *Dieting and the Search for the Perfect Body: Where Physiology and Culture Collide.* In: *Behavior Therapy* 22 (1991) S. 1–12.
3. Menzel, E. W.; Wyers, E. J. *Cognitive Aspects of Foraging Behavior.* In: Kamil, A. C.; Sargent, T. D. (Hrsg.) *Foraging Behavior: Ecological, Ethological, and Psychological Approaches.* New York (Garland) 1981. S. 355–377 (S. 355).
4. Fantino, E. *Contiguity, Response Strength, and the Delay-reduction Hypothesis.* In: Harzem, P.; Zeiler, M. D. (Hrsg.) *Predictability, Correlation, and Contiguity.* New York (Wiley) 1981. S. 169–201.
    Fantino, E.; Abarca, N. *Choice, Optimal Foraging, and the Delay-reduction Hypothesis.* In: *The Behavioral and Brain Sciences* 8 (1985) S. 315–330.
5. Kamil, A. C.; Sargent, T. D. *Introduction.* In: Kamil, A. C.; Sargent, T. D. *Foraging Behavior: Ecological, Ethological, and Psychological Approaches.* New York (Garland) 1981. S. xiii–xvii.
6. Stephens, D. W.; Krebs, J. R. *Foraging Theory.* Princeton, NJ (Princeton University Press) 1986.
7. Logue, A. W. *Research on Self-control: An Integrating Framework.* In: *Behavioral and Brain Sciences* 11 (1988) S. 665–709.
8. *Annie.* Manuskript in der Theatre Collection der New York Public Library for the Performing Arts. New York, NY (20. Oktober 1981).
9. Bradshaw, C. M.; Szabadi, E. *Choice between Delayed Reinforcers in a Discrete-trials Procedure: The Effect of Deprivation Level.* In: *The Quarterly Journal of Experimental Psychology* 44B (1992) S. 1–16.
    Christensen-Szalanski, J. J. J.; Goldberg, A. D.; Anderson, M. E.; Mitchell, T. R. *Deprivation, Delay of Reinforcement, and the Selection of Behavioral Strategies.* In: *Animal Behavior* 28 (1980) S. 341–346.
    Collier, G. H. *Determinants of Choice.* In: Bernstein, D. J. (Hrsg.) *Nebraska Symposium on Motivation.* Lincoln, NE (University of Nebraska Press) 1982. S. 69–127.

Eisenberger, R.; Masterson, F. A. *Effects of Prior Learning and Current Motivation on Self-control.* In: Nevin, J. A.; Rachlin, H. (Hrsg.) *Quantitative Analyses of Behavior: Vol. 5, The Effects of Delay and Intervening Events on Reinforcement Value.* Hillsdale, NJ (Erlbaum) 1987. S. 267–282.

Logue, A. W.; Peña-Correa, T. E. *The Effect of Food Deprivation on Self-control.* In: *Behavioural Processes* 10 (1985) S. 355–368.

Snyderman, M. *Optimal Prey Selection: The Effects of Food Deprivation.* In: *Behaviour Analysis Letters* 3 (1983) S. 359–369.

10. Logue, A. W.; Chavarro, A.; Rachlin, H.; Reeder, R. W. *Impulsiveness in Pigeons Living in the Experimental Chamber.* In: *Animal Learning and Behavior* 16 (1988) S. 31–39.

11. Logue *Research on Self-control.* S. 665–709.

12. Caraco, T. *White-crowned Sparrows (Zonotrichia leucophrys): Foraging Preferences in a Risky Environment.* In: *Behavioral Ecology and Sociobiology* 12 (1983) S. 63–69.

Caraco, T.; Martindale, S.; Whittam, T. S. *An Empirical Demonstration of Risk-sensitive Foraging Preferences.* In: *Animal Behaviour* 28 (1980) S. 820–830.

Stephens; Krebs *Foraging Theory.*

13. Kagel, J. H.; MacDonald, D. N.; Battalio, R. C.; White, S.; Green, L. *Risk Aversion in Rats (Rattus norvegicus) Under Varying Levels of Resource Availability.* In: *Journal of Comparative Psychology* 100 (1986) S. 95–100.

14. Tobin, H.; Logue, A. W. *Self-control Across Species (Columba livia, Homo sapiens, and Rattus norvegicus).* In: *Journal of Comparative Psychology* (im Druck).

15. Logue, A. W.; King, G. R. *Self-control and Impulsiveness in Adult Humans when Food is the Reinforcer.* In: *Appetite* 17 (1991) S. 105–120.

16. Stephens; Krebs *Foraging Theory.*

17. Michener, J. *Alaska.* Düsseldorf (Econ) 1989. S. 45.

18. Collier *Determinants of Choice.* S. 69–127.

Houston, A. I.; McNamara, J. M. *The Variability of Behaviour and Constrained Optimization.* In: *Journal of Theoretical Biology* 112 (1985) S. 265–273.

McNamara, J. M.; Houston, A. I. *Optimal Foraging and Learning.* In: *Journal of Theoretical Biology* 117 (1985) S. 231–249.

19. Real, L. A. *Animal Choice Behavior and The Evolution of Cognitive Architecture.* In: *Science* 253 (1991) S. 980–986.

20. Vander Wall, S. B. *Food Hoarding in Animals.* Chicago (University of Chicago Press) 1990. S. 1.

21. Cole, M. R. *Operant Hoarding: A New Paradigm for the Study of Self-control.* In: *Journal of the Experimental Analysis of Behavior* 53 (1990) S. 247–261.

22. Wong, R. *Hoarding Versus the Immediate Consumption of Food Among Hamsters and Gerbils.* In: *Behavioural Processes* 9 (1984) S. 3–11.
23. Le Magnen, J. *Hunger.* New York (Cambridge University Press) 1985.
    Sjöström, L. *The Contribution of Fat Cells to the Determination of Body Weight.* In: Stunkard, A. J. (Hrsg.) *Symposium on Obesity: Basic Mechanisms and Treatment.* Philadelphia (W. B. Saunders) 1978. S. 493–521.
24. Björntor, P. *Fat Cell Distribution and Metabolism.* In: Wurtman, R. J.; Wurtman, J. J. (Hrsg.) *Human Obesity.* New York (New York Academy of Sciences) 1987. S. 66–72.
    Sjöström *The Contribution of Fat Cells.* S. 493–521.
25. Rodin, J. *Insulin Levels, Hunger, and Food Intake: An Example of Feedback Loops in Body Weight Regulation.* In: *Health Psychology* 4 (1985) S. 1–24.
26. Forzano, L. B.; Logue, A. W. *Predictors of Adult Humans' Self-control and Impulsiveness for Food Reinforcers.* In: *Appetite* 19 (1992) S. 33–47.
27. Weingarten, H. P. *Conditioned Cues Elicit Feeding in Sated Rats: A Role for Learning in Meal Initiation.* In: *Science* 220 (1983) S. 431–433.
28. Berry, S. L.; Beatty, W. W.; Klesges, R. C. *Sensory and Social Influences on Ice Cream Consumption by Males and Females in a Laboratory Setting.* In: *Appetite* 6 (1985) S. 41–45.
29. Edelman, B.; Engell, D.; Bronstein, P.; Hirsh, E. *Environmental Effects on the Intake of Overweight and Normal-weight Men.* In: *Appetite* 7 (1986) S. 71–83.
30. Polivy, J.; Herman, C. P.; Younger, J. C.; Erskine, B. *Effects of a Model on Eating Behavior: The Induction of a Restrained Eating Style.* In: *Journal of Personality* 47 (1979) S. 100–117.
31. Lowe, M. G. *The Role of Anticipated Deprivation in Overeating.* In: *Addictive Behaviors* 7 (1982) S. 103–112.
32. Ibid.
33. Clifton, P. G.; Burton, M. J.; Sharp, C. *Rapid Loss of Stimulus-specific Satiety after Consumption of a Second Food.* In: *Appetite* 9 (1987) S. 149–156.
    Rolls, B. J.; Rowe, E. A.; Rolls, E. T.; Kingston, B.; Megson, A.; Gunary, R. *Variety in a Meal Enhances Food Intake in Man.* In: *Physiology and Behavior* 26 (1981) S. 215–221.
34. George, W. H.; Marlatt, G. A. *Alcoholism: The Evolution of a Behavioral Perspective.* In: Galanter, M. (Hrsg.) *Recent Developments in Alcoholism,* Vol 1. New York (Plenum) 1983. S. 105–138.
    Marlatt, G. A.; Demming, B.; Reid, J. B. *Loss of Control Drinking in Alcoholics: An Experimental Analogue.* In: *Journal of Abnormal Psychology* 81 (1973) S. 233–241.
35. Polivy, J.; Herman, C. P. *Effects of Alcohol on Eating Behavior: Influence of Mood and Perceived Intoxication.* In: *Journal of Abnormal Psychology* 85 (1976) S. 601–606.

36. Logue, A. W. *Die Psychologie des Essens und Trinkens.* Heidelberg (Spektrum Akademischer Verlag) 1995.
    Simopoulos, A. P. *Characteristics of Obesity: An Overview.* In: Wurtman, R. J.; Wurtman, J. J. (Hrsg.) *Human Obesity.* New York (New York Academy of Sciences) 1987. S. 4–13.
37. Bobroff, E. M.; Kisselif, H. R. *Effects of Changes in Palatability on Food Intake and the Cumulative Food Intake Curve in Man.* In: *Appetite* 7 (1986) S. 85–96.
    Jordan, H. A.; Spiegel, T. A. *Palatability and Oral Factors and Their Role in Obesity.* In: Kare, M. R.; Maller, O. (Hrsg.) The *Chemical Senses and Nutrition.* New York (Academic Press) 1977. S. 393–410.
    Sclafani, A.; Springer, D. *Dietary Obesity in Adult Rats: Similarities to Hypothalamic and Human Obesity Syndromes.* In: *Physiology and Behavior* 17 (1976) S. 461–471.
38. Blundell, J. E.; Hill, A. J. *Paradoxical Effects of an Intense Sweetener (Aspartame) on Appetite.* In: *The Lancet* (10. Mai 1986) S. 1092–1093.
    Brala, P. M.; Hagen, R. L. *Effects of Sweetness Perception and Caloric Value of a Preload on Short-Term Intake.* In: *Physiology and Behavior* 30 (1983) S. 1–9.
    Porikos, K. P.; Koopmans, H. S. *The Effect of Non-nutritive Sweeteners on Body Weight in Rats.* In: *Appetite* 11, Supplement (1988) S. 12–15.
    Tordoff, M. G.; Friedman, M. E. *Drinking Saccharin Increases Food Intake and Preference, I. Comparison with Other Drinks.* In: *Appetite* 12 (1989) S. 1–10.
39. Geiselman, P. J. *Sugar-induced Hyperphagia: Is Hyperinsulinemia, Hypoglycemia, or Any Other Factor a Necessary Condition?* In: *Appetite* 11, Supplement (1988) S. 26–34.
    Rodin *Insulin Levels, Hunger, and Food Intake.* S. 1–24.
    Simon, C.; Schlienger, J. L.; Sapin, R.; Imler, M. *Cephalic Phase Insulin Secretion in Relation to Food Presentation in Normal and Overweight Subjects.* In: *Physiology and Behavior* 36 (1986) S. 465–469.
    Tordoff, M. G.; Friedman, M. I. *Drinking Saccharin Increases Food Intake and Preference, IV. Cephalic Phase and Metabolic Factors.* In: *Appetite* 12 (1989) S. 37–56.
    Vasselli, J. R. *Carbohydrate Ingestion, Hypoglycemia, and Obesity.* In: *Appetite* 6 (1985) S. 53–59.
40. Wurtman, R. J.; Wurtman, J. J. *Carbohydrates and Depression.* In: *Scientific American* 360 (1989) S. 68–75.
41. Silverstone, T. *Mood and Food: A Psychopharmacological Enquiry.* In: Wurtman, R. J.; Wurtman, J. J. (Hrsg.) *Human Obesity.* New York (New York Academy of Sciences) 1987. S. 264–268.
    Wurtman, J. J. *Disorders of Food Intake*: *Excessive Carbohydrate Snack Intake Among a Class of Obese People.* In: Wurtman, R. J.; Wurtman, J. J.

(Hrsg.) *Human Obesity*. New York (New York Academy of Sciences) 1987. S. 197–202.

Wurtman; Wurtman *Carbohydrates and Depression*. S. 68–75.

42. Wurtman, J. J. *Neurotransmitter Regulation of Protein and Carbohydrate Consumption*. In: Miller, S. A. (Hrsg.) *Nutrition and Behavior*. Philadelphia (Franklin Institute) 1981. S. 69–75.

    Wurtman, R. J.; Wurtman, J. J. *Nutrients, Neurotransmitter Synthesis, and the Control of Food Intake*. In: Stunkard, A. J.; Stellar, E. (Hrsg.) *Eating and Its Disorders*. New York (Raven Press) 1984. S. 77–86.

    Wurtman, R. J.; Wurtman, J. J. *Do Carbohydrates Affect Food Intake Via Neurotransmitter Activity?* In: *Appetite* 11, Supplement (1988) S. 42–47.

43. Logue *Die Psychologie des Essens und Trinkens*.

44. Wurtman; Wurtman *Carbohydrates and Depression*. S. 68–75.

45. *Energy Expenditure During the Menstrual Cycle*. In: *Nutrition Reviews* 45 (1987) S. 102–103.

    Leiter, L. A.; Hrboticky, N.; Anderson, G. H. *Effects of l-Tryptophan on Food Intake and Selection in Lean Men and Women*. In: Wurtman, R. J.; Wurtman, J. J. (Hrsg.) *Human Obesity*. New York (New York Academy of Sciences) 1987. S. 327–328.

    St. Jeor, S. T.; Sutnick, M. R.; Scott, B. J. *Nutrition*. In: Blechman, E. A.; Brownell, K. D. (Hrsg.) *Handbook of Behavioral Medicine for Women*. New York (Pergamon) 1988. S. 269–290.

46. *Energy Expenditure*. S. 102–103.

    Leiter; Hrboticky; Anderson *Effects of l-Tryptophan*. S. 327–328.

    St. Jeor; Sutnick; Scott *Nutrition*. S. 269–290.

47. Frisch, R. E. *Fatness and Fertility*. In: *Scientific American* 258 (1988) S. 88–95.

    St. Jeor; Sutnick; Scott *Nutrition*. S. 269–290.

48. Logue *Die Psychologie des Essens und Trinkens*.

49. Rowland, N. E.; Antelman, S. M. *Stress-induced Hyperphagia and Obesity in Rats: A Possible Model for Understanding Human Obesity*. In: *Science* 191 (1976) S. 310–312.

50. Cantor, M. B.; Smith, S. E.; Bryan, B. R. *Induced Bad Habits: Adjunctive Ingestion and Grooming in Human Subjects*. In: *Appetite* 3 (1982) S. 1–12.

51. Morley, J. E.; Levine, A. S. *Stress-induced Eating is Mediated Through Endogenous Opiates*. In: *Science* 209 (1980) S. 1 259–1 261.

    Morley, J. E.; Levine, A. S. *Endogenous Opiates and Stress-induced Eating*. In: *Science* 214 (1981) S. 1150–1151.

52. McReynolds, W. T.; Green, L.; Fisher, E. B. *Self-control as Choice Management with Reference to the Behavioral Treatment of Obesity*. In: *Health Psychology* 2 (1983) S. 261–276.

Nelson, L. J.; Hekmat, H. *Promoting Healthy Nutritional Habits by Paradigmatic Behavior Therapy.* In: *Journal of Behavior Therapy and Experimental Psychiatry* 22 (1991) S. 291–298.

53. Wurtman; Wurtman *Carbohydrates and Depression.* S. 68–75.

54. Logue *Die Psychologie des Essens und Trinkens.*

55. American Psychiatric Association *Diagnostisches und Statistisches Manual Psychischer Störungen DSM-III-R.* Weinheim (Beltz) 1989. S. 97.

56. Logue *Die Psychologie des Essens und Trinkens.*

57. Sohlberg, S.; Norring, C.; Holmgren, S.; Rosmark, B. *Impulsivity and Longterm Prognosis of Psychiatric Patients with Anorexia Nervosa.* In: *The Journal of Nervous and Mental Disease* 177 (1989) S. 249–258.

58. Bemis, K. M. *Current Approaches to the Etiology and Treatment of Anorexia Nervosa.* In: *Psychological Bulletin* 85 (1978) S. 593–617.
   Garfinkel, P. E.; Garner, D. M. *Anorexia Nervosa.* New York (Brunner/Mazel) 1982.

59. American Psychiatric Association *Diagnostisches und Statistisches Manual Psychischer Störungen DSM-III-R.* Weinheim (Beltz) 1989. S. 99.

60. Logue *Die Psychologie des Essens und Trinkens.*

61. Ruderman, A. J. *Dietary Restraint: A Theoretical and Empirical Review.* In: *Psychological Bulletin* 99 (1986) S. 247–262.

62. Marlatt, G. A.; Gordon, J. R. *Determinates of Relapse: Implications for the Maintenance of Behavior Change.* In: Davidson, P. O. Davidson, S. M. (Hrsg.) *Behavioral Medicine: Changing Health Lifestyles.* New York (Brunner/Mazel) 1980. S. 410–452.

63. Kales, E. F. *Macronutrient Analysis of Binge Eating in Bulimia.* In: *Physiology and Behavior* 48 (1990) S. 837–840.

64. Agras, W. S. *Eating Disorders: Management of Obesity, Bulimia, and Anorexia Nervosa.* New York (Pergamon) 1987.
   Hudson, J. I.; Pope, H. G.; Jonas, J. M. *Treatment of Bulimia with Antidepressants: Theoretical Considerations and Clinical Findings.* In: Stunkard, A. J.; Stellar, E. (Hrsg.) *Eating and its Disorders.* New York (Raven Press) 1984. S. 259–273.

65. Logue *Die Psychologie des Essens und Trinkens.*

7. Sucht- und Genußmittel

Der Mißbrauch von Suchtmitteln wie Alkohol, Nikotin und Rauschgift ist in unserer westlichen Gesellschaft in jeder Hinsicht ein enormes Problem. Solche psychoaktiven Substanzen wollen wir für die Zwecke dieses Kapitels unter dem Namen „Drogen" zusammenfassen. Entsprechend definieren wir Drogenmißbrauch als „Gebrauch einer Substanz in einer Weise, in Mengen oder in Situationen, die dazu führen, daß Probleme entstehen oder das Risiko von Problemen sich beträchtlich erhöht. Diese Probleme können sozialer (einschließlich rechtlicher), beruflicher, psychologischer oder physischer Art sein."[1] In den USA sind etwa 5,5 Millionen Menschen von illegalen Drogen abhängig.[2] Von diesen 5,5 Millionen sind etwa ein bis drei Millionen kokainabhängig und gelten als behandlungsbedürftig.[3] Viele Menschen konsumieren auch legale Drogen, die aber trotz ihrer Legalität potentiell sehr schädlich sind. So gibt es in den Vereinigten Staaten beispielsweise 54 Millionen Raucher.[4] Außerdem haben etwa 13 Prozent der amerikanischen Erwachsenen zu irgend einem Zeitpunkt ihres Lebens die Kriterien der *American Psychiatric Association* für Alkoholmißbrauch oder Alkoholabhängigkeit erfüllt, und noch sehr viel mehr hatten weniger schwere Probleme mit ihrem Alkoholkonsum.[5] Darüber hinaus entspricht in den Vereinigten Staaten der Pro-Kopf-Verbrauch an Koffein, wenn man allein den Verbrauch an Kaffee und Tee berücksichtigt, etwa 200 Milligramm täglich[6], also etwa zwei Tassen aufgebrühtem Kaffee. Würde man das Koffein in Cola-Getränken dazuzählen (ein solches Getränk enthält etwa so viel Koffein wie eine halbe Tasse Kaffee)[7], so lägen diese Zahlen zum Koffeinverbrauch noch erheblich höher. Diese Liste der Drogen, die in den USA, und in ähnlicher Prävalenz auch in Westeuropa, häufig mißbraucht werden, ließe sich verlängern.

   Drogenmißbrauch hat in zweierlei Hinsicht mit Impulsivität zu tun. Zunächst einmal kann Drogenkonsum als impulsives Verhalten beschrieben werden, denn der Konsum aller oben genannten Drogen verschafft nur einen unmittelbaren Genuß, kann aber auf längere Sicht schwere irreversible Schädigungen hervorrufen. Drogenkonsum läßt sich als Ent-

scheidung für den unmittelbaren Vorteil des Drogengenusses sowie den
unmittelbaren Vorteil, eventuelle Entzugserscheinungen zu vermeiden,
beschreiben – zu Lasten des langfristigen Vorteils, sich nicht der Gefahr
einer Zerrüttung der eigenen Gesundheit, der Familie und der beruflichen Existenz auszusetzen.

Drogenkonsum ist jedoch nicht immer gleichbedeutend mit impulsivem Verhalten, das Selbstkontrolle ausschließt. Wenn man Drogenkonsum als ausschließlich impulsives Verhalten definieren wollte, müßte er zwangsläufig zu einigen langfristigen negativen Folgen führen. Nun ist das aber nicht immer der Fall, insbesondere dann nicht, wenn der Drogenkonsum sehr eingeschränkt ist. Wer hin und wieder ein alkoholisches Getränk zu sich nimmt und keine gesundheitlichen Probleme hat, die durch Alkohol verschärft würden, verhält sich nicht im negativen Sinne impulsiv. Bei vielen Drogen treten Probleme erst dann auf, wenn sie ständig konsumiert werden.

Zweitens hat Drogenkonsum insofern mit Impulsivität zu tun, als der Gebrauch einiger, wenn auch natürlich nicht aller Drogen die Tendenz zu impulsivem Verhalten verstärken kann. Mit anderen Worten, die Droge kann impulsives Verhalten in der Zukunft begünstigen. Eine solche drogeninduzierte Impulsivität könnte sich darin zeigen, daß der Betreffende noch mehr Drogen konsumiert oder sich in seinem Alltag generell impulsiver verhält.

In diesem Kapitel befassen wir uns sowohl mit dem Drogenkonsum als Form der Impulsivität als auch mit impulsivem Verhalten, das aus dem Konsum von Drogen resultiert. Im Mittelpunkt stehen dabei fünf Drogen, die in den Vereinigten Staaten wie in vielen anderen Regionen eine besonders große Rolle spielen: Alkohol, Kokain, Cannabis, Nikotin und Koffein. Im letzten Teil des Kapitels ist eine vorläufige Liste mit Vorschlägen zur Reduzierung des Drogenmißbrauchs enthalten. Diese Vorschläge stützen sich auf die Definition des Drogenmißbrauchs im Rahmen von Selbstkontrolle und Impulsivität. Zum Teil geht es darum, die Umweltbedingungen so zu verändern, daß der Drogenmißbrauch eingeschränkt wird. Drogen wirken für Abhängige wie Belohnungen, und Verhalten, das darauf ausgerichtet ist, sie zu bekommen, unterliegt weitgehend denselben Umwelteinflüssen wie Verhalten, das darauf ausgerichtet ist, andere Belohnungen zu bekommen.[8] Außerdem werden Methoden vorgestellt, bei denen die physiologische Abhängigkeit mit pharmakologischen Mitteln gemildert und auf diese Weise der Verzicht auf Drogen erleichtert werden soll.

Mißbrauch von Suchtmitteln und Impulsivität

Alkohol

Fortgesetzter Alkoholmißbrauch paßt ohne weiteres in unsere Definition von impulsivem Verhalten. Zunächst einmal verschafft der wiederholte Genuß von Alkohol oft eine unmittelbare Befriedigung. Manche Menschen trinken Alkohol, um ihre inneren Spannungen abzubauen (auch wenn die Spannungsreduktion keine umfassende Erklärung für Alkoholismus bietet).[9] Bei vielen Alkoholikern läßt Alkoholkonsum auch ziemlich rasch die äußerst unangenehmen Entzugserscheinungen abklingen. Viele andere vermeintlich angenehmen Auswirkungen des Alkoholkonsums beruhen aber weniger auf tatsächlichen physiologischen Veränderungen, als vielmehr darauf, daß man bestimmte Wirkungen durch Alkohol erwartet. Das läßt sich in Experimenten zeigen. So erklären Versuchspersonen bestimmte eigene Reaktionen mit der vermeintlichen Wirkung von Alkohol, wenn sie (fälschlicherweise) annehmen, sie hätten Alkohol konsumiert, und wenn sie (fälschlicherweise) vermuten, sie hätten keinen Alkohol konsumiert, führen sie ihre Reaktionen auf die vermeintliche Nüchternheit zurück.[10] Beispielsweise beruht die Annahme, daß Alkohol die Stimmung hebt und die sexuelle Aktivität steigert, allein auf den Erwartungen der Konsumenten und nicht auf tatsächlichen physiologischen Wirkungen des Alkohols.[11] Die Stimmung von Versuchspersonen hellt sich auf, und ihre sexuelle Reaktionsbereitschaft nimmt auch ohne Alkoholkonsum zu, wenn sie fälschlicherweise vermuten, sie hätten Alkohol getrunken; umgekehrt hellt sich ihre Stimmung nicht auf, und ihre sexuelle Aktivität nimmt nicht zu, wenn sie Alkohol getrunken haben, aber fälschlicherweise meinen, sie hätten keinen Alkohol konsumiert. Manche Trinker machen sich die allgemeine Unkenntnis über die tatsächlichen physiologischen Wirkungen des Alkohols zunutze, indem sie ihren Alkoholkonsum als Rechtfertigung für Verhaltensweisen heranziehen, die als nicht akzeptabel gelten.[12] Mit solchen Ausreden wird oft versucht, Kritik an unangemessenem Verhalten abzuwehren – nach dem Motto: „Er konnte nicht anders, er war betrunken". Wie dem auch sei, viele finden im Konsum von Alkohol eine unmittelbare Befriedigung, wobei offen gelassen werden kann, ob dies nun an den jeweiligen Erwartungen oder an den physiologischen Alkoholwirkungen liegt.

Alkoholkonsum hat langfristig vor allem negative Folgen. Zwar schadet es den meisten Menschen nicht, hin und wieder ein Glas Wein oder auch einen Schnaps zu trinken, aber ständiger exzessiver Alkoholkonsum kann verheerende Folgen haben. Zu den Risiken, die bei Alkoholismus erhöht sind, gehören:

– eine erhöhte Gefährdung durch Unfälle aller Art,
– häufigeres Auftreten von blutenden Magengeschwüren und Duodenalulcera,
– eine herabgesetzte Wahrnehmung für körperliche Krisensituationen, in denen medizinische Hilfe erforderlich ist,
– erhöhte Suizidgefahr,
– ein statistisch erhöhtes Risiko, einem Mord zum Opfer zu fallen,
– eine lebensbedrohliche akute Alkoholvergiftung (Alkohol setzt, vor allem in Verbindung mit anderen Drogen, die Funktion des zentralen Nervensystems herab),
– Krankheiten (wie Leberzirrhose), die durch chronischen Alkoholismus verursacht sind,
– beruflicher und sozialer Abstieg,
– erhöhte Kriminalität (siehe dazu die ausführlichere Diskussion von Impulsivität und Kriminalität in Kapitel 9 und 10).[13]

Angesichts der vielen negativen Kosequenzen, die fortgesetzter Alkoholkonsum haben kann – und denen kaum positive Langzeitwirkungen gegenüberstehen – müßte es eigentlich überraschen, daß es überhaupt Menschen gibt, die exzessiv trinken. Wahrscheinlich werden diese negativen Folgen unterschätzt oder abgewertet, weil sie sich in der Regel erst langfristig einstellen und zunächst ungewiß erscheinen (siehe Kapitel 5). Die Ungewißheit liegt aber nicht nur in der langen Zeitspanne bis zum Eintritt der negativen Konsequenzen; einige Risiken werden darüber hinaus im Einzelfall gar nicht zwangsläufig eintreten – bestimmte Folgen ergeben sich nur dann, wenn der körperliche Allgemeinzustand des Alkoholikers und/oder die Umwelteinflüsse entsprechende Voraussetzungen schaffen. Mit anderen Worten, es ist so ungewiß, welche negativen Konsequenzen der Alkoholmißbrauch im einzelnen haben wird, daß sie das Verhalten kaum beeinflussen. Darüber hinaus gibt es einen weiteren Grund, warum sich bei Alkoholikern mit dem Hinweis auf die negativen Konsequenzen nur schwer eine Verhaltensänderung erreichen läßt. Ganz allgemein scheint nämlich bei Alkoholikern die Aussicht auf nega-

tive Konsequenzen weniger Einfluß auf das Verhalten zu haben als bei
Nichtalkoholikern. Das zeigte sich beispielsweise in einem Experiment,
in dem die Versuchspersonen einen Knopf drücken mußten, um Geld zu
bekommen, wobei mit jedem Knopfdruck ein leichter Elektroschock
verbunden war. Auf diese Schocks reagierten Alkoholiker schwächer als
Nichtalkoholiker – sie reduzierten ihre Knopfdruck-Rate weniger stark.[14]
Als weiteres Beispiel zeigt eine Untersuchung bei stationär behandelten
Alkoholikern, daß sie seltener als Nichtalkoholiker eine Geschmacks-
aversion gegen ein Nahrungsmittel entwickeln, dessen Verzehr bei ihnen
einmal zu Übelkeit und Erbrechen geführt hat.[15]

Alkoholkonsum ist nicht nur selbst als impulsives Verhalten charakte-
risierbar, sondern er kann impulsives Verhalten auch in zweierlei Weise
begünstigen: Er kann eine Steigerung des Alkoholkonsums begünstigen,
und er kann die allgemeine Impulsivität fördern. *Gamma-Alkoholismus*
ist nach einer gängigen Definition der American Psychiatric Association
eine Form des Alkoholkonsums, die durch die Unfähigkeit zur Abstinenz
gekennzeichnet ist: „Der Gamma-Alkoholismus führt zu ‚Kontroll'-
Problemen: Wenn eine Person mit Gamma-Alkoholismus zu trinken
beginnt, ist es ihr unmöglich, wieder damit aufzuhören, bis gesundheitliche Schäden oder finanzielle Probleme sie von weiterem Trinken abhalten."[16]

Alkoholkonsum kann auch in einem weiteren Sinne impulsives Verhalten begünstigen. Es steht außer Frage, daß eine bestimmte Alkoholmenge aufgrund ihrer physiologischen Wirkungen die Aggressionsbereitschaft fördert[17], und daß damit auch die Bereitschaft zu impulsiven
und gewalttätigen Straftaten zunimmt (siehe Kapitel 9 und 10). Trotz der
bisher noch unzureichenden empirischen Befundlage sind außerdem einige Forscher der Ansicht, daß jemand, der Alkohol konsumiert hat,
langfristig eintretende Ereignisse stärker abwertet als jemand, der keinen
Alkohol konsumiert hat.[18] Das geschieht unter anderem dadurch, daß
Alkohol die selbstbezüglichen verbalen Äußerungen unterbindet, die wir
einsetzen, um langfristige Ereignisse im Bewußtsein zu behalten[19] und
ihren Wert trotz des damit verbundenen Aufschubs nicht zu unterschätzen (siehe Kapitel 5). So kann Alkoholkonsum beispielsweise bewirken,
daß ein Autofahrer sich nicht mehr klar macht, welche Folgen sein zu
schnelles Fahren haben kann. Manche Menschen setzen eine solche alkoholbedingte Abwertung aufgeschobener Ereignisse nachgerade ein,
wenn sie sich „Mut antrinken", um etwas tun zu können, zu dem sie in
nüchternem Zustand keinen Mut hätten.[20]

Es wird vermutet, daß Alkohol durch seine Wirkungen auf verschiedene Bereiche des Gehirns Menschen dazu bringt, Dinge zu tun, die sie ansonsten nicht tun würden. Alkohol scheint insbesondere auf den *Hippocampus* und das Septum[21] (siehe Abbildung 7.1) zu wirken, wodurch es zu Handlungen kommt, die langfristig nicht die beste Strategie darstellen. Für einen solchen Zusammenhang sprechen Beobachtungen an Ratten. Wenn man bei Ratten die genannten Teile des Gehirns im Experiment gezielt schädigt, entscheiden sie sich seltener für eine aufgeschobene Alternative als im ungeschädigten Zustand.[22] Man vermutet deshalb, daß die Schädigung dieser Gehirnteile dafür verantwortlich ist, daß Ratten unmittelbare Belohnungen bevorzugen.[23]

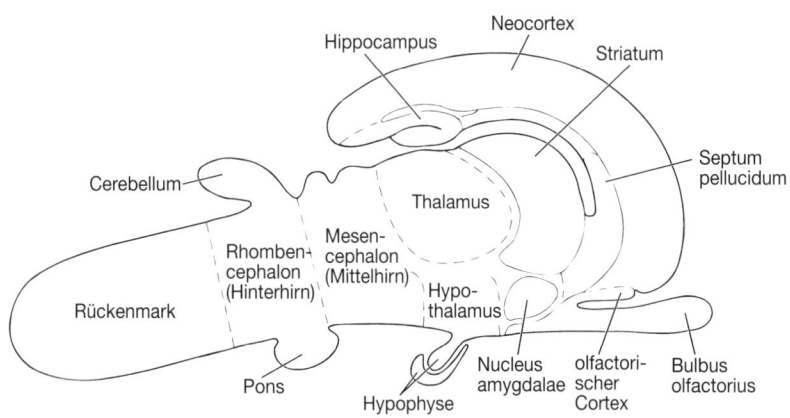

7.1   Lokalisierung des Septums und des Hippocampus im Säugetiergehirn (Ratte). Nach Nauta, J. H.; Feirtag, M. *Neuroanatomie*. Heidelberg (Spektrum Akademischer Verlag) 1990.

Alkohol kann Impulsivität offenbar auch über Generationen hinweg fördern. Wenn eine Frau während der Schwangerschaft exzessiv Alkohol trinkt, wird sie mit höherer Wahrscheinlichkeit ein Kind zur Welt bringen, das in Vigilanz-Tests impulsive Fehler macht, als eine Frau, die dies nicht tut.[24] (Bei Vigilanz-Tests werden die Wachheit, Erregung und Anstrengung, mit der ein Kind auf einen Belohnungsreiz reagiert, untersucht.) Diese Testergebnisse hängen mit Alkoholeinflüssen zusammen, die auch der *Alkoholembryopathie* zugrunde liegen. Wenn eine Frau während der Schwangerschaft exzessiv Alkohol trinkt, erhöht sich das Risiko, daß ein geistig retardiertes Kind mit einer spezifischen Gesichtsdeformation zur Welt kommt.[25] Welche Alkoholmenge dazu führt, daß eine Alkoholembryopathie auftritt, ist umstritten.[26] Möglicherweise haben bereits geringe Mengen von Alkohol, die noch keine manifeste geistige Retardierung oder Gesichtsdifformität verursachen, Auswirkungen und verursachen bei einigen Kindern eine Abwertung aufgeschobener Belohnungen. Hier sind weitere Forschungen dringend nötig.

Kokain

Kokain ist als euphorisierende Droge bekannt: Es bewirkt ein Gefühl des subjektiven Wohlbefindens, der Zuversicht und sogar der Euphorie.[27] Nach dem Schnupfen von Kokainpulver tritt diese Wirkung ziemlich rasch ein; eine Injektion wirkt noch schneller, und die schnellste Wirkung läßt sich durch das Rauchen von Crack auslösen. Nach diesen angenehmen Gefühlen folgen bei Kokainabhängigen in der Regel negative Gefühle (Angst, Depression, Erschöpfung usw.)[28], so daß der weitere Konsum von Kokain nicht nur angenehme Gefühle erzeugt, sondern auch unangenehme Gefühle beseitigt, die bei regelmäßigem Kokainkonsum als Entzugserscheinungen auftreten.

Der regelmäßige Konsum von Kokain hat extrem negative und unter Umständen bleibende Folgen. Kokainabhängige interessieren sich fast nur noch für die mit der Droge zusammenhängenden Belohnungen, was beispielsweise dazu führt, daß sich ihre sozialen und beruflichen Beziehungen in der Regel gravierend verschlechtern.[29] Weiterhin kann der Konsum von Kokain auf Dauer die Wirksamkeit des Neurotransmitters Dopamin bei der Übertragung von Botschaften im Gehirn beeinträchtigen und dadurch eine Depression auslösen, die auch nach einem Kokainentzug noch lange anhält. Eine solche Depression kann bis zum Selbstmord führen.[30] Kokainmißbrauch kann auch in anderer Weise tödlich sein, beispielsweise durch Herzrhythmusstörungen oder durch Atemlähmung.[31]

Da Kokainmißbrauch mit einer relativ raschen Bedürfnisbefriedigung und relativ langfristigen negativen Konsequenzen verbunden ist, entspricht er unserer Definition von Impulsivität. Möglicherweise neigen impulsive Personen generell etwas stärker zum Kokainkonsum als nichtimpulsive Menschen. Nathan Smithberg und Joseph Westermeyer konnten bei einer Gruppe von weiblichen Kokainabhängigen erhöhte Werte in einem Persönlichkeitstest nachweisen, bei dem Impulsivität, Nonkonformität und mangelnde Urteilsfähigkeit gemessen wurden.[32] Aus einer solchen Fragebogen-Untersuchung geht allerdings nicht hervor, ob die Impulsivität oder irgend ein anderer Faktor die Ursache für den Kokainkonsum war.

Die Befunde, denen zufolge Kokainabhängige eine höhere Impulsivität zeigen als Nichtabhängige, können auch damit zusammenhängen, daß Kokain möglicherweise Impulsivität fördert. Um zu untersuchen, ob Kokainkonsum die Tendenz zu zukünftigem impulsivem Kokainkonsum verstärkt, kann man beispielsweise vergleichend beobachten, wie sich Kokainabhängige, die inhalieren, von denen, die injizieren, in ihrem Verhalten unterscheiden. Da die angenehmen Gefühle beim Injizieren von Kokain schneller eintreten als beim Inhalieren, wäre aufgrund unserer Definition von Impulsivität zu erwarten, daß Personen, die Kokain injizieren, eher zu einem zwanghafteren Muster des Kokainkonsums neigen als Personen, die das Kokain inhalieren. Wer das Rauschgift spritzt, scheint unfähiger zu sein, trotz der langfristig negativen Konsequenzen die Sucht nach der Droge und ihren Konsum zu überwinden. Die bisherigen Forschungsergebnisse bestätigen, daß bei Personen, die Kokain injizieren, tatsächlich eine stärkere Tendenz zum zwanghaften Kokainkonsum besteht als bei Inhalierern.[33] Zumindest in einigen Fällen scheint also Kokainmißbrauch einen impulsiven Drogenkonsum zu fördern.

Regelmäßiger Kokainkonsum kann impulsives Verhalten auch im Hinblick auf andere Belohnungen als die Droge selbst begünstigen. Meine Kollegen und ich entwickelten vor kurzem eine experimentelle Methode, um die Auswirkungen von Kokain auf die Selbstkontrolle am Tiermodell zu untersuchen.[34] Wir untersuchten das Verhalten hungriger Ratten, die vor dem Experiment jeweils eine Zeitlang kein Futter bekamen und sich auf Hebeldruck als Belohnung Milch verschaffen konnten. Dabei hatten die Ratten wiederholt die Wahl zwischen zwei Hebeln, von denen der eine ihnen einen längeren, aber weiter aufgeschobenen Zugang zu der Belohnung verschaffte als der andere. Die Ratten wurden über viele Tage hinweg diesem Verfahren unterzogen, wobei sie unmittelbar vor jedem Versuchsdurchgang eine Injektion erhielten: Im ersten und dritten Teil des Experiments wurde in der Kontrollbedingung eine physiologische Kochsalzlösung injiziert, im zweiten Teil, dem eigentlichen Versuchsteil, verwendete man Kokain. Abbildung 7.2 zeigt die Ergebnisse.

Wiederholte Kokaininjektionen setzten die Selbstkontrolle der Ratten beim Erlangen von Milch signifikant herab. In der öffentlichen Meinung wird Drogenmißbrauch, also auch Kokainmißbrauch, häufig mit impulsivem Verhalten (beispielsweise Stehlen, Krankfeiern, Schule schwänzen) in Verbindung gebracht. Tatsächlich ist eine Korrelation zwischen Kokainkonsum und kriminellem Verhalten wissenschaftlich belegt.[35] Allerdings hat das Rattenexperiment erstmals einen experimentellen Laborbefund dafür geliefert, daß Kokain die allgemeine Impulsivität beeinflußt.

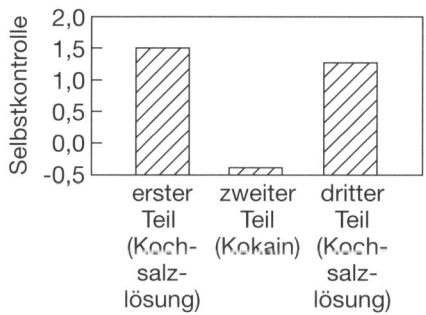

7.2 Selbstkontrolliertes Verhalten von Ratten in einem dreiteiligen Experiment (im ersten und im dritten Teil des Experiments wurde den Ratten eine physiologische Kochsalzlösung injiziert, im zweiten Teil wurde ihnen Kokain injiziert). Ein Selbstkontroll-Wert von 0,0 gibt an, daß das Verhältnis von Belohnungsgröße und Belohnungsaufschub keinen Einfluß auf das Wahlverhalten hat. Ein Selbstkontroll-Wert von 2,0 gibt an, daß die Belohnungsgröße sich doppelt so stark wie der Belohnungsaufschub auf das Wahlverhalten auswirkt. (Die höheren Säulen zeigen also eine verstärkte Selbstkontrolle an.)

Warum Kokain unter bestimmten Umständen die allgemeine Impulsivität beeinflußt, ist bisher nicht bekannt. Eine mögliche Erklärung stützt sich auf die Tatsache, daß Kokain die effektive Wirkung des Neurotransmitters Dopamin steigert. Wie die bisherige Forschung gezeigt hat, bewirken Drogen, die die dopamingesteuerten Funktionen anregen, bei Ratten eine Verlangsamung der „inneren Uhr".[36] Unter Drogeneinfluß reagieren die Ratten daher so, als erschienen ihnen Wartezeiten länger als ohne Drogenexposition. Und wenn sie auf Belohnungen warten, die nach einem festen Zeitintervall geboten werden, reagieren die Ratten unter

Kokaineinfluß später als ohne Kokaineinwirkung.[37] Drogenexponierte
Ratten scheinen also im Vergleich zu nicht mit Drogen behandelten
Ratten den Ablauf der Zeit langsamer wahrzunehmen. Entsprechend
sollte ihr Verhalten durch Wartezeiten stärker beeinflußt werden, so daß
sie sich unter Kokaineinfluß stärker impulsiv verhalten. Kokain scheint
also die allgemeine Impulsivität zu erhöhen, indem es den Eindruck
vermittelt, die Zeit würde langsamer vergehen (siehe auch Kapitel 5).

Cannabis

Das Rauchen von Cannabis erzeugt in der Regel rasch ein Gefühl des
subjektiven Wohlbefindens. (Cannabis stammt aus den Blättern verschiedener Hanfsorten, die zu Haschisch oder Marihuana verarbeitet werden
können.) Cannabis setzt aber auch die Reaktionsfähigkeit und insbesondere die Fahrtüchtigkeit herab (was Unfälle verursachen kann), und es
kann zu Angstzuständen (Horrortrip) führen. Wiederholtes Cannabisrau-
chen kann die Lungen schädigen, den Testosteron-Spiegel bei Männern
herabsetzen, die Funktion des Immunsystems beeinträchtigen und auch
zu Hirnschäden führen.[38] Daher läßt sich das Rauchen von Cannabis,
insbesondere dann, wenn es ein überdauerndes Verhaltensmuster ist, als
impulsives Verhalten klassifizieren.

Ähnlich wie beim Kokain ist nicht nur der Cannabiskonsum selbst als
Impulsivität klassifizierbar, sondern auch hier wird impulsives Verhalten
durch die Droge begünstigt. Personen, die regelmäßig Cannabis rauchen,
scheinen in manchen Situationen wenig Motivation zu zeigen[39] und nicht
zielgerichtet auf langfristige Belohnungen hinarbeiten zu können. Mit
anderen Worten, sie können dann nicht besonders selbstkontrolliert handeln. Dieser Befund läßt sich vielleicht damit erklären, daß die Zeitwahr-
nehmung bei Personen, die häufig Cannabis rauchen, verändert ist – die
Zeit scheint für sie signifikant langsamer zu vergehen als für Personen,
die kein Cannabis rauchen.[40] Entsprechend reduziert sich die Motivation,
auf etwas zu warten, das ihnen als eine *sehr* langfristige Belohnung
erscheint.

Nikotin

Auch Nikotin ist eine Droge, die üblicherweise beim Rauchen durch Inhalation rasch vom Körper absorbiert wird. Zigarettenkonsum beseitigt bei Rauchern unangenehme Entzugserscheinungen, die der Verzicht auf das Suchtmittel Nikotin hervorrufen würde.[41] Es mag andere, unmittelbarere Belohnungen für das Rauchen geben (auch für Personen, die noch nicht nikotinsüchtig sind). In einigen Fällen mag Rauchen auch durch die Erwartung motiviert sein, damit ein positives Image zu bekommen. Bei manchen Personen spielt das Rauchen auch im Hinblick auf ein angestrebtes Körpergewicht eine Rolle. Personen, die mit dem Rauchen anfangen, tun dies in einigen Fällen tatsächlich, um abzunehmen[42], und im Durchschnitt reduziert sich bei Personen, die anfangen zu rauchen, das Gewicht.[43] Außerdem befürchten viele Raucher, sie könnten zunehmen, wenn sie das Rauchen aufgeben (bei einer entsprechenden Umfrage äußerten 59 Prozent der Frauen und 47 Prozent der Männer diese Befürchtung).[44] Diese Überzeugung ist nicht unbegründet, denn tatsächlich nehmen viele Menschen, wenn sie mit dem Rauchen aufhören, anschließend zu.[45]

Andererseits ist chronisches Rauchen mit einem erhöhten Risiko verbunden, Herz- und Kreislauferkrankungen, ein Lungenemphysem, Krebs oder andere schwere Krankheiten wie etwa das Raucherbein zu bekommen. Außerdem ist das Rauchen heutzutage in vielen beruflichen und sozialen Umfeldern unerwünscht oder verboten, so daß sich die Nikotinabhängigkeit im beruflichen Kontext und in den sozialen Beziehungen negativ auswirkt.[46] Rauchen hat langfristig insgesamt mehr Nachteile als Vorteile (wie den, eine Gewichtszunahme zu verhindern) und sollte deshalb als impulsives Verhalten klassifiziert werden.

Rauchen scheint die allgemeine Impulsivität nicht zu erhöhen, fördert allerdings vermehrtes impulsives Rauchen. Wer erst einmal mit dem Rauchen angefangen hat, wird leicht zum Kettenraucher, weil ein Nikotinentzug von unangenehmen Symptomen begleitet ist und die Inhalation von Nikotin rasch Abhilfe schafft. Wegen der raschen Wirkung des Inhalierens von Nikotin ist es darüber hinaus schwerer, mit dem Zigarettenrauchen aufzuhören, als das Tabakkauen aufzugeben.[47]

Koffein

Die letzte Droge, die wir in diesem Kapitel besprechen wollen, ist das Koffein. Koffein ist in Kaffee, Tee, Cola-Getränken, Schokolade und vielen anderen Nahrungsmitteln und Getränken, aber auch in einigen frei verkäuflichen Arzneimitteln enthalten. Ähnlich wie bei den zuvor besprochenen Drogen bringt der Koffeinkonsum einige unmittelbare, aber relativ kleine Vorteile sowie die Möglichkeit einiger langfristiger, aber erheblicher Nachteile mit sich.

Eine unmittelbare, aber relativ kleine Belohnung liegt darin, daß Koffeinkonsum eine subjektiv erhöhte Wachkeit und Energie bewirkt.[48] Außerdem kann der Koffeinkonsum bei Personen, die als generell impulsiv beurteilt werden, bestimmte Formen der Gedächtnisleistung verbessern – wenn auch nicht alle.[49] Da Koffeinkonsum langfristig zu körperlicher Abhängigkeit führen kann, gehört zu den unmittelbaren Belohnungen des Koffeinkonsums auch das Vermeiden von Entzugserscheinungen wie beispielsweise Kopfschmerzen.[50] Diese physiologische Wirkung würde auch erklären, warum in einer Untersuchung Koffeinkapseln bei Personen, die an einen hohen Koffeinkonsum gewöhnt waren, das Wohlbefinden stärker erhöhten als Placebos. Mit anderen Worten, die Versuchspersonen konnten beim Einnehmen der Tabletten nicht wissen, ob darin Koffein enthalten war oder nicht, sondern sie waren bei ihren Angaben allein auf das subjektiv erlebte Wohlbefinden angewiesen, das sich aus den physiologischen Wirkungen der Koffeinaufnahme ergab.[51]

Ein hoher und/oder fortgesetzter Konsum von Koffein kann unter Umständen langfristig einige schwere Nachteile zur Folge haben. So kann sich das Risiko oder die Schwere von Magen-Darm-Erkrankungen und Herzleiden erhöhen. Bei einigen Personen kann auch schon der Konsum von nur zwei Tassen Kaffee eine sogenannte *Koffein-Intoxikation* hervorrufen, ein Syndrom, zu dessen Symptomen Hyperaktivität, Schlaflosigkeit, erhöhte Wasserausscheidung und Verdauungsstörungen zählen. Im Extremfall können hohe Koffeindosen zu Kreislaufzusammenbruch, Atemnot, epileptischen Anfällen und sogar zum Tod führen.[52] Außerdem haben Untersuchungen mit weiblichen Versuchstieren und Versuchspersonen gezeigt, daß Koffeinkonsum verschiedene Störungen der Reproduktion, das heißt insbesondere Spontanaborte und Totgeburten auslösen kann. Es gibt auch Hinweise darauf, daß in Einzelfällen ein Zusammenhang zwischen Koffeinkonsum und angeborenen Defekten besteht.[53]

Insgesamt läßt sich Koffeinkonsum angesichts der unmittelbaren positiven Wirkung, der langfristige Nachteile entgegenstehen, als impulsives Verhalten definieren. Ähnlich wie beim Nikotin deuten derzeit keine Befunde darauf hin, daß Koffein die allgemeine Impulsivität erhöht. Doch der Suchtcharakter des Koffeinkonsums trägt sicherlich dazu bei, daß diese Droge dauerhaft und häufig in zunehmend höheren Dosen konsumiert wird.

Verstärkung der Selbstkontrolle bei Drogenkonsum

In diesem Abschnitt befassen wir uns mit der Frage, mit welchen Methoden der Drogenkonsum eingeschränkt werden könnte, wenn wir darin – unter anderem – ein Problem der Selbstkontrolle sehen. Es gibt viele andere Methoden, die das Problem aus einer anderen Perspektive heraus angehen und ebenfalls effizient sind, deren Darstellung allerdings den Rahmen dieses Buches sprengen würde (siehe den Anhang des Buches zu weiteren Informationen und zu Selbsthilfeeinrichtungen). Insofern können die im folgenden genannten Methoden andere Verfahren nicht ersetzen, sondern lediglich ergänzen.

Verkleinern unmittelbarer Belohnungen

Drogenkonsum läßt sich natürlich einschränken, indem man die damit verbundenen unmittelbaren Belohnungen verringert. Das läßt sich auf vielerlei Weise erreichen. Handelt es sich bei der Droge um ein Suchtmittel, so kann man durch Medikamente die Entzugserscheinungen unterdrücken, so daß das Verschwinden solcher Symptome nicht mehr als Belohnung mit dem Drogenkonsum verknüpft ist. Eine ähnliche Strategie wird etwa bei Kokainmißbrauch angewendet, wenn eine durch Kokain hervorgerufene Neigung zu andauernder Depression mit Antidepressiva behandelt wird.[54] Auf diese Weise läßt sich der Kokainsüchtige davon abhalten, weiterhin Kokain zu konsumieren, um seinen Depressionen zu entgehen.

Mit der entsprechenden Medikation können auch andere mit dem Drogenkonsum zusammenhängende Belohnungen ausgeschaltet werden.

Michael A. Sherer und seine Kollegen erreichten dies, indem sie einem Kokainabhängigen Carbamazepin gaben.[55] Dieses Medikament verhindert, daß unmittelbar nach dem Konsum von Kokain eine Hochstimmung auftritt. Die vieldiskutierten Methadonprogramme bei Heroinabhängigen gehen in eine ähnliche Richtung.

Auch beim Alkohol lassen sich die physiologischen – toxischen – Wirkungen auf den Körper pharmakologisch blockieren. Diese Möglichkeit wurde bisher allerdings erst an Ratten getestet. Bei einer solchen Medikation mit einem Alkohol-Antagonisten bleibt der Blutalkoholspiegel selbst unverändert, aber die Auswirkungen des Alkohols auf das Gehirn scheinen blockiert zu werden.[56] Diese Medikation verhindert jedoch nicht, daß Alkohol bei hinreichend hoher Dosis seine toxische Wirkung auf das Gehirn ausüben kann.[57] Eine solche Medikation kann die Risiken, die mit der schädigenden Wirkung eines hohen Blutalkoholspiegels auf Nerven und Gewebe verbunden sind, nicht beseitigen – Alkoholvergiftungen durch einen sehr hohen Blutalkoholspiegel bleiben lebensbedrohlich. Unter Umständen animiert die Gabe dieses Wirkstoffes sogar zum Trinken, etwa wenn jemand auf einer Party eigentlich keinen Alkohol trinken würde, weil er noch sicher nach Hause fahren will oder wenn er sich nüchtern fühlt, obwohl er bereits einen hohen Alkoholspiegel hat, und weitertrinkt. Aus all diesen Gründen wird diese Medikation wohl nicht zur allgemeinen Anwendung zugelassen.[58]

Der unmittelbare positive Wert eines Suchtmittels läßt sich auch dadurch verringern, daß sein Konsum von unmittelbaren Nachteilen – Bestrafungen – gefolgt ist. Diesem Prinzip folgt der Einsatz von Antabus, einem Medikament, das in Verbindung mit Alkohol eine heftige körperliche Reaktion auslöst: „Übelkeit, Erbrechen, Tachykardie, deutlicher Blutdruckabfall und andere Symptome einer starken Fehlregulation des vegetativen Nervensystems".[59] Aber nicht alle unmittelbar negativen Konsequenzen lassen sich erfolgreich zu einer Reduktion des Alkoholkonsums einsetzen. So kann man beispielsweise mit einem Training, bei dem Alkoholkonsum unmittelbar mit einem Elektroschock betraft wird, allenfalls momentan eine Verringerung des Alkoholkonsums erreichen, die aber in anderen Situationen nicht anhält. Anders als gastrointestinale Störungen setzt Schock als unmittelbare Folge von Alkoholkonsum den hedonistischen Wert von Alkohol nicht herab. Das Gehirn vieler Lebewesen, einschließlich des Menschen, ist offensichtlich so konstruiert, daß es den Geschmack und Geruch von Nahrungsmitteln und Getränken ohne weiteres mit körperlicher Übelkeit und Unwohlsein, aber nicht mit Elektroschocks assoziiert.[60]

Um den Wert der unmittelbaren positiven Folgen beim Konsum eines Suchtmittels zu reduzieren, kann man auch eine indirekte Methode anwenden und den Wert anderer, gleichzeitig präsenter Belohnungen gezielt erhöhen.[61] Der Wert einer Belohnung hängt ja, wie in Kapitel 2 deutlich wurde, davon ab, wie andere verfügbare Belohnungen eingeschätzt werden. Er erscheint dann hoch, wenn andere verfügbare Belohnungen im Vergleich dazu relativ kleine Werte haben, und umgekehrt. Die Strategie, Belohnungen auf indirektem Wege mit Hilfe konkurrierender Belohnungen abzuwerten, wurde bereits im Labor getestet. Marylin E. Carroll und ihre Kollegen untersuchten Affen, die nach dem Rauschmittel Phencyclidin (Angel Dust) süchtig waren. Es zeigte sich, daß die Bevorzugung der Droge signifikant abnahm, wenn den Affen als Alternative zusätzlich Saccharin angeboten wurde.[62] In einer weiteren Studie zeigten Rudy E. Vuchinich und Jalie A. Tucker, daß Versuchspersonen, die für Alkohol empfänglich waren, sich in Wahlsituationen signifikant seltener für die Droge entschieden, wenn sie die Alternative hatten, sich für einen relativ großen Geldbetrag zu entscheiden.[63] Leider läßt sich diese Strategie zur Eindämmung des Drogenmißbrauchs nicht ohne weiteres auf alle Arten von Mißbrauchssituationen übertragen. Erstens ist es außerhalb des Labors wahrscheinlich viel schwieriger, den Wert der für den Süchtigen zur Verfügung stehenden Verstärker zu kontrollieren. Ein noch grundlegenderes Problem liegt darin, daß der Erfolg dieser Strategie zur Reduzierung des Drogenmißbrauchs durch Belohnungen für alternative Verhaltensweisen davon abhängt, inwieweit der Süchtige bereit und in der Lage ist, die mit dem Drogenmißbrauch verbundenen Belohnungen bis zu einem bestimmten Grad durch die Belohnungen für alternatives Verhalten zu ersetzen.[64] Diese Methode funktioniert dann nicht mehr, wenn der Abhängige die Droge primär zur Linderung der Entzugserscheinungen (als primäre Belohnung) anwendet und Verhaltensalternativen keine anderen Belohnungen mit sich bringen, die die Entzugserscheinungen ebenfalls reduzieren helfen.

Der Wert relativ unmittelbarer Belohnungen nach einem Drogenkonsum läßt sich schließlich auch dadurch herabsetzen, daß diese Belohnungen zeitlich weiter hinausgeschoben werden. Wenn die primären Belohnungen des Drogenkonsums sich weiter in die Zukunft verlagern, kann ihr Wert im Vergleich zu den größeren, ebenfalls weiter in der Zukunft liegenden Vorteilen, keine mit dem Drogenkonsum zusammenhängenden

Schwierigkeiten zu bekommen, so weit verfallen, daß sie vielleicht einen höheren Stellenwert gewinnen als der Drogenkonsum selbst. Abbildung 7.3a (identisch mit Abbildung 3.2) zeigt das übliche Selbstkontroll-Paradigma mit der Entscheidung zwischen einer größeren, weiter aufgeschobenen Belohnung (beispielsweise Suchtmittelfreiheit) und einer kleineren, unmittelbareren Belohnung (beispielsweise Drogenkonsum). Beide Kurvenbilder unterscheiden sich nur insofern, als die Wartezeit bis zu der kleineren, unmittelbareren Belohnung verlängert wurde. Man beachte, daß in Abbildung 7.3a Punkt *x* eine selbstkontrollierte Entscheidung (beispielsweise Suchtmittelfreiheit) und Punkt *y* eine impulsive Entscheidung (beispielsweise Drogenkonsum) angibt, während in Abbildung 7.3b sowohl Punkt *x* als auch Punkt *y* eine selbstkontrollierte Entscheidung zeigen. Sandra Rutter plädiert dafür, bei der Raucherentwöhnung den Aufschub bis zu der kleineren Belohnung zu verlängern. Wenn Raucher nur dann die Möglichkeit haben, sich für oder gegen das Rauchen der nächsten Zigarette zu entscheiden, wenn die nächste Gelegenheit dazu noch relativ weit entfernt ist, sollte die Wahrscheinlichkeit, daß sie sich gegen das Rauchen entscheiden, wesentlich höher sein.[65]

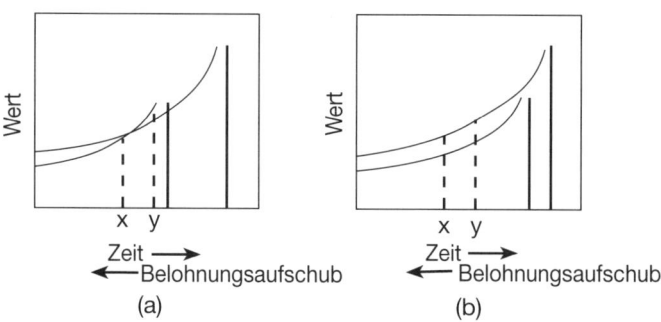

7.3 Hypothetische Funktionskurven des Wertes zweier Ergebnisse im Verhältnis zur Zeit – ein größeres, weiter aufgeschobenes Ergebnis und ein kleineres, weniger aufgeschobenes Ergebnis. Die Buchstaben x und y geben zwei Punkte einer potentiellen Entscheidung zwischen den beiden Ergebnissen an. Im Fall (a) besteht eine große Differenz zwischen den Belohnungsaufschüben bis zum kleineren versus zum größeren Ergebnis, im Fall (b) eine kleine Differenz.

Vorabfestlegung

Eine Strategie der Vorabfestlegung besteht darin, den in Abbildung 7.3 gezeigten Zusammenhang zu nutzen. Entsprechend sollte der Drogenkonsument sich schon einige Zeit, bevor die Droge tatsächlich zur Verfügung steht, für oder gegen den Konsum entscheiden (siehe Punkt x auf den Abbildungen 3.2 und 7.3a), weil sich dadurch die Wartezeit bis zu der kleineren, unmittelbareren wie bis zu der größeren, langfristigeren Belohnung vergrößert. Ein anderes Verfahren der Vorabfestlegung bei der Behandlung des Drogenmißbrauchs ist der Abschluß von Verträgen, die die Folgen des Einhaltens oder Nichteinhaltens einer Absprache festlegen.[66] Der Drogenabhängige kann sich in einem solchen Vertrag beispielsweise damit einverstanden erklären, daß er bei Drogenabstinenz mit bestimmten positiven Konsequenzen rechnen kann, während er bei erneutem Griff zur Droge bestimmte negative Konsequenzen auf sich nimmt. Bestrafung oder Belohnung werden von einem Therapeuten, einem Familienmitglied oder einem Freund ausgeteilt. Einen solchen Vertrag unterzeichnet der Drogenabhängige in einer Situation, in der ihm keine Drogen zur Verfügung stehen, also einige Zeit, bevor er entscheiden muß, ob er die Droge nimmt oder nicht. Damit stellt die Unterzeichnung eines solchen Vertrages eine Strategie der Vorabfestlegung dar.

Die meisten Methadon-Ausgabestellen setzen beispielsweise bis zu einem gewissen Grad solche Vereinbarungen ein. In einem solchen Vertrag wird in der Regel festgelegt, daß die Methadon-Dosis herabsetzt wird, wenn sich Drogenspuren im Urin finden, und daß die Methadon-Dosis (bis zu einer bestimmten Grenze) erhöht wird, wenn sich im Urin keine Drogenspuren nachweisen lassen.[67] Inwieweit mit dieser Vorabfestlegung bei Drogensüchtigen der Rauschgiftkonsum reduziert werden kann, hängt von den individuellen Merkmalen des Drogenkonsumenten, also beispielsweise von seinem Geschlecht und dem Verlauf seiner Drogenkarriere bis zur Therapie ab.[68]

Aufwerten aufgeschobener Belohnungen

Verschiedene andere Strategien zur Reduktion des Drogenmißbrauchs zielen darauf ab, den Wert der größeren, weiter aufgeschobenen Belohnungen, die sich durch den Verzicht auf den Drogenkonsum ergeben, weiter zu steigern. Das läßt sich beispielsweise erreichen, indem man bei jeder Entscheidung gegen den Drogenmißbrauch eine unmittelbare Belohnung gewährt und so die mit diesen Belohnungen verbundene Wartezeit verkürzt. Diese Strategie wurde erfolgreich bei stationär behandelten Alkoholikern eingesetzt, denen man nur dann Zugang zu Alkohol gewährte, wenn sie nicht exzessiv tranken.[69]

[Aus einem Informations-Spot des Gesundheitsministeriums, der um 1990 häufig im amerikanischen Fernsehen ausgestrahlt wurde.]
Im Bild erscheint eine Bratpfanne.
STIMME: Das sind Drogen.
Ein Stück Butter landet in der Pfanne und beginnt sofort, laut zu brutzeln.
STIMME: Das ist Ihr Gehirn, wenn es mit Drogen in Berührung kommt.
Ein rohes Ei wird zu der brutzelnden Butter in die Pfanne geschlagen und wirft sofort zischende Blasen.
STIMME: Noch Fragen?

Kasten 7.1

Der Wert der langfristigeren, größeren Belohnungen für den Verzicht auf Drogen läßt sich auch dadurch erhöhen, daß die Zeitspanne bis zu diesen Belohnungen kürzer erscheint, oder daß umgekehrt die schwerwiegenden negativen Konsequenzen des Drogenkonsums nach einer verkürzt wahrgenommenen Zeitspanne eintreten. So kann man beispielsweise schwangeren Frauen einen Film zeigen, der ihnen eindeutig klarmacht, wie stark die Blutversorgung in der Nabelschnur bereits nach dem Konsum eines einfachen Whiskys eingeschränkt ist.[70] Der zitierte Fernsehspot zeigt ein weiteres Beispiel dafür, wie ein Vergegenwärtigen der Folgen des Drogenkonsums zur Einschränkung aller Arten von Drogenmißbrauch genutzt werden kann. Eine solche Strategie kann jedoch nur dann zum Erfolg führen, wenn der Drogenkonsument auch auf andere Belohnungen als die Droge selbst Zugriff hat[71] (siehe den folgenden Abschnitt über den Rückfall).

Rückfall

Ein bereits eingehend untersuchter Aspekt der Prävention von impulsivem Drogenmißbrauch betrifft Situationen, in denen ein ehemaliger, inzwischen abstinenter Drogenabhängiger seine Selbstkontrolle verliert und rückfällig wird.[72] Die meisten Forschungsarbeiten auf diesem Gebiet befassen sich mit zwei Aspekten des Rückfalls: mit der Rückfallprävention und den Auswirkungen eines Rückfalls auf fortgesetzte Abstinenz. Die meisten ehemaligen Drogenabhängigen erleiden irgendwann einen Rückfall.[73] Daher muß jedes umfassende Behandlungsprogramm für Drogenabhängige Maßnahmen vorsehen, die dem Drogenabhängigen helfen, mit seinem Rückfall fertigzuwerden.

Wie die bisherigen Studien zeigen, lassen sich bei der Rückfallprävention bessere Erfolge erzielen, wenn der Drogenkonsum für den ehemaligen Abhängigen nicht das einzige unmittelbar belohnende Verhalten darstellt[74] (und der Wert der unmittelbaren Belohnung des Drogenkonsums durch relativ hochwertige Belohnungsalternativen herabgesetzt wird). Diese Empfehlung folgt aus einer häufig untersuchten Theorie des Wahlverhaltens, dem *Matching Law* (Vergleichsregel).[75] Danach ist der Wert einer Belohnung relativ; er hängt davon ab, welche anderen Belohnungen zur Verfügung stehen. Wird Belohnung A mit einer sehr hohen Belohnung B verglichen, so erscheint A gering. Im Vergleich mit einer sehr geringen Belohnung C dagegen erscheint A relativ hoch. Stehen einem ehemaligen Drogenabhängigen also im Vergleich zum Drogenkonsum eine oder mehrere hochwertige Belohnungen zur Verfügung, so erscheint der Wert des Drogenmißbrauchs relativ klein, und das Risiko eines Rückfalls nimmt ab.

Ein Rückfall (impulsives Verhalten) kann dazu führen, daß die zukünftige Drogenabstinenz (selbstkontrolliertes Verhalten) aufgrund des Abstinenz-Abbruch-Effekts (AAE) gefährdet ist. Wie in Kapitel 6 dargestellt, besteht bei einem Rückfall die Gefahr, daß der Betreffende sich als schwach und abhängig erlebt und es ihm deshalb schwerer fällt, sich zukünftig selbstkontrolliert zu verhalten. Der AAE ist wahrscheinlich ein spezifisches Problem des Drogenmißbrauchs, denn manche Drogen vermitteln dem Konsumenten ein ziemlich unmittelbares Gefühl der Stärke. Dieses ziemlich rasch auftretende Gefühl der Stärke hat zur Folge, daß der rückfällige Drogenkonsument, der sich als schwach und abhängig wahrnimmt, die unmittelbare Belohnung des Drogenkonsums als noch höher empfindet. Um bei einem Rückfall die gesundheitsschädlichen

Auswirkungen eines AAEs zu vermeiden, versuchen Therapeuten, ihren Klienten deutlich zu machen, daß sie nicht etwa willenlose Versager sind, sondern daß sie bestimmte Fähigkeiten entwickeln müssen, um einen Rückfall zu verhindern. Es wird versucht, den Klienten zu vermitteln, daß ein Rückfall eben nicht ausschließt, daß sie in Zukunft wieder abstinent sein können. Man macht ihnen klar, daß niemand auf Dauer zur Gruppe der Abhängigen oder der Abstinenten gehören muß. Vielmehr haben die meisten ehemaligen Drogenkonsumenten irgendwann einen Rückfall. Die Chance, auch nach einem Rückfall wieder für längere Zeit abstinent zu werden, ist größer, wenn der Klient den Rückfall als einen Hinweis darauf versteht, daß er weiterhin mit Hilfe entsprechender Techniken üben muß, sich selbst zu bestimmen und zu kontrollieren, statt sich selbst als ewig Drogenabhängigen zu sehen, der nie wieder zu den Abstinenten gehören wird.[76]

Fazit

In diesem Kapitel wurde dargestellt, wie ernst und weitreichend das Problem des Drogenmißbrauchs ist. Zugleich wurde deutlich, daß dieses Problem durchaus unter der Perspektive von Selbstkontrolle und Impulsivität zu sehen ist. Drogenmißbrauch läßt sich als Entscheidung für kleinere und unmittelbare und damit gegen größere, aber aufgeschobene Belohnungen definieren. Mit anderen Worten, Drogenmißbrauch kann als impulsives Verhalten beschrieben werden. Wenn man Drogenmißbrauch unter diesem Gesichtspunkt analysiert, lassen sich einige spezifische Konzepte zur Prävention und Behandlung entwickeln. Schließlich konnten in diesem Kapitel aufgrund der Definition des Drogenmißbrauchs als impulsivem Verhalten einige Parallelen zwischen Drogenmißbrauch und anderem impulsivem Verhalten aufgezeigt werden – wobei allerdings einige grundlegende Unterschiede verdeutlicht werden sollten. Die physiologischen Mechanismen des Drogenentzugs wirken nur beim Drogenmißbrauch als Verstärker des impulsiven Verhaltens, während sie bei anderen Formen impulsiven Verhaltens keine Rolle spielen.

Anmerkungen

1. Ray, O.; Ksir, C. *Drugs, Society, and Human Behavior.* St. Louis (Mosby) 1993. S. 4.
2. Holloway, M. *Rx for Addiction.* In: *Scientific American* (März 1991) S. 94–103.
3. Gawin, F. H. *Cocaine Addiction: Psychology and Neurophysiology.* In: *Science* 251 (1991) S. 1 580–1 586.
4. Russell, P. O.; Epstein, L. H. *Smoking.* In: Blechman, E. A.; Brownell, K. D. (Hrsg.) *Handbook of Behavioral Medicine for Women.* New York (Pergamon) 1988. S. 369–383.
5. American Psychiatric Association *Diagnostisches und Statistisches Manual Psychischer Störungen DSM-III-R.* Weinheim (Beltz) 1989.
6. Gilbert, R. M. *Caffeine: Overview and Anthology.* In: Miller, S. A. (Hrsg.) *Nutrition and Behavior.* Philadelphia (Franklin Institute) 1981. S. 145–166.
7. Brody, J. *Jane Brody's Nutrition Book.* New York (W. W. Norton) 1981.
8. Thompson, T. *Behavioral Mechanisms and Loci of Drug Dependence: An Overview.* In: Thompson, T.; Johanson, C. E. (Hrsg.) *Behavior Pharmacology of Human Drug Dependence.* Rockville, MD (U.S. Department of Health and Human Services) 1981. S. 1–10.
9. Cappell, H. *An Evaluation of Tension Models of Alcohol Consumption.* In: Gibbins, R. J.; Israel, Y.; Kalant, H.; Popham, R. E.; Schmidt, W.; Smart, R. G. (Hrsg.) *Research Advances in Alcohol and Drug Problems*, Vol. 2. New York (Wiley) 1975. S. 177–209.
10. George, W. H.; Marlatt, G. A. *Alcoholism: The Evolution of a Behavioral Perspective.* In: Galanter, M. (Hrsg.) *Recent Developments in Alcoholism*, Vol. 1. New York (Plenum) 1983. S. 105–138.
    Marlatt, G. A.; Demming, B.; Reid, J. B. *Loss of Control Drinking in Alcoholics: An Experimental Analogue.* In: *Journal of Abnormal Psychology* 81 (1973) S. 233–241.
11. Hull, J. G.; Bond, C. F. *Social and Behavioral Consequences of Alcohol Consumption and Expectancy: A Meta-analysis.* In: *Psychological Bulletin* 99 (1986) S. 347–360.
    Polivy, J.; Herman, C. P. *Effects of Alcohol on Eating Behavior: Influence of Mood and Perceived Intoxication.* In: *Journal of Abnormal Psychology* 85 (1976) S. 601–606.
12. Critchlow, B. *The Powers of John Barleycorn: Beliefs about the Effects of Alcohol on Social Behavior.* In: *American Psychologist* 41 (1986) S. 751–764.
13. Logue, A. W. *Die Psychologie des Essens und Trinkens.* Heidelberg (Spektrum Akademischer Verlag) 1995.

14. Vogel-Sprott, M. D.; Banks, R. K. *The Effect of Delayed Punishment on an Immediately Rewarded Response in Alcoholics and Nonalcoholics.* In: *Behaviour Research and Therapy* 3 (1965) S. 69–73.

15. Logue, A. W.; Logue, K. R.; Strauss, K. E. *The Acquisition of Taste Aversions in Humans with Eating and Drinking Disorders.* In: *Behaviour Research and Therapy* 21 (1983) S. 275–289.

16. American Psychiatric Association *Diagnostisches und Statistisches Manual Psychischer Störungen DSM-III-R.* Weinheim (Beltz) 1989. S. 221.

17. Hull; Bond *Social and Behavioral Consequences.* S. 347–360.

18. Steele, C. M.; Josephs, R. A. *Alcohol Myopia: Its Prized and Dangerous Effects.* In: *American Psychologist* 45 (1990) S. 921–933.

19. Wilson, J. Q.; Herrnstein, R. J. *Crime and Human Nature.* New York (Simon & Schuster) 1985.

20. Ainslie, G. *Specious Reward: A Behavioral Theory of Impulsiveness and Impulse Control.* In: *Psychological Bulletin* 82 (1975) S. 463–496.

21. Newman, J. P.; Gorenstein, E. E.; Kelsey, J. E. *Failure to Delay Gratification Following Septal Lesions in Rats: Implications for an Animal Model of Disinhibitory Psychopathology.* In: *Personality and Individual Differences* 4 (1983) S. 147–156.

22. Ibid.
   Rawlins, J. N. P.; Feldon, J.; Butt, S. *The Effects of Delaying Reward on Choice Preference in Rats with Hippocampal or Selective Septal Lesions.* In: *Behavioural Brain Research* 15 (1985) S. 191–203.

23. Newman, Gorenstein, Kelsey *Failure to Delay Gratification.* S. 147–156.

24. Sampson, P. D.; Streissguth, A. P.:; Barr, H. M.; Bookstein, F. L. *Neurobehavioral Effects of Prenatal Alcohol: Part II. Partial Least Squares Analysis.* In: *Neurotoxicology* 11 (1989) S. 477–491.
   Streissguth, A. P.; Barr, H. M.; Sampson, P. D.; Bookstein, F. L.; Darby, B. L. *Neurobehavioral Effects of Prenatal Alcohol: Part I. Research Strategy.* In: *Neurotoxicology and Teratology* 11 (1989) S. 461–476.

25. Abel, E. L. *Fetal Alcohol Syndrome: Behavioral Teratology.* In: *Psychological Bulletin* 87 (1980) S. 29–50.
   Streissguth, A. P.; Landesman-Dwyer, S.; Martin, J. C.; Smith, D. W. *Teratogenic Effects of Alcohol in Humans and Laboratory Animals.* In: *Science* 209 (1980) S. 353–361.

26. Logue *Die Psychologie des Essens und Trinkens.*

27. American Psychiatric Association *Diagnostisches und Statistisches Manual Psychischer Störungen DSM-III-R.* Weinheim (Beltz) 1989.
   Holloway *Rx for Addiction.* S. 94–103.

28. American Psychiatric Association *Diagnostisches und Statistisches Manual Psychischer Störungen DSM-III-R.* Weinheim (Beltz) 1989.
   Ray; Ksir *Drugs, Society, and Human Behavior.*

Resnick, R. B.; Resnick, E. B. *Cocaine Abuse and Its Treatment*. In: *Psychiatric Clinics of North America* 7 (1984) S. 713–728.

29. Ibid.

30. American Psychiatric Association *Diagnostisches und Statistisches Manual Psychischer Störungen DSM-III-R*. Weinheim (Beltz) 1989.
    Holloway, *Rx for Addiction*. S. 94–103.

31. American Psychiatric Association *Diagnostisches und Statistisches Manual Psychischer Störungen DSM-III-R*. Weinheim (Beltz) 1989.

32. Smithberg, N.; Westermeyer, J.; *White Dragon Pearl Syndrome: A Female Pattern of Drug Dependence*. In: *American Journal of Drug and Alcohol Abuse* 11 (1985) S. 199–207.

33. Resnick; Resnick *Cocaine Abuse*. S. 713–728.

34. Logue, A. W.; Tobin, H.; Chelonis, J.; Wang, R.; Geary, N.; Schachter, S. *Cocaine Decreases Self-control in Rats: A Preliminary Report*. In: *Psychopharmacology* 109 (1992) S. 245–247.

35. Kosten, T. R.; Gawin, F. H.; Rounsaville, B. J.; Kleber, H. D. *Abuse of Cocaine with Opioids: Psychological Aspects of Treatment*. In: *National Institute on Drug Abuse Research Monograph Series* 67 (1986) S. 278–282.
    Kosten, T. R.; Gawin, F. H.; Rounsaville, B. J.; Kleber, H. D. *Cocaine Abuse Among Opiod Addicts: Demographic and Diagnostic Factors in Treatment*. In: *American Journal of Drug and Alcohol Abuse* 12 (1986) S. 1–16.
    Nurco, D. N.; Hanlon, T. E.; Kinlock, T. W. *Recent Research on the Relationship Between Illicit Drug Use and Crime*. In: *Behavioral Sciences and the Law* 9 (1991) S. 221–242.

36. Church, R. M.; Broadbent, H. A.; Gibbon, J. *Biological and Psychological Description of an Internal Clock*. In: Gormezano, I.; Wasserman, E. A. (Hrsg.) *Learning and Memory: The Behavioral and Biological Substrates*. Hillsdale, NJ (Erlbaum) 1992. S. 105–127.
    Meck, W. H. *Selective Adjustment of the Speed of Internal Clock and Memory Processes*. In: *Journal of Experimental Psychology: Animal Behavior Processes* 9 (1983) S. 171–201.
    Meck, W. H. *Affinity for the Dopamine D_2 Receptor Predicts Neuroleptic Potency in Decreasing the Speed of an Internal Clock*. In: *Pharmacology, Biochemistry and Behavior* 25 (1986) S. 1185–1189.

37. Logan, L.; Carney, J. M.; Holloway, F. A.; Seale, T. W. *Effects of Caffeine, Cocaine and Their Combination on Fixed-interval Behavior in Rats*. In: *Pharmacology, Biochemistry and Behavior* 33 (1989) S. 99–104.

38. Ray; Ksir *Drugs, Society and Human Behavior*.

39. Ibid.

40. Varma, V. K.; Malhotra, A. K.; Dang, R.; Das, K.; Nehra, R. *Cannabis and Cognitive Functions: A Prospective Study*. In: *Drug and Alcohol Dependence* 21 (1988) S. 147–152.

41. American Psychiatric Association *Diagnostisches und Statistisches Manual Psychischer Störungen DSM-III-R*. Weinheim (Beltz) 1989.
42. Klesges, R. C.; Klesges, L. M. *Cigarette Smoking as a Dieting Strategy in a University Population*. In: *International Journal of Eating Disorders* 7 (1988) S. 413–419.
43. Klesges, R. C.; Meyers, A. W. *Smoking, Body Weight, and Their Effects on Smoking Behavior: A Comprehensive Review of the Literature*. In: *Psychological Bulletin* 106 (1989) S. 204–230.
44. Klesges; Klesges *Cigarette Smoking as a Dieting Strategy*. S. 413–419.
45. Hall, S. M.; McGee, R.; Tunstall, C.; Duffy, J.; Benowitz, N. *Changes in Food Intake and Activity after Quitting Smoking*. In: *Journal of Consulting and Clinical Psychology* 57 (1989) S. 81–86.
    Klesges; Meyers *Smoking, Body Weight, and Their Effects on Smoking Behavior*. S. 204–230.
46. American Psychiatric Association *Diagnostisches und Statistisches Manual Psychischer Störungen DSM-III-R*. Weinheim (Beltz) 1989.
    Russell; Epstein *Smoking*. S. 369–383.
47. American Psychiatric Association *Diagnostisches und Statistisches Manual Psychischer Störungen DSM-III-R*. Weinheim (Beltz) 1989.
48. Elkins, R.; Rapoport, J. L.; Zahn, T.; Buchsbaum, M. S.; Weingartner, H.; Kopin, I. J.; Langer, D.; Johnson, C. *Acute Effects of Caffeine in Normal Prepubertal Boys*. In: Miller, S. A. (Hrsg.) *Nutrition and Behavior*. Philadelphia (Franklin Institute) 1981. S. 167–176.
    Gilbert *Caffeine*.
    Leathwood, P. D.; Pollet, P. *Diet-induced Mood Changes in Normal Populations*. In: *Journal of Psychiatric Research* 17 (1982/1983) S. 147–154.
    Rozin, P.; Cines, B. M. *Ethnic Differences in Coffee Use and Attitudes to Coffee*. In: *Ecology of Food and Nutrition* 12 (1982) S. 79–88.
49. Gupta, U. *Differential Effects of Caffeine on Free Recall After Semantic and Rhyming Tasks in High and Low Impulsives*. In: *Psychopharmacology* 105 (1991) S. 137–140.
50. American Psychiatric Association *Diagnostisches und Statistisches Manual Psychischer Störungen DSM-III-R*. Weinheim (Beltz) 1989.
51. Griffiths, R. R.; Bigelow, G. E.; Liebson, I. A. *Reinforcing Effects of Caffeine in Coffee and Capsules*. In: *Journal of the Experimental Analysis of Behavior* 52 (1989) S. 127–140.
52. American Psychiatric Association *Diagnostisches und Statistisches Manual Psychischer Störungen DSM-III-R*. Weinheim (Beltz) 1989.
53. Gilbert, *Caffeine*. S. 145–166.
54. Resnick; Resnick *Cocaine Abuse*. S. 713–728.
55. Sherer, M. A.; Kumor, K. M.; Mapour, R. L. *A Case in Which Carbamazepine Attenuated Cocaine ‚Rush'*. In: *American Journal of Psychiatry* 147 (1990) S. 950.

56. Kolata, G. *New Drug Counters Alcohol Intoxication.* In: *Science* 234 (1986) S. 1198–1199.
    Suzdak, P. D.; Glowa, J. R.; Crawley, J. N.; Schwartz, R. D.; Skolnick, P.; Paul, S. M. *A Selective Imidazobenzodiazepine Antagonist of Ethanol in the Rat.* In: *Science* 234 (1986) S. 1 243–1 247.
57. Suzdak, P. D.; Glowa, J. R.; Crawley, J. N.; Skolnick, P.; Paul, S. M. *Is Ethanol Antagonist Ro15-4513 Selective for Ethanol?* In: *Science* 239 (1988) S. 649–650.
58. Kolata *New Drug.* S. 1198–1199.
59. Litman, G. K.; Topham, A. *Outcome Studies in Techniques in Alcoholism Treatment.* In: Galanter, M. (Hrsg.) *Recent Developments in Alcoholism,* Vol. 1. New York (Plenum) 1983. S. 172.
60. Logue *Die Psychologie des Essens und Trinkens.*
61. Vuchinich, R. E.; Tucker, J. A. *Contributions from Behavioral Theories of Choice to an Analysis of Alcohol Abuse.* In: *Journal of Abnormal Psychology* 97 (1988) S. 181–195.
62. Carroll, M. E.; Carmona, G. G.; May, S. A. *Modifying Drug-reinforced Behavior by Altering the Economic Conditions of the Drug and a Non-drug Reinforcer.* In: *Journal of the Experimental Analysis of Behavior* 56 (1991) S. 361–376.
63. Vuchinich, R. E.; Tucker, J. A. *Behavioral Theories of Choice as a Framework for Studying Drinking Behavior.* In: *Journal of Abnormal Psychology* 92 (1983) S. 408–416.
64. Hursh, S. R. *Behavioral Economics of Drug Self-administration and Drug Abuse Policy.* In: *Journal of the Experimental Analysis of Behavior* 56 (1991) S. 377–393.
65. Rutter, S. *Cigarette-smoking Reduction in University Students.* In: *Psychological Reports* 66 (1990) S. 186.
66. Resnick: Resnick *Cocaine Abuse.* S. 713–728.
    Schelling, T. C. *Self-command: A New Discipline.* In: Loewenstein, G.; Elster, J. (Hrsg.) *Choice Over Time.* New York (Russell Sage Foundation) 1992. S. 167–176.
67. Calsyn, D. A.; Saxon, A. J.; Barndt, D. C. *Urine Screening Practices in Methadone Maintenance Clinics: A Survey of How the Results Are Used.* In: *The Journal of Nervous and Mental Diseases* 179 (1991) S. 222–227.
    Nolimal, D.; Crowley, T. J. *Difficulties in a Clinical Application of Methadone-dose Contingency Contracting.* In: *Journal of Substance Abuse Treatment* 7 (1990) S. 219–224.
68. Curry, S. J.; Marlatt, G. A.; Gordon, J.; Baer, J. S. *A Comparison of Alternative Theoretical Approaches to Smoking Cessation and Relapse.* In: *Health Psychology* 7 (1988) S. 545–556.

Dolan, M. P.; Black, J. L.; Penk, W. K.; Robinowitz, R.; DeFord, H. A. *Predicting the Outcome of Contingency Contracting for Drug Abuse*. In: *Behavior Therapy* 17 (1986) S. 470–474.

69. Caddy, G. R.; Block, T. *Behavioral Treatment Methods for Alcoholism*. In: Galanter, M. (Hrsg.) *Recent Developments in Alcoholism*, Vol. 1. New York (Plenum) 1983. S. 139–165.

70. Altura, B. M.; Altura, B. T.; Carella, A.; Chatterjee, M.; Halevy, S. Tejani, N. *Alcohol Produces Spasms of Human Umbilical Blood Vessels: Relationship to Fetal Alcohol Syndrome (FAS)*. In: *European Journal of Pharmacology* 86 (1983) S. 311–312.

71. Miller, W. R. *Motivation for Treatment: A Review with Special Emphasis on Alcoholism*. In: *Psychological Bulletin* 98 (1985) S. 84–107.

72. Marlatt, G. A.; Gordon, J. R. *Determinants of Relapse: Implications for the Maintenance of Behavior Change*. In: Davidson, P. O.; Davidson, S. M. (Hrsg.) *Behavioral Medicine: Changing Health Lifestyles*. New York (Brunner/Mazel) 1980. S. 410–452.
Tucker, J. A.; Vuchinich, R. E. *Substance Abuse Relapse*. In: Watson, R. R. (Hrsg.) *Drug Abuse Treatment*. Totowa, NJ (Humana Press) 1992. S. 71–98.

73. Ibid.

74. Ibid.
Vuchinich, R. E.; Tucker, J. A. *Contributions from Behavioral Theories of Choice to an Analysis of Alcohol Abuse*. In: *Journal of Abnormal Psychology* 97 (1988) S. 181–195.

75. Herrnstein, R. J. *On the Law of Effect*. In: *Journal of the Experimental Analysis of Behavior* 13 (1970) S. 243–266.

76. Marlatt; Gordon *Determinants of Relapse*. S. 410–452.
Tucker; Vuchinich *Substance Abuse Relapse*. S. 71–98.

8. Anderes Gesundheits- verhalten

Viele unserer Krankheiten ließen sich vermeiden, wenn wir uns gesundheitsbewußt verhalten würden.[1] Mit anderen Worten, wir können durch unser heutiges Verhalten späteren schweren Erkrankungen vorbeugen. Wir können wählen zwischen einem Verhalten, das in Zukunft mit einer stabilen Gesundheit belohnt, und einem Verhalten, das uns zwar unmittelbar eine gewisse Befriedigung verschafft, langfristig aber unsere Gesundheit gefährdet (siehe Kasten 8.1 und 8.2). Selbstkontrolle ist außerordentlich wichtig, wenn wir einen gesunden Körper behalten wollen[3], indem wir uns im Hinblick auf gesundheitliche Risiken bewußt präventiv verhalten. Auch im Gesundheitswesen und in der Gesundheitspolitik sollten bei Entscheidungen nicht nur die kurzfristigen, sondern auch die langfristigen Folgen berücksichtigt werden. Ein Gesundheitspolitiker muß allgemeine Einstellungen und Verhaltensweisen von Menschen im Hinblick auf kurzfristige und langfristige Gesundheitsrisiken möglichst genau kennen.[4]

Vorsorge zahlt sich aus.

Kasten 8.1

Egal wie alt ich werde, ich will gesund und fit bleiben, frei von Krankheit oder Gebrechen. Ich bin überzeugt, daß meine zukünftige Gesundheit weitgehend davon abhängt, wie ich heute vorsorge.[2]

Kasten 8.2

In den beiden vorangegangenen Kapiteln zu Eßverhalten und Drogenmißbrauch wurden einige gesundheitsbezogene, selbstkontrollierte Verhaltensweisen angesprochen. In diesem Kapitel soll nun selbstkontrolliertes Verhalten zur Gesundheitsvorsorge beschrieben werden: Sexualverhalten, Unfallprävention und Sport sowie der Umgang mit Umweltstreß und mit Krankheiten. Dabei werden immer wieder Verfahren angegeben, mit denen sich in bestimmten Gesundheitssituationen selbstkontrolliertes Verhalten verstärken läßt.

Wie schon erwähnt, ist ein selbstkontrolliertes Gesundheitsverhalten unter anderem deshalb so schwierig, weil viele negative Konsequenzen in weiter Ferne liegen und nicht immer bei jedem Menschen auch eintreten. Um es an einem extremen Beispiel deutlich zu machen: Eine HIV-Infektion läßt sich erst nach ziemlich langer Zeit feststellen; und ein ungeschützter Geschlechtsverkehr (ohne Kondom) führt nicht zwangsläufig zur Infektion, nicht einmal dann, wenn der Partner nachweislich HIV-infiziert ist. Zwar ist die Ansteckungsgefahr bei ungeschütztem Geschlechtsverkehr mit einem infizierten Partner viel wahrscheinlicher als bei geschütztem Geschlechtsverkehr mit einem infizierten Partner, aber die Infektionswahrscheinlichkeit erreicht selbst unter riskanten Bedingungen nicht 100 Prozent. Bei vielen gesundheitsbezogenen Verhaltensweisen ist das Ergebnis einer gesundheitlichen Beeinträchtigung also nicht nur weit hinausgeschoben, sondern auch sehr ungewiß.

Sexualverhalten

Um Sexualverhalten als weitgehend impulsives Verhalten zu erkennen, bedarf es keiner tiefgreifenden Analyse. Allerdings gilt das strenggenommen nach unserer bisherigen Definition nur dann, wenn langfristig unerwünschte Folgen angesichts des unmittelbaren Lustgewinns vernachlässigt werden. Und was wünschenswerte Folgen sind, ist etwa im Fall einer Schwangerschaft je nach Lebenskontext unterschiedlich. Bevor wir auf die adaptiven Aspekte eingehen, sei die impulsive Seite von Sexualverhalten kurz skizziert.

Beim Sex entscheidet nicht selten der unmittelbare Lustgewinn, ohne daß möglichen unerwünschten Folgen vorgebeugt wird: Nicht nur Schwangerschaftsverhütung, sondern auch Vorbeugen gegen Infektionen wie Syphilis, Gonorrhoe, Herpes oder AIDS werden dann nicht selten vernachlässigt. Einige dieser Folgen zeigen sich erst relativ spät. Eine Schwangerschaft kann erst einige Wochen später diagnostiziert werden – und bisweilen mehrere Monate unentdeckt bleiben; die möglichen Risiken einer Geburt oder auch die konkreten Ansprüche, die ein Baby an seine Eltern stellt, werden erst im Laufe vieler Monate deutlicher gesehen. Auch Infektionen werden erst nach einer gewissen Zeit bemerkt. Es kann viele Jahre dauern, bis sich nach einer HIV-Infektion AIDS entwikkelt. Da die negativen Konsequenzen eines impulsiven sexuellen Verhaltens sich oft erst so spät zeigen, wundert es nicht, daß ihre Bedeutung vielfach äußerst gering eingeschätzt wird, wenn Menschen vor der Wahl zwischen Sex oder Verzicht auf Sex stehen.

In umfangreichen Analysen wurde untersucht, inwieweit menschliches Sexualverhalten adaptiv ist.[5] Impulsives Sexualverhalten kann in unserer evolutionären Vergangenheit durchaus adaptiv gewesen sein. Geschlechtskrankheiten waren noch bis weit in unsere Geschichte hinein größtenteils unbekannt. Die Säuglingssterblichkeit lag in den ersten Lebensjahren um vieles höher als heute – Kinder überlebten viel seltener, und Erwachsene erlebten das Ende ihres fortpflanzungsfähigen Alters oft nicht. Unter solchen Bedingungen war es durchaus ein angepaßtes Verhalten, die Fortpflanzung und damit den Fortbestand der Gene in den nachfolgenden Generationen zu sichern. Häufiger Geschlechtsverkehr ließe sich dann evolutionsbiologisch als Strategie zur Maximierung der inklusiven Fitness verstehen, und der unmittelbare Lustgewinn des Geschlechtsverkehrs könnte eine evolutionäre Grundlage haben. In unserer evolutionären Vergangenheit hatte häufiger Geschlechtsverkehr für einen Menschen wohl eher positive als negative langfristige Konsequenzen. Häufiger Geschlechtsverkehr war also insofern kein impulsives Verhalten.[6]

Unsere heutige Umwelt sieht nun allerdings anders aus. Weltweit werden wegen unzureichender Verbreitung von Verhütung und Familienplanung viele Kinder geboren, deren Ernährung und Versorgung zum Problem werden kann. Und Krankheiten, die beim Geschlechtsverkehr übertragen werden, sind unter großen Teilen der Weltbevölkerung eine Ursache von Krankheit und sogar Tod. Daher kann häufiger Geschlechtsverkehr in unserer heutigen Umwelt tatsächlich evolutionsbiologisch ein impulsives Verhalten darstellen.

Die Befriedigung, die die Natur beim Geschlechtsverkehr „eingebaut" hat, macht es für Personen, die häufig Geschlechtsverkehr mit wechselnden Partnern haben, besonders schwer, sich Einschränkungen aufzuerlegen. Und die Tendenz in den Medien, immer wieder sexuelle Verhaltensmuster zu zeigen und ins Bewußtsein zu bringen, macht es dann nicht unbedingt leichter, sich zurückzuhalten. Allerdings gibt es durchaus Möglichkeiten, bei impulsivem Sexualverhalten, das negative Folgen wie Krankheiten oder unerwünschte Schwangerschaft wahrscheinlich macht, selbstkontrolliert gegenzusteuern. Einige dieser Methoden lassen sich aus der Theorie der Selbstkontrolle ableiten. Insbesondere bietet die Vorabfestlegung die Möglichkeit, sicherzustellen, daß es nicht zu unerwünschten Folgen kommen kann. Die radikalsten Vorabfestlegungen sind dabei Sterilisation und Kastration. So kann ein Mann durch eine Vasektomie (Unterbrechung der Samenleiter) verhindern, daß sexuelle Kontakte – egal wie häufig sie sein mögen – zu einer Schwangerschaft der Frau führen können. Frauen könnten sich durch ein Hormonimplantat für längere Zeit schützen, ohne durch Sterilisation eine Schwangerschaft für immer ausschließen zu müssen. Mit einer Kastration des Mannes, die im Normalfall freilich nicht diskutabel ist, wird die weitreichendste Vorabfestlegung vorgenommen:[7] Das Sexualverhalten selbst wird praktisch ausgeschaltet.

Im allgemeinen sind die Methoden der Vorabfestlegung, mit denen insbesondere junge Erwachsene ihr Sexualverhalten steuern, weit weniger drastisch. Solange keine feste Bindung vorliegt, kann ein Paar beispielsweise bewußt Situationen meiden, die eine Gelegenheit zum Geschlechtsverkehr schaffen. Man kann sich beispielsweise bei Verabredungen an öffentlich zugänglichen Orten treffen, und gemeinsame Autofahrten oder Abendessen zu zweit in der Privatwohnung vermeiden. Und wenn man eine sexuelle Beziehung eingehen will, kann man durch Verhütungsmethoden wie die Pille ebenfalls vorab festlegen, daß es nicht zu einer Schwangerschaft kommt.

Zum Schluß sei angemerkt, daß unser evolutionäres Erbe in Situationen, in denen ein Paar in der Gründung einer Familie ein positives Ziel sieht, durchaus adaptiv ist: Sexualverhalten kann die Anforderungen an selbstkontrolliertes Verhalten erfüllen, wenn die langfristigen Folgen positiv bewertet werden – etwa das Zusammenleben mit Kindern.

Unfallprävention

Unfallprävention ist ein weiteres Beispiel für Verhalten, das langfristig zu einem wichtigen positiven Ergebnis führt (Unfallvermeidung als selbstkontrollierte Alternative); entsprechend bedeutet ein Verzicht auf Prävention eine Entscheidung zugunsten eines weniger wichtigen, unmittelbaren positiven Ergebnisses (Entfallen von Sicherheitsvorkehrungen als impulsive Alternative). Das Anlegen der Sicherheitsgurte im Auto ist ein Beispiel für selbstkontrolliertes Verhalten.[8] Den meisten Menschen ist es lästig, im Auto einen Gurt anzulegen, und sie würden das wohl auch nicht tun, wenn ihnen keine negativen Konsequenzen drohten – neben den Unfallrisiken selbst sind das in Deutschland auch die drohenden Bußgelder, durch die das Anschnallverhalten der Autofahrer entscheidend verstärkt wurde. Die Entscheidung, sich anzuschnallen, sichert langfristig die Konsequenz einer minimalen Gefährdung der Gesundheit, wenn ein Unfall passieren sollte. Eine weitere Form selbstkontrollierten Verhaltens im Bereich der Unfallprävention ist jungen Eltern sehr vertraut, die ihre Wohnung kindersicher machen. Solche Vorkehrungen erfordern Zeit und kosten Geld (weil Sicherungen für Steckdosen und Schlösser für Schränke gekauft werden müssen). Niemand würde dies ohne Not auf sich nehmen. Und doch sind viele Eltern bereit, einigen Aufwand zu treiben, um ihre Kinder in der Wohnung vor Unfällen zu schützen. Würde man die relativ unmittelbare negative Konsequenz des Zeit- und Geldaufwands für solche Vorkehrungen verringern, indem man dafür sorgen würde, daß jemand diese Arbeiten weitgehend übernimmt und/oder daß das erforderliche Material kostenlos zur Verfügung gestellt wird, so wären sicherlich mehr Eltern bereit, ihre Wohnung kindersicher zu machen. Im Sinne der Unfallprävention verhält man sich auch dann bewußt, wenn man sein Auto regelmäßig zur Inspektion bringt, in der Badewanne eine Gummimatte verwendet, beim Sport die Hilfe eines Trainers in Anspruch nimmt, beim Gebrauch einer Kettensäge Ohrenschützer, Handschuhe und einen Gesichtsschutz benutzt, bei einem Gewitter Bäume meidet, glatte Treppen mit einem Läufer belegt, und generell Umsicht und Einsatz zur Vermeidung von Unfallgefahren im Alltag zeigt.

Sport

Sport und Bewegung haben viele langfristig positive Auswirkungen auf die Gesundheit. Es fällt einem leichter, sein Gewicht zu halten (siehe Kapitel 6), das kardiovaskuläre System bleibt gesünder, der Muskeltonus wird erhöht, die Knochenstabilität nimmt zu, und bei Männern steigt der HDL-Cholesterinspiegel im Blut (was wiederum das Risiko kardiovas-

kulärer Erkrankungen verringert).[9] Andererseits macht es nicht allen
Menschen besonderen Spaß, Sport zu treiben; viele scheuen den Zeitaufwand und einige eher unangenehme körperliche Auswirkungen wie Mus-
kelkater, Blasen etc. Und für manche scheint Sport erst dann die er-
wünschte positive Wirkung zu haben, wenn er richtig anstrengend ist
(siehe Kasten 8.3). Sport zu treiben kann auch bedeuten, daß man spezi-
elle Kleidung braucht (beispielsweise einen Badeanzug), daß man eine
besondere Ausrüstung benötigt (beispielsweise einen Squash-Schläger),
und daß man einem Sportverein beitreten muß (was einen bestimmten
Beitrag im Jahr kostet). Insofern kann Sport treiben ein selbstkontrolliertes Verhalten darstellen; und keinen Sport treiben kann dann als impulsives Verhalten beschrieben werden.[10]

Ohne Fleiß kein Preis.

Kasten 8.3

Viele Menschen setzen verschiedene Strategien der Vorabfestlegung ein,
um sicherzustellen, daß sie auch wirklich Sport treiben. Manche gehen
beispielsweise in eine Gymnastikgruppe, weil es ihnen dann schwerer
fällt, nach zehn Minuten schon wieder aufzuhören. Oder aber sie trainieren gemeinsam mit einem Freund, weil es dann schwieriger ist, einen
festen Termin auszulassen.

Maryann Leslie und Pamela A. Schuster verwendeten die Vorabfestle-
gungsstrategie, um bei Patienten in der Herz-Kreislauf-Rehabilitation
sowohl die Trainingsmotivation als auch das Wissen um die Vorteile des
Trainings zu erhöhen. Die Hälfte der Patienten unterzeichnete jede Woche einen Vertrag, in dem festgelegt war, daß sie eine Belohnung bekommen würden, wenn sie die Trainingsziele der jeweiligen Woche erreichten. Wie sich zeigte, bewirkten Verträge, was die Beteiligung am Training anging, nicht mehr als eine einstündige Gruppeninformation pro
Woche (bei der alle Patienten anwesend waren). Allerdings schienen
diejenigen Patienten, die allwöchentlich eine Vereinbarung unterzeichne-
ten, die Vorteile der Rehabilitation besser zu kennen als die anderen.[11]

Gesunde Verhaltensweisen wie sportliche Betätigung lassen sich auch
dadurch fördern, daß man die unmittelbaren Vorteile vermehrt und die
unmittelbaren Nachteile verringert. So könnte ein Unternehmen beispielsweise ein Fitness-Center anbieten, das den Angestellten kostenlos
offensteht; denn dann müßten die Angestellten weniger Zeit und Geld

aufwenden, wenn sie Sport treiben wollten. Außerdem könnten die Angestellten, die das Fitness-Center regelmäßig benutzen, einen finanziellen Bonus bekommen.

In unserer evolutionären Vergangenheit, als Nahrung viel knapper war, mag die Unlust zu sportlicher Betätigung ein adaptives Verhalten gewesen sein. Solange es noch keine Autos, Lifts und Staubsauger gab, gab es im Alltag viele körperliche Tätigkeiten, so daß kein Bewegungsmangel die Gesundheit beeinträchtigte. Aber seitdem so viele arbeitssparende Geräte zur Verfügung stehen, müssen wir Sport treiben, um gesund zu bleiben. Eine Theorie der Selbstkontrolle könnte uns helfen, langfristig unsere Gesundheit durch körperliche Aktivität zu verbessern.

Streßbewältigung

Zahlreiche Experimente zeigen, daß bestimmte Umweltbelastungen zu Gesundheitsschäden führen. Bei entsprechend veranlagten Personen kann beispielsweise fortgesetzte geistige Anspannung in Konkurrenzsituationen einen psychischen Streß auslösen, der das Risiko von Bluthochdruck dadurch verstärkt, daß in höherem Maße Salz und Wasser im Körper zurückgehalten werden.[12] Wir wissen außerdem, daß ein berufliches Umfeld, in dem der einzelne kaum eine Möglichkeit hat, zukünftige Ereignisse zu beeinflussen, die Motivation zu beruflichem Engagement beeinträchtigen und einen Burnout auslösen kann.[13] Darüber hinaus weiß man, daß Personen mit einer Typ A-Persönlichkeit rascher als andere reagieren, wenn Belohnungen nach einem variablen Reaktionsschema gewährt werden.[14] Solche Personen könnten in streßbelasteten Situationen mit ungewissem Ausgang stärker als andere dazu neigen, sich zu übernehmen, um ein positives Ergebnis zu erreichen. Streß kann auch, vermutlich aufgrund einer Beeinträchtigung des Immunsystems, die Anfälligkeit für Infektionskrankheiten erhöhen.[15] Das sind nur einige der Möglichkeiten, in denen sich Streß negativ auswirken kann (wie etwa beim streßinduzierten übermäßigen Essen, das in Kapitel 6 diskutiert wurde). Insgesamt hat sich in vielen Forschungsarbeiten gezeigt, daß eine streßbelastete Umwelt mit einer Vielzahl von Krankheiten assoziiert ist.[16]

Methoden zur Streßbewältigung werden benötigt, um bei belastenden Situationen die körperlichen und emotionalen Beeinträchtigungen möglichst gering zu halten. Eine Möglichkeit wäre es, streßbelastete Situationen zu vermeiden, und damit zu Selbstkontrolle beizutragen. Insbesondere lassen sich Strategien der Vorabfestlegung einsetzen, um nicht in streßbesetzte Situationen zu geraten. Ein Angestellter beispielsweise kann Arbeitsstreß im Büro zum Anlaß nehmen, sich nach einer anderen Stelle umzusehen. Oder er kann versuchen, sich innerhalb des Unternehmens in einen anderen Bereich versetzen zu lassen. Ein gestreßter Lehrer kann sich in die Schulverwaltung zurückziehen oder den Beruf wechseln. Ein Schüler kann in der gymnasialen Oberstufe Kurse wählen, die ihm leichtfallen, und sich für eine Berufsausbildung oder ein leichteres Studium entscheiden. Entsprechend unserer Definition von Selbstkontrolle (in Kapitel 2) lassen sich solche Strategien als Maßnahmen sehen, um streßbedingte Probleme zu vermeiden, oder auch, um die Wahrscheinlichkeit eines langen und gesunden Lebens zu erhöhen.

Krankheitsbewältigung

Selbstkontrolle spielt auch beim Umgang mit Krankheiten eine Rolle, und zwar in doppelter Hinsicht: Zunächst geht es um die Entscheidung, überhaupt zum Arzt zu gehen und sich behandeln zu lassen, und dann müssen wir uns entscheiden, den verordneten Behandlungsplan auch einzuhalten. Betrachten wir zunächst einmal den Fall einer Person, die körperliche Veränderungen bei sich selbst entdeckt, die ein Symptom für eine schwere Krankheit sein könnten. Diese Person steht nun vor der Entscheidung, den Arzt aufzusuchen und feststellen zu lassen, was es mit den Symptomen auf sich hat, und sich gegebenenfalls behandeln zu lassen. Viele Faktoren nehmen Einfluß darauf, ob sich der Betreffende für oder gegen einen Arztbesuch entscheidet.[17] Bei genauerer Betrachtung der Vor- und Nachteile des Arztbesuchs wird deutlich, daß es sich beim Gang zum Arzt um eine selbstkontrollierte Entscheidung handelt. Wer sich scheut, den Arzt aufzusuchen, hat beispielsweise den Vorteil, daß er einer möglicherweise mit Schmerzen verbundenen oder zeitaufwendigen Behandlung aus dem Wege geht, Zeit- und eventuell Kostenaufwand vermeidet und sich unter Umständen eine sehr unerfreuliche Diagnose vorläufig erspart. Andererseits hat er, wenn er sich wirklich für sehr krank hält und zum Arzt geht, den Vorteil, daß der Arzt die Krankheitssymptome erfolgreich behandeln oder zumindest das Fortschreiten der Krankheit verzögern kann. Viele schwere Erkrankungen rufen zunächst nur leichte Symptome hervor (beispielsweise beginnt Brustkrebs oft mit einem kleinen, nicht schmerzenden Knoten in der Brust), so daß ein Aufschub des Arztbesuches, der unmittelbar mit unangenehmen Folgen verbunden sein kann, unter dem Aspekt von Selbstkontrolle und Impulsivität keineswegs überraschend ist (beispielsweise ist die Diagnose Brustkrebs unmittelbar niederschmetternd, und die Therapie – Operation, Bestrahlung und Chemotherapie – bringt kurzfristig stärkere Beschwerden mit sich, als die vorliegenden Krankheitssymptome). Insofern ist verständlich, daß viele Menschen nicht zum Arzt gehen, wenn sie sich krank fühlen und sich also impulsiv verhalten.

Vor diesem Hintergrund überrascht es ebenso wenig, daß viele Menschen Vorsorgeuntersuchungen beim Arzt oder Zahnarzt meiden. Regelmäßige Vorsorgeuntersuchungen werden empfohlen, um Krankheitssymptome zu entdecken, die für den Patienten selbst noch nicht erkennbar sind (wie beispielsweise ein suboptimaler Eisenspiegel im Blut). Bei einer Vorsorgeuntersuchung scheint man also noch weniger gewinnen und noch mehr verlieren zu können, als wenn man bereits unerfreuliche Krankheitszeichen an sich feststellt.

Die Krankenkassen bieten deshalb regelmäßige Vorsorgeuntersuchungen beim Arzt oder Zahnarzt an, und in verschiedenen Berufszweigen, bei denen bestimmte Gesundheitsrisiken bestehen, sind regelmäßige Kontrolluntersuchungen vorgeschrieben (etwa bei Busfahrern oder Angestellten in Kernkraftwerken).

Es kommt auch vor, daß jemand krank ist und der Arzt wenig oder nichts tun kann, um die Krankheitssymptome zu lindern. In solchen Fällen kann Selbstkontrolle entscheidend dazu beitragen, daß man trotz der Krankheit ein weitgehend normales Leben aufrechterhalten kann. Michael Rosenbaum und Arnon Rolnick untersuchten beispielsweise Soldaten in der israelischen Marine.[18] Sie teilten die Soldaten in zwei Gruppen ein, je nachdem, ob sie bei stürmischer See seekrank wurden oder nicht. Außerdem wurde jedem Probanden ein Fragebogen vorgelegt, um das individuelle Ausmaß an Selbstkontrolle zu messen. In diesem Fragebogen sollte ermittelt werden, wie selbstkontrolliert sich die Betreffenden in Alltagssituationen verhielten. Insbesondere wurde erhoben: „(a) der Einsatz kognitiver und selbstbezüglicher Äußerungen, um emotionale und physiologische Reaktionen zu steuern; (b) die Anwendung von Problemlösestrategien (beispielsweise Planung, Problemdefinition, Evaluation von Alternativen, Antizipation von Konsequenzen); (c) die Fähigkeit, unmittelbare Belohnungen aufzuschieben; und (d) die

allgemeine wahrgenommene Selbst-Wirksamkeit."[19] Rosenbaum und
Rolnick stellten fest, daß sich die Personen, die seekrank wurden, bezie-
hungsweise Personen, die keine solchen Symptome entwickelten, im
Hinblick auf ihre Selbstkontrolle nicht unterschieden. Es hing von einem
völlig anderen Faktor ab, ob die Probanden seekrank wurden oder nicht.
Aber unter den Seekranken waren diejenigen, die hohe Selbstkontroll-
Werte erreichten, eher in der Lage, ihre Arbeit auch bei stürmischer See
zufriedenstellend zu verrichten, als diejenigen, deren Selbstkontroll-
Werte niedrig lagen. Leider berichteten Rosenbaum und Rolnick nicht,
welche spezifischen Aspekte der in ihrem Fragebogen gemessenen
Selbstkontrolle damit zu tun hatten, daß die selbstkontrollierten Seekranken ihre Arbeit besser bewältigen konnten. Möglicherweise gebrauchten
sie Strategien der Vorabfestlegung (indem sie beispielsweise ihren Kollegen sagten, sie seien nicht seekrank, oder indem sie den Dienst eines
Kollegen übernahmen), um sicherzustellen, daß sie ihre Arbeit auch tun
mußten.

Viele Menschen (beispielsweise Diabetiker) sind mit einer Situation
konfrontiert, in der ihnen der Arzt empfiehlt, sich an einen bestimmten
Behandlungsplan zu halten. Diese Behandlung ist unter Umständen bela-
stend (weil ein Diabetespatient regelmäßig seinen Blutzuckerspiegel untersuchen lassen muß und weil eine Diät, Insulinspritzen und Medikamente vorgeschrieben sind), aber sie hat langfristig Vorteile. Außerdem
sind zu Beginn einer solchen Behandlung oft nur leichte oder noch gar
keine Symptome der Grundkrankheit erkennbar. Unter solchen Umständen fällt es vielen Menschen schwer, sich an einen Behandlungsplan zu
halten. Sie reagieren impulsiv und brechen die Behandlung ab, sobald sie
sich unmittelbar beschwerdefrei fühlen. Wenn die Patienten motivations-
fähig und normal intelligent sind, kann man sie oft durch Vorabfestlegungen in Form einer Vereinbarung dazu bringen, sich an den Behandlungsplan zu halten.[20]

Aber nicht nur Patienten sind im Krankheitsfall mit Fragen der Selbstkontrolle konfrontiert, sondern auch Ärzte. Gelegentlich müssen sich
Ärzte entscheiden zwischen einer Therapie, die nur die unmittelbaren
Symptome des Patienten lindert, und einer Therapie, die erst nach einer
gewissen Zeit greift, sich aber langfristig für die Gesundheit des Patienten auszahlt. Beispielsweise kann ein Arzt bei Anorexia nervosa (siehe
Kapitel 6) sich für eine Zwangsernährung entscheiden (die natürlich eine
Gewichtszunahme bewirkt, aber nicht lange aufrechterhalten und schon
gar nicht außerhalb des Krankenhauses fortgesetzt werden kann), oder

aber er kann sich für eine Psychotherapie entscheiden (die sich vielleicht erst nach ziemlich langer Zeit auswirkt, dann aber langfristig eine dauerhafte positive Auswirkung hat). Da Magersüchtige oft bereits lebensbedrohlich untergewichtig sind und sofort zunehmen müssen, entscheiden sich viele Ärzte zunächst für eine zeitlich begrenzte Zwangsernährung und beginnen später mit einer Psychotherapie, wenn der Patient dazu in der Lage ist.[21] In diesem Fall schließen sich die beiden Therapiemöglichkeiten nicht aus, und eine Zwangsernährung zur Abwendung des unmittelbaren Hungertodes kann deshalb nicht als impulsive Therapiealternative bewertet werden (siehe Kapitel 6). Gleichwohl ist eine solche Arztentscheidung, weil sie die langfristigen Therapieerfolge zugrunde legt, selbstkontrolliert. Ein ähnliches Beispiel ist die Implantation eines Kunstherzens (eine unmittelbare, aber zeitlich begrenzte Lösung) statt eines Spenderorgans (durch das sich das Leben eines Patienten erheblich verlängern läßt). Wenn ein Patient in akute Lebensgefahr gerät, und kein passendes Spenderherz zur Verfügung steht, ist die Transplantation eines Kunstherzens keineswegs eine impulsive Therapie.

Ein Beispiel dafür, daß Ärzte und ihre Patienten manchmal versucht sein könnten, zu einer impulsiven Lösung zu greifen, ist die Behandlung mit Antibiotika. Viele Patienten kommen mit einer Virusinfektion zum Arzt, gegen die Antibiotika – anders als bei einer bakteriellen Infektion – wenig ausrichten können. Der Arzt will seinem Patienten das Gefühl geben, daß er ihm hilft, und viele Patienten haben dieses Gefühl nur, wenn sie Medikamente verschrieben bekommen. Deshalb könnte der Arzt, obwohl er weiß, daß Antibiotika bei einer Virusinfektion allenfalls einer zusätzlichen Infektion durch Bakterien vorbeugen können, versucht sein, zum Rezeptblock zu greifen, und der Patient könnte versucht sein, auch im Fall einer Virusinfektion um Antibiotika zu bitten. Die Virusinfektion würde dann irgendwann spontan ausheilen; der Patient wäre zufrieden und würde den Heilungserfolg dem Antibiotikum und seinem hervorragenden Arzt zuschreiben; und der Arzt wäre zufrieden, weil die Krankheit geheilt und der Patient zufrieden ist. In dieser Situation würde die Antibiotikabehandlung also umittelbar die Zufriedenheit von Arzt und Patient erhöhen. Doch langfristig könnte ein solches Verhalten auch negative Folgen haben. Ein häufiger Einsatz von Antibiotika begünstigt die Entwicklung antibiotikaresistenter Bakterienstämme. Arzt und Patient müssen sich deshalb sorgfältig überlegen, welche langfristigen, und nicht nur welche kurzfristigen Konsequenzen die Verschreibung von Antibiotika hat.

Fazit

In diesem Kapitel wurde ebenso wie in den beiden vorangehenden Kapiteln dargestellt, welchen Beitrag das Konzept von Selbstkontrolle und Impulsivität für Entscheidungen im Gesundheitsbereich leisten kann – wenn es also um langfristig gesundheitsförderndes Verhalten geht. Wenn man gesundheitsförderndes Verhalten unter dem Aspekt der Selbstkontrolle betrachtet, wird verständlich, warum es vielen Menschen so schwerfällt, gesund zu leben. Der Wert eines langen und gesunden Lebens erscheint im Vergleich zu vielen unmittelbaren Vorteilen gering, weil der größere Vorteil erst in ferner Zukunft liegt. Die Abwertung eines aufgeschobenen Ereignisses spielt also auch dann, wenn man sich zwischen gesunden und ungesunden Verhaltensweisen entscheiden muß, eine wichtige Rolle. Die in Kapitel 5 dargestellten Methoden zur Verstärkung selbstkontrollierter Verhaltensweisen lassen sich auch zugunsten von Entscheidungen für eine gesunde Lebensweise einsetzen. Entsprechend abgewandelt sind sie ein äußerst nützliches Instrument der Gesundheitsvorsorge. Das Verständnis von Selbstkontrolle kann uns also auch als Leitfaden dienen, um uns zu einem längeren und gesünderen Leben zu verhelfen.

Anmerkungen

1. Brody, J. *Jane Brody's The New York Times Guide to Personal Health.* New York (Avon) 1983.
    Jeffrey, R. W. *Risk Behaviors and Health: Contrasting Individual and Population Perspectives.* In: *American Psychologist* 44 (1989) S. 1194–1 202.
2. Brody *Jane Brody's The New York Times Guide.* S. xiii.
3. Fisher, E. B.; Levenkron, J. C.; Lowe, M. R.; Loro, A. D.; Green, L. *Self-initiated Self-control in Risk Reduction.* In: Stuart, R. B. (Hrsg.) *Adherence, Compliance and Generalization in Behavioral Medicine.* New York (Brunner/Mazel) 1982. S. 169–191.
    Jeffrey, R. W. *Risk Behaviors and Health: Contrasting Individual and Population Perspectives.* In: *American Psychologist* 44 (1989) S. 1194–1 202.
4. Slovic, P. *Perception of Risks.* In: *Science* 236 (1987) S. 280–285.
5. Buss, D. M.; Schmitt, D. P. *Sexual Strategies Theory: An Evolutionary Perspective on Human Mating. Psychological Review* 100 (1993) S. 204–232.

6. Konner, M. *Why the Reckless Survive.* In: *The Sciences* (Mai/Juni 1987) S. 2–4.
7. Beck, R. C. (1990) *Motivation: Theories and Principles.* Englewood Cliffs, NJ: Prentice Hall.
8. Jeffrey *Risk Behaviors and Health.* S. 1194–1202.
9. Logue, A. W. *Die Psychologie des Essens und Trinkens.* Heidelberg (Spektrum Akademischer Verlag) 1995.
10. McReynolds, W. T.; Green, L.; Fisher, E. B. *Self-control as Choice Management with Reference to the Behavioral Treatment of Obesity.* In: *Health Psychology* 2 (1983) S. 261–276.
11. Leslie, M.; Schuster, P. A. *The Effect of Contingency Contracting on Adherence and Knowledge of Exercise Regimens.* In: *Patient Education and Counseling* 18 (1991) S. 231–241.
12. Light, K. C.; Koepke, J. P.; Obrist, P. A.; Willis, P. W. *Psychological Stress Induces Sodium and Fluid Retention in Men at High Risk for Hypertension.* In: *Science* 220 (1983) S. 429–431.
13. Glass, D. C.; McKnight, J. D.; Valdimarsdottir, H. *Depression, Burnout, and Perceptions of Control.* In: *Journal of Consulting Psychology* 61 (1993) S. 147–155.
14. Krantz, D. S.; Grunberg, N. E.; Baum, A. *Health Psychology.* In: *Annual Review of Psychology* 36 (1985) S. 349–383.
15. Ader, R.; Cohen, N. *Psychoneuroimmunology: Conditioning and Stress.* In: *Annual Review of Psychology* 44 (1993) S. 53–85.
16. Glass, D. G. *Behavior Patterns, Stress, and Coronary Disease.* Hillsdale, NJ (Erlbaum) 1977.
    Rodin, J.; Salovey, P. *Health Psychology.* In: *Annual Review of Psychology* 40 (1989) S. 533–579.
17. Taylor, S. E. *Health Psychology.* New York (Random House) 1986.
18. Rosenbaum, M.; Rolnick, A. *Self-control Behaviors and Coping with Seasickness.* In: *Cognitive Therapy and Research* 7 (1983) S. 93–97.
19. Ibid. S. 93–94.
20. Morgan, B. S.; Littell, D. H. *A Closer Look at Teaching and Contingency Contracting with Type II Diabetes.* In: *Patient and Education Counseling* 12 (1988) S. 145–158.
21. Logue, A. W. *Die Psychologie des Essens und Trinkens.*

9. Studium, Management und Geld

In der Pädagogik spielt Selbstkontrolle eine entscheidende Rolle. Wie erfolgreich Pädagogik ist – wieviel Schüler lernen, und wie gut sie auf ihren zukünftigen Beruf vorbereitet sind – hängt nicht zuletzt davon ab, wieviel Selbstkontrolle Lehrer und Schüler aufbringen. Auch im Bereich der Bildungspolitik spielt Selbstkontrolle gelegentlich eine Rolle (wenn es darum geht, kurzfristige Konsequenzen gegen langfristigere Konsequenzen abzuwägen). Wer die Schule oder Universität abgeschlossen hat und ins Berufsleben eintritt, muß lernen, sein Einkommen einzuteilen, und auch dabei spielt Selbstkontrolle eine Rolle. Manager in öffentlichen Institutionen und in Unternehmen müssen bei ihren Entscheidungen neben kurzfristigen auch langfristige Konsequenzen ihres Handelns bedenken, die sich auf Arbeitnehmer, Kunden und/oder Nachbarn des Unternehmens oder der Institutionen auswirken. Manche Menschen entscheiden sich dafür, ihr Geld nicht zu verdienen, sondern es im Spiel zu gewinnen oder zu stehlen – Strategien, die bestenfalls kurzfristig positive Folgen haben können. Das vorliegende Kapitel befaßt sich mit all diesen Aspekten von Selbstkontrolle und Impulsivität und der Frage, wie sich selbstkontrolliertes Verhalten in diesem Zusammenhang verstärken läßt.

Ausbildung

Noten und Abschlüsse

Zu den wichtigsten Gründen, aus denen man eine Schule oder Universität besucht, gehören bestimmte berufsqualifizierende Schul- und Hochschulabschlüsse. Für einen solchen Abschluß muß man bestimmte Zeugnisse und Zeugnisnoten vorweisen. Abschlußzeugnisse gelten als Maß dafür, wieviel ein Schüler gelernt hat und inwieweit er für einen höheren

Abschluß oder bestimmte Berufe geeignet ist. Viele Lehrer an Schulen und Hochschulen sehen in den Noten einen Anreiz, der Schüler und Studenten zum Lernen motiviert.[1]

Aber können Noten wirklich noch zum Lernen motivieren, wenn sie erst mit ziemlich großer Zeitverzögerung nach der erbrachten Leistung im Zeugnis stehen? Ein solcher Aufschub spielt nicht nur bei Zeugnisnoten, sondern auch bei einzelnen Klassenarbeiten und Tests eine Rolle. Manche Lehrer geben ihren Schülern die Klassenarbeiten oft erst nach einem Monat zurück, weil sie die Korrektur nicht schneller bewältigen können, oder weil sie kein besonderes Interesse daran haben. Und an den Universitäten wird die Leistung der Studenten von den meisten Lehrern noch seltener überprüft. Aus all diesen Gründen fehlt beim Lernen oft eine unmittelbares Noten-Feedback.

Lange Wartezeiten führen dazu, daß die Motivation durch gute Noten für Schüler und Studenten oft äußerst gering ist und kleinere, aber unmittelbarere Belohnungen in ihrem Wert steigen. Einem Studenten, dessen Arbeit lediglich am Ende eines Semesters benotet wird, fällt es beispielsweise schwer, sich schon zu Beginn des Kurses für das Lernen zu entscheiden, anstatt auf eine Party oder ins Kino zu gehen, zu telefonieren oder einfach in den Tag hinein zu leben. Gegen Ende des Semesters, wenn die Beurteilung seiner Arbeit sehr viel näher rückt, wird sich ein Student eher für das Lernen entscheiden. Bis dahin ist es allerdings oft schon zu spät, um noch den gesamten Stoff zu lernen, vor allem, wenn ein solcher Gang der Ereignisse mehrere Lehrveranstaltungen betrifft. Nun sind die Notenerfolge ernsthaft gefährdet.

Studenten sind oft auch versucht, einen bezahlten, aber zeitaufwendigen Job anzunehmen. Zahlreiche Studenten arbeiten viele Stunden pro Woche, um sich ihr Studium zu finanzieren oder sich Luxusartikel wie beispielsweise ein Auto leisten zu können. Mit solchen Jobs haben sie in relativ kurzen Abständen – die in der Regel kürzer sind als die Abstände bis zu ihrer nächsten Leistungsbeurteilung – immer wieder Geld in der Tasche. Viele Studenten sind daher versucht, viel Zeit für das Geldverdienen aufzuwenden, und zwar auch dann, wenn sie das Geld gar nicht unbedingt brauchen. Dann bleibt ihnen bisweilen zu wenig Zeit zum Lernen.

Lehrer wie Schüler können dazu beitragen, daß an Schulen und Hochschulen mehr und besser gelernt wird. Lehrer können dafür sorgen, daß Schüler ihre Noten auch rasch erfahren. Und Hochschulprofessoren können durch Tests und/oder Vergabe von Hausarbeiten, Übungsaufgaben und Referaten dazu beitragen, daß Studenten ihre Leistungen häufiger überprüfen können. Schüler und Studenten können über Strategien der Vorabfestlegung sicherstellen, daß sie während des gesamten Jahres lernen und nicht versucht sind, sich ablenken zu lassen. Sie können sich beispielsweise einer Arbeitsgruppe anschließen. Mitglieder von Arbeitsgruppen benutzen soziale Belohnung und Bestrafung, um sicherzustellen, daß alle Mitglieder der Arbeitsgruppe während des ganzen Jahres regelmäßig teilnehmen und den Lehrstoff regelmäßig durcharbeiten, unabhängig davon, welche Ablenkungen locken. Schüler und Studenten können auch lernen, sich selbst für ihr Lernen zu belohnen und damit die (abgewertete, aufgeschobene) Belohnung von Noten und Zeugnissen zu verstärken.[2] Sie können lernen, ihre Impulsivität zu kontrollieren, so daß die Zeit beim Lernen rascher zu vergehen scheint und sie eher motiviert sind, länger über ihren Aufgaben zu sitzen (siehe Kasten 9.1). Die Entwicklung allgemeiner Fertigkeiten der Selbstkontrolle können einem späteren Versagen vorbeugen.[4]

PATIENCE
The clock will go slow
If you watch it, you know;
you must work right along
and forget it.
To study your best
Till it's time for a rest,
The clock will go fast, if you
let it!

Kasten 9.1

Betrug

Vom Abschreiben bei Tests bis zum geistigen Diebstahl oder Fälschen von Forschungsergebnissen – Betrug scheint in unseren akademischen Institutionen gang und gäbe zu sein; manche Forscher meinen sogar, Betrug breite sich in unserer Gesellschaft immer mehr aus.[5] Dies ist ein sehr gravierendes Problem, denn ohne Vertrauen in die intellektuelle Redlichkeit ist der Wert der Ergebnisse, den diese Institutionen hervorbringen (mit anderen Worten, der Wert ihrer Diplome und Forschungsergebnisse), gleich Null. Das gesamte akademische System gründet sich auf die Integrität aller Beteiligten.

Betrug läßt sich besser begreifen und eindämmen, wenn wir ihn als impulsives Verhalten betrachten. Studenten und Wissenschaftler, die betrügen, stehen vor der Wahl, durch Betrug unmittelbar zu einer guten Note oder Publikation zu kommen, oder aber nicht zu betrügen und längerfristig auf eine gute Note oder Publikation hinzuarbeiten und damit zugleich die Nachteile des Entdecktwerdens auszuschließen. So betrachtet ist Betrug eine Frage der relativen Werte unmittelbarer und aufgeschobener Belohnungen und der Fähigkeit, Selbstkontrolle zu entwikkeln und sich verstärkt für größere, aufgeschobene Belohnungen zu entscheiden.[6] Dabei können Methoden zur Verstärkung der Selbstkontrolle schon früh zum Tragen kommen. So hat K. Daniel O'Leary in einem Experiment mit Schülern einer ersten Klasse gezeigt, daß die Anweisungen und Verbote des Versuchsleiters in dessen Abwesenheit eher befolgt wurden, wenn den Jungen zuvor gesagt wurde, sie sollten sich immer wieder selbst vorsagen, was erlaubt und was verboten sei.[7] Seine Anweisungen bezogen sich dabei auf das Drücken einer Telegraphentaste, das unter bestimmten Bedingungen verboten war.

Robert Eisenberger hat auf der Grundlage eines Konzepts der Selbstkontrolle zahlreiche Forschungsarbeiten durchgeführt, in denen er versuchte herauszufinden, warum jemand betrügt, und wie Schüler und Studenten üben können, nicht zu betrügen. Er zeigte wiederholt, daß sowohl Schüler als auch Studenten sich dann eher selbstkontrolliert verhalten und nicht betrügen, wenn sie zuvor Erfahrungen mit weit aufgeschobenen Belohnungen und mit Belohnungen gemacht haben, die erhebliche Anstrengungen voraussetzen. Die Ergebnisse dieser Arbeiten deuten darauf hin, daß die Neigung zum Betrügen auch darauf beruhen könnte, daß nicht viele Erfahrungen mit aufgeschobenen und Anstrengung erfordernden Belohnungen vorliegen. Dann ließe sich die Neigung zum Betrügen reduzieren, indem man jungen Menschen Gelegenheit gibt, Erfahrungen mit solchen Belohnungen zu machen. Mit anderen Worten, Erfahrungen mit aufgeschobenen und nur durch Anstrengung erreichbaren Belohnungen lassen sich auf andere Situationen übertragen und können dazu führen, daß jemand die generalisierte Tendenz entwikkelt, sich selbstkontrolliert zu verhalten und nicht zu betrügen.[8]

Impulsive Kinder

Im allgemeinen sind Kinder impulsiver als Erwachsene (siehe Kapitel
4). Manche Kinder sind allerdings auffällig impulsiv. So zeigen beispielsweise etwa drei Prozent aller Kinder eine *Hyperaktivitäts- und
Aufmerksamkeitsstörung* (HAAS; die meisten betroffenen Kinder
sind Jungen). Ein Merkmal der HAAS ist eine ausgeprägte Impulsivität, die unter anderem auch die Schulleistungen der Kinder erheblich
beeinträchtigen kann.[9] Kinder mit einer HAAS zeigen „eine im Vergleich zum sonstigen Entwicklungsstand übermäßige Unaufmerksam-
keit, Impulsivität und Hyperaktivität. Die mit dieser Störung assoziierte Impulsivität äußert sich beispielsweise darin, „daß die Betroffenen gestellte Aufgaben nicht konsequent zu Ende führen, und es ihnen schwerfällt, ihnen übertragene Arbeiten zu organisieren und kor-
rekt auszuführen ... Die Arbeit wird oft unordentlich, nachlässig und
impulsiv verrichtet... Die Impulsivität zeigt sich oft darin, daß die
Betroffenen mit einer Antwort bereits herausplatzen, bevor die Frage
vollständig gestellt ist, daß sie Bemerkungen machen, ohne an der
Reihe zu sein, bei Gruppenaufgaben nicht warten, bis sie an der
Reihe sind, daß sie mit der Beantwortung von Aufgaben beginnen,
ohne sich mit den notwendigen Anweisungen richtig auseinanderge-
setzt zu haben, daß sie während der Schulstunde den Lehrer unterbrechen und in Phasen selbständigen, ruhigen Arbeitens andere Kinder
unterbrechen oder sie ansprechen ... Sie starten beispielsweise Aktivitäten, die für den Moment unterhaltsam sind, anstatt bestehenden
Pflichten nachzukommen.“[10] Das Verhalten von Kindern mit einer
HAAS scheint weitgehend von unmittelbaren Belohnungen und nur
sehr wenig von aufgeschobenen Belohnungen gesteuert zu sein.

Man vermutet, daß durch Anomalien im zentralen Nervensystem eine
Prädisposition für eine HAAS entsteht.[11] Ein theoretischer Ansatz besagt,
daß bestimmte Defizite in den Hirnregionen von Septum und Hippocampus (siehe Abbildung 7.1) das physiologische Pendant zu einer übermäßigen Abwertung aufgeschobener Belohnungen sind und die Impulsivität
von Kindern mit einer HAAS erklären könnten. Ratten mit einer Septumsläsion zeigen eine ähnlich erhöhte Aufmerksamkeit für unmittelbare
Belohnungen, wie sie bei Menschen mit der Diagnose HAAS zu beobachten ist (siehe Kapitel 7). Es liegen allerdings keine Daten vor, die eine
HAAS in spezifischer Weise mit einer Septumsläsion in Zusammenhang
bringen.[12]

Dieser Erklärung der HAAS entspricht die Beobachtung, daß bestimmte Medikamente, wie beispielsweise ein zentral erregendes Psychoanaleptikum (das strukturell mit den Amphetaminen verwandte *Methylphenidat*)[13] eine HAAS positiv beeinflußt.[14] Vermutlich trägt eine solche Medikation bei Kindern dazu bei, die Aufmerksamkeit bei der Erledigung kognitiver Aufgaben zu steigern. Da kontinuierliche Aufmerksamkeit und Aktivität bei kognitiven Aufgaben nicht mit anderweitiger Aktivität zu vereinbaren ist, ist die zunehmende Konzentrationsfähigkeit der mit Amphetaminen behandelten HAAS-Kinder von einer Abnahme der Hyperaktivität begleitet. Diese Wirkung von Amphetaminen bei HAAS-Kindern unterscheidet sich deutlich von der Wirkung, die Amphetamine auf Erwachsene haben – Erwachsene scheinen aktiver zu werden.[15] Kinder mit einer HAAS, deren Aufmerksamkeitsspanne durch Amphetaminbehandlung erhöht wurde, werten aufgeschobene Belohnungen weniger ab und verhalten sich stärker selbstkontrolliert als unbehandelte HAAS-Kinder.

Amphetamine sind allerdings starke Medikamente mit erheblichen Nebenwirkungen. Wenn Kinder über längere Zeit mit Amphetaminen behandelt werden, könnte das dazu führen, daß sie im Durchschnitt beispielsweise nicht so groß werden wie die Kinder, die ohne Amphetamine aufwachsen.[16] Außerdem führt diese Medikation nur zu kurzfristigen Verbesserungen im Verhalten.[17] Deshalb stützen sich viele Forscher auf den Ansatz, HAAS als Impulsivität zu beschreiben und auf dieser Grundlage verhaltenstherapeutische Behandlungsmethoden zu entwikkeln. Dabei konzentriert sich die Therapie darauf, für die Kinder mit einer HAAS gezielt situative Umweltbedingungen zu schaffen, in denen sie sich für größere, aufgeschobene Belohnungen entscheiden. Diese Behandlungsansätze zielen darauf ab, das Verhaltensmuster von Kindern mit einer HAAS langfristig und anhaltend zu verändern.

Julie B. Schweitzer und Beth Sulzer-Azaroff beispielsweise wandten eine Variante des Fading-Verfahrens an, das eine Verstärkung der Selbstkontrolle bei Tauben ermöglicht (siehe Kapitel 5). Um Kindern, die von ihren Lehrern als impulsiv beurteilt worden waren, mehr Selbstkontrolle beizubringen, wurde dieses Fading-Verfahren erfolgreich angewandt.[18] Die Kinder saßen vor einem Brett und wählten wiederholt zwischen zwei Schachteln, die teilweise aus dem Brett herausragten. Wenn sie den Deckel einer der beiden Schachteln berührten, kam die jeweilige Schachtel – manchmal erst nach einer bestimmten Zeitspanne – vollständig zum Vorschein. Die Kinder konnten sie dann öffnen und die darin enthaltene

Belohnung – Nahrung oder einen Sticker – herausnehmen. Zunächst mußten sich die Kinder zwischen unmittelbaren kleinen und unmittelbaren großen Belohnungen entscheiden. Im Laufe vieler Tage und im Laufe von 49 bis 81 Entscheidungssituationen wurde die Wartezeit bis zu der größeren Belohnung ganz allmählich verlängert, bis die Kinder schließlich zwischen einer unmittelbaren kleinen Belohnung und einer aufgeschobenen großen Belohnung wählen konnten; die Belohnung ließ dabei je nach Kind 20 bis 65 Sekunden auf sich warten. Nach diesem Fading-Verfahren neigten die Kinder viel stärker dazu, die Schachtel mit der größeren, weiter aufgeschobenen Belohnung zu wählen, als vor der Fading-Behandlung.

Andere Forscher wie Philip C. Kendall wenden eine kognitive Verhaltenstherapie an. Mit diesem Ansatz versucht man, das impulsive Verhalten von Kindern zu ändern, indem man sowohl die Umweltbedingungen als auch die Gedanken und Gefühle der Kinder verändert. Ziel der Therapie ist es, die Selbstkontrolle in spezifischen Lern- und Spielsituationen zu verstärken. In den Lernsituationen wird beispielsweise geübt, die Lösung verschiedener Arten von Testaufgaben planvoll anzugehen, die Aufmerksamkeit auf die Testaufgaben zu konzentrieren, und sich selbst zu belohnen, wenn eine Aufgabe richtig gelöst wurde. Wenn die Kinder die Testaufgaben nicht richtig lösten, nahmen die Versuchsleiter die Belohnungen weg. Kendall und seine Kollegen weisen darauf hin, daß die kognitiven Fähigkeiten eines Kindes darüber entscheiden, welche Art von Therapie erfolgreich ist.[19]

Bei Kindern mit einer HAAS und anderen mit Impulsivität assoziierten Verhaltensstörungen kann man mit den verschiedensten Therapieformen einen gewissen Erfolg erreichen. Wahrscheinlich bietet eine Kombinationstherapie die besten Erfolgschancen. Das Lernverhalten in der Schule läßt sich beispielsweise bei HAAS-Kindern günstig beeinflussen, wenn eine Kombination von medikamentöser Behandlung, Anleitung der Eltern und Einüben von Selbstkontrolle angewendet wird.[20] Wichtig ist sicherlich, daß frühzeitig eingegriffen wird, denn es gibt Hinweise darauf, daß hyperaktive, also extrem impulsive Kinder in ihrem späteren Erwachsenenleben häufiger zu impulsivem Verhalten wie beispielsweise Drogenmißbrauch neigen.[21]

Selbstkontrolle in Forschung und Lehre*

In vielen Situationen können Hochschullehrer durch selbstkontrolliertes Verhalten dazu beitragen, daß ihre Studenten mehr lernen, und daß sie selbst in ihren Lehrveranstaltungen eine positivere Resonanz finden. Im Zusammenhang mit Schule und Studium wurde bereits erwähnt, daß ein häufiges, unmittelbares Feedback in Form von häufigen Arbeiten und Tests, die möglichst rasch benotet zurückgegeben werden sollten, wünschenswert ist.[22] Das erfordert auf Seiten eines Lehrers vielleicht, auf einige unmittelbare Belohnungen zu verzichten – also etwa nicht ins Kino oder ins Konzert zu gehen, sondern sich die Zeit zu nehmen, um Tests und Arbeiten möglichst schnell zu beurteilen und zurückzugeben. Und ein Hochschullehrer muß sich Zeit für die Korrektur von schriftlichen Arbeiten oder auch mündlichen Prüfungen für Scheine und Testate nehmen. Der Verzicht auf unmittelbare Belohnungen sichert auch hier letztendlich die aufgeschobene Belohnung – der Unterrichtsstoff ist in der vorhergesehenen Zeit auch weitgehend gelernt worden.

Für Lehrer kann Selbstkontrolle auch dann wichtig sein, wenn es darum geht, Einfluß auf das Verhalten der Schüler zu nehmen. Jeder Lehrer hat, ganz gleich, wie alt seine Schüler sind, hin und wieder einen in seiner Klasse, der stört. In einer solchen Situation mag der Lehrer versucht sein, die Störung abzustellen, indem er den oder die Störer zurechtweist oder bestraft. Eine solche Maßnahme kann jedoch, wenn nichts anderes geschieht, auf ihn selbst zurückfallen. Vor allem in großen Klassen tun sich Schüler oft schwer, die Aufmerksamkeit des Lehrers auf andere Weise als durch Störmanöver auf sich zu lenken. Wird ein Schüler zurechtgewiesen oder bestraft, so muß ihm der Lehrer zwangsläufig seine Aufmerksamkeit zuwenden. Schüler lernen sehr rasch, daß man die Aufmerksamkeit des Lehrers dann am schnellsten bekommt, wenn man stört. Wenn der Lehrer dann weiterhin versucht, die Kontrolle über die Unterrichtssituation durch Zurechtweisung und Bestrafung der verantwortlichen Schüler zu behalten, so wird er damit zunächst tatsächlich bewirken, daß sie nicht mehr stören. Die Forschung hat allerdings gezeigt, daß eine solche Unterrichtsstrategie langfristig die Anzahl der

---

* In diesem Abschnitt gibt es viele Bezüge auf spezifische amerikanische Verhältnisse. Bei der Übersetzung wurden deshalb Begriffe wie z. B. „teacher" oder „course" mit Rücksicht auf das deutsche Bildungssystem kontextabhängig mit „Lehrer" oder „Hochschullehrer" bzw. „Dozent" und „Lehrveranstaltung" bzw. „Unterricht" übersetzt.

Störungen nicht senkt, weil die Aufmerksamkeit des Lehrers für Schüler eine Belohnung darstellt. Wer eine wohlerzogene Klasse vor sich haben will, in der sich die Schüler auf ihre Arbeit konzentrieren, sollte deshalb vor allem darauf setzen, Schüler für ihre Mitarbeit und für angemessenes Verhalten zu belohnen, anstatt Strafen für Störung und Fehlverhalten in den Mittelpunkt der Aufmerksamkeit zu stellen.[23] Lehrer müssen in ihrer Unterrichtsgestaltung sowohl kurzfristig als auch langfristig Konsequenzen im Auge behalten und dürfen sich nicht verleiten lassen, mit scheinbar unmittelbar wirksamen (aber letztendlich weniger erfolgreichen) Strategien durchgreifen zu wollen.

Außer Lehrverpflichtungen hat ein Hochschullehrer auch Forschungsaufgaben, und um sich wissenschaftlich zu qualifizieren, muß er seine Forschungsergebnisse veröffentlichen. Insbesondere Dozenten, die keine feste Stelle oder Professur haben, stehen hier unter enormem Erfolgsdruck. Eine Analyse der Situation an amerikanischen Universitäten zeigt, daß die hohe Bedeutung der Lehrfähigkeit für das berufliche Fortkommen es dort vielen Hochschullehrern schwer macht, intensiv zu forschen.[24] Hier kann das Konzept der Selbstkontrolle wiederum einige Gründe aufzeigen: Produktive Forschung wird an vielen Universitäten oft erst dann belohnt, wenn es um eine Vertragsverlängerung, eine Beförderung oder eine Stellenbesetzung geht, also in Fällen, die zwar einen potentiell sehr hohen Belohnungswert besitzen, aber oft Jahre auseinanderliegen. Andererseits müssen die meisten amerikanischen Universitätslehrer einen bis vier Kurse pro Semester anbieten. Für jede dieser Veranstaltungen müssen sie ihre Studenten pro Woche mehrere Stunden unterrichten, wobei sie sich jedesmal der Gefahr aussetzen, daß die didaktische Präsentation des Lehrstoffs oder auch das eigene Wissen unzulänglich erscheinen – eine Situation, die die meisten Menschen als extrem aversiv empfinden. Jedesmal erkennt der Dozent in einer solchen Situation, wie gut oder schlecht er selbst und sein Kurs bei den Studenten ankommen – wobei das Ergebnis für ihn äußerst positiv bis äußerst negativ sein kann. Besonders amerikanische Universitätslehrer können – vor allem dann, wenn sie nicht festangestellt sind – zusätzlich unter enormem Druck geraten, wenn auch nur ein unzufriedener Student sich beim Leiter des Fachbereichs beschwert. Sie fürchten dann um ihre Chancen auf eine Festanstellung.[25] Jeder Dozent an amerikanischen Universitäten steht deshalb vor der Wahl, seine Zeit entweder für die Unterrichtsvorbereitung aufzuwenden, um auf diese Weise unmittelbarere, aber kleinere Belohnungen zu bekommen, oder aber seine Zeit für die

Forschung aufzuwenden und eine größere, aber viel weiter aufgeschobene Belohnung zu erhalten. Ähnlich wie viele Studenten erst am Ende des Semesters anfangen zu lernen, schieben viele Wissenschaftler ihre Aufgaben in der Forschung bis zum Ablauf ihres Vertrages vor sich her, bis es zu spät ist, und investieren jahrelang unzählige Stunden in die Vorbereitung ihrer Kurse. Dieses Verhalten wurde auch schon als Unterordnung unter das „Gesetz des Aufschubs" bezeichnet (siehe Kasten 9.2).[26]

Das Gesetz des Aufschubs: Was sich aufschieben läßt, wird auch aufgeschoben.[27]

Kasten 9.2

Viele Universitätslehrer könnten – insbesondere zu Beginn ihrer beruflichen Laufbahn – mehr Zeit für die Forschung aufbringen,wenn ihnen gezeigt würde, wie sich Kurse zeitsparend und effizient vorbereiten lassen, und wie sie auch an arbeitsreichen Tagen noch Zeit für die Forschung finden können.[28]

Auch um die eigene Lehre zu verbessern, kann man sich an den Prinzipien der Selbstkontrolle orientieren. Ein Beispiel ist, sich einer Beurteilung durch die Studenten zu öffnen. Beurteilungsbögen, wie sie amerikanische Studenten am Ende des Semesters ausfüllen und – oft erst Monate nach der Veranstaltung – Dozenten abgeben, haben den Nachteil, daß sie ein sehr spätes Feedback sind. Aufgrund der langen Zeitspanne zwischen dem eigentlichen Verhalten im Unterricht und seinen Konsequenzen sinkt der wahrgenommene Wert der Beurteilungen und ihr Einfluß auf die zukünftigen Lehrveranstaltungen. Deshalb kommt es darauf an, daß Universitätslehrer für eine schnelle Rückkopplung der Unterrichtsbeurteilungen durch die Studenten sorgen. Ebenso wie die Beurteilung der Studenten effizienter ist, wenn ihr kontinuierliches Lernen nach jeweils relativ kurzen Zeitspannen benotet wird, können auch Beurteilungen des Unterrichts dann eher dazu beitragen, den Unterrichtsstil eines Lehrers zu verändern, wenn sie häufiger und nicht erst am Ende des Semesters vorgenommen werden.[29] Im Idealfall wird man seine Studenten also ermutigen, ihre Beurteilung möglichst oft im Semester rückzumelden. Eine alte Tradition an deutschen Universitäten – das Klopfen auf die Tische am Ende jeder Vorlesung – bekommt unter diesem Gesichtspunkt einen aktuellen Sinn. Je besser die Vorlesung beurteilt wurde, um so heftiger wurde Beifall geklopft.

Auch Verwaltungsaufgaben können von der Forschung ablenken, weil kurzfristige Ergebnisse zu Lasten langfristiger Konsequenzen bevorzugt werden. Ähnlich wie die unmittelbaren Belohnungen bei den Lehrveranstaltungen dazu führen können, daß weniger Zeit für langfristigere Belohnungen der Forschungstätigkeit aufgewandt wird, konkurrieren die unmittelbaren Belohnungen einer erfolgreichen Verwaltungstätigkeit oft mit aufgeschobenen Belohnungen der Forschung. Ein Verhalten, bei dem ein Hochschullehrer der Neigung folgt, seine Zeit vollständig für Verwaltungsaufgaben zur Verfügung zu stellen, kann auf Dauer die vollständige Rückkehr in die Forschung verhindern, wenn der Betreffende schließlich nicht mehr auf dem aktuellen Stand der Forschung ist. Deutlich wird das erst, wenn es bereits zu spät ist (siehe Kasten 9.3). Alle Wissenschaftler, die Aufgaben in Lehre und Verwaltung übernehmen müssen, können sich mit Strategien der Vorabfestlegung und anderen Techniken der Selbstkontrolle zeitliche Freiräume schaffen, um regelmäßig eine bestimmte Zeit für ihre Forschung reservieren zu können.

Umgang mit Geld

In kontrollierten Laborexperimenten zeigen die meisten erwachsenen Versuchspersonen ein hohes Maß an Selbstkontrolle, wenn sie als Ergebnis Punktwerte bekommen, die sie am Ende des Experiments in Geld umtauschen können. (Wenn sie dagegen mit Nahrung belohnt werden, verhalten sie sich häufiger impulsiv. Siehe Kapitel 6). Versuchspersonen verhalten sich in solchen Laborexperimenten vermutlich deshalb so selbstkontrolliert, weil das Geld erst nach Abschluß des Experiments ausgegeben werden kann. Während der Sitzung ist es für die Versuchspersonen also wenig sinnvoll, sich für kleinere, aber unmittelbarere Belohnungen zu entscheiden.[31] Außerhalb des Labors sind die Entscheidungskontingenzen im Zusammenhang mit Geld oft ganz anders, denn in den meisten Fällen geht es um Geld, das sofort ausgegeben werden kann. Daher ist es überhaupt nicht überraschend, daß außerhalb des Labors Entscheidungsalternativen zwischen größeren, weiter aufgeschobenen Ergebnissen und kleineren, weniger aufgeschobenen Ergebnissen so oft zu impulsivem Verhalten führen.

In der Regel werden die führenden Repräsentanten der Universitätsverwaltung aus den Reihen erfolgreicher und erfahrener Universitätsprofessoren rekrutiert, was für den einzelnen höchst widersprüchliche Anforderungen mit sich bringt, wie die Biographie des amerikanischen Geowissenschaftlers Walcott illustriert. In die Verwaltung einer Universität wird man berufen, weil man ein anerkannter Wissenschaftler ist, weil man seine Arbeit liebt und sie beherrscht. Zunächst verspricht man sich selbst: Ich werde nicht mehr so viel Zeit für die Forschung haben, aber ich werde effizienter arbeiten. Andere sind gescheitert, aber ich werde anders sein. Ich werde die Forschung nie aufgeben. Ich werde weiterarbeiten und annähernd so viel veröffentlichen wie bisher. Allmählich aber setzt sich mit schleichender Unvermeidlichkeit eine Wende durch: Die Forschung tritt immer mehr in den Hintergrund. Man gibt seine Ideale und seine ursprüngliche Liebe zu dieser Arbeit nicht auf: Irgendwann wird man diese Arbeit wiederaufnehmen, nach diesem Jahr als Vorsitzender, nach der Pensionierung, nach . . . Einige kommen tatsächlich in den Genuß, nach der Emeritierung wieder verstärkt forschen zu können. In Walcotts Fall kam der Tod dazwischen.[30]

Kasten 9.3

In diesem Abschnitt geht es um Fragen der Selbstkontrolle und Impulsivität, mit denen jeder konfrontiert ist, der außerhalb des Labors Entscheidungen zum Umgang mit Geld treffen muß – sei es nun eigenes oder fremdes Geld (wie im Falle finanzieller Entscheidungen in Unternehmen und öffentlichen Einrichtungen). Impulsivität in Geldangelegenheiten ist für zahlreiche Probleme unserer Gesellschaft verantwortlich. Vielleicht läßt sich auch diese Art von Impulsivität reduzieren, wenn man sie auf der Grundlage unseres Konzepts der Selbstkontrolle analysiert und verstanden hat.

Spare in der Zeit, so hast du in der Not.

Kasten 9.4

Ein Beispiel für Selbstkontrolle im Zusammenhang mit Geld ist das Sparen (siehe auch Kapitel 4). Wenn jemand Geld eingenommen hat, kann er entscheiden, ob er es für eine unmittelbare Befriedigung ausgibt oder ob er es lieber für einen zukünftigen Zweck zurücklegt. Man kann beispielsweise Geld für etwas sparen, das man zwar nicht im Augenblick, dafür aber später vielleicht benötigt (mit anderen Worten, für etwas, das in Zukunft einen sehr hohen Wert besitzen könnte, siehe Kasten 9.4). So kann man Rücklagen bilden, um wertvolle Gegenstände ersetzen zu können, wenn etwa aufgrund von Verschleiß oder Diebstahl eine Neuanschaffung nötig wird. Oder man spart, um etwas kaufen zu können, für das man erst einen gewissen Betrag angespart haben muß, wie beispielsweise eine neue Wohnung. Ein solches Verhalten wäre selbstkontrolliert.[32] Die Bereitschaft zum Sparen kann durch Zinsen gefördert werden: Zinsen erhöhen den Wert der aufgeschobenen großen Belohnung – des Geldbetrags, der später vom Konto abgehoben und ausgegeben werden kann. Man kann auch nach einem Sparplan vorgehen und einen bestimmten Betrag der Einkünfte automatisch auf ein Sparkonto überweisen lassen. Der Sparer legt sich also vorab darauf fest, eine bestimmte Summe zu sparen.[33] Damit wird der Anteil der Einkünfte, der automatisch auf ein Sparkonto überwiesen wird, einem möglichen impulsiven Kaufverhalten durch Vorabfestlegung entzogen. Für Kinder, die aufgeschobene Belohnungen tendenziell stärker abwerten als Erwachsene, ist es wahrscheinlich in jedem Fall schwerer zu sparen.[34] Schließlich sollte auch noch darauf hingewiesen werden, daß Sparen nicht immer ein selbstkontrolliertes Verhalten darstellt. Wenn jemand mehr als nötig spart und übertriebenes Sparverhalten auf Kosten seiner gegenwärtigen Lebensqualität geht, dann kann der Wert des sofort ausgegebenen Geldes größer sein als der Wert des Sparens für die Zukunft. Ein extremes Beispiel wäre ein Mensch, der eigentlich gesellig ist, aber niemanden einlädt oder sich von Geselligkeiten fernhält, weil er das dafür nötige Geld lieber spart.

Wenn Privatleute oder Manager in einem Unternehmen Geld zur Verfügung haben, das sie nicht auszugeben brauchen und (zumindest eine Zeitlang) sparen wollen, müssen sie entscheiden, wie sie das Geld anlegen wollen. Bei manchen Anlageformen, beispielsweise bei Schatzanweisungen mit einer Laufzeit von drei Monaten, hat der Anleger das Geld mitsamt den aufgelaufenen Zinsen schon einige Monate nach dem Kauf wieder zur Verfügung. Bei anderen Anlagen, wie beispielsweise bei Festgeldanlagen, bekommt der Investor erst nach relativ langer Zeit (oft

erst nach Jahren) eine Auszahlung. Selbst wenn Anleger relativ zuver-
sichtlich sind, daß sie ihr Geld kurzfristig nicht brauchen, wählen sie
eher kurzfristige Anlageformen, die ihnen relativ wenig einbringen, weil
sie einen größeren Betrag, über den sie aber erst später verfügen können,
tendenziell geringer bewerten. Anleger neigen dazu, die Erträge langfristiger Anlageformen zu unterschätzen.[35]

Ein ähnliches Thema ist die Vorsorge für den Ruhestand. Ein Ruhe-
ständler braucht größere Reserven, weil er deutlich geringere Einkünfte
hat als zu Zeiten seiner Berufstätigkeit, während seine Ausgaben nicht
im gleichen Maße sinken. Wenn also jemand damit rechnet, daß er seinen Ruhestand noch erleben wird, führt das Sparen für diesen Lebensab-
schnitt zu einer großen, aufgeschobenen Belohnung. Doch die Geringschätzung aufgeschobener Belohnungen erschwert es vielen Menschen,
während ihres Arbeitslebens für den Ruhestand zu sparen.[36] In dieser
Zeit scheinen andere Ausgaben wie ein größeres Haus, die Finanzierung
der Ausbildung für die Kinder, ein schöner Urlaub oder ein neues Auto
oft wichtiger als die Vorsorge für den Ruhestand. Angesichts der Schwierigkeiten, die viele damit haben, zusätzlich zur gesetzlichen Rentenversicherung, privat für ihren Ruhestand vorzusorgen, bieten viele Arbeitgeber eine betriebliche Altersversorgung an (die auch für potentielle Arbeitnehmer attraktiv ist). Dabei wird ein Teil des Gehalts in einen Ren-
ten- oder Versicherungsfonds einbezahlt, so daß man allmählich wach-
sende Ansprüche auf Rentenzahlungen im Alter aufbauen kann. Um
sicherzustellen, daß die Arbeitnehmer nicht versucht sind, das Geld für
unmittelbarere Bedürfnisse auszugeben, ist eine Auszahlung vor Beginn
des Ruhestands meist nicht vorgesehen. Im Gegensatz zur gesetzlichen
Rentenversicherung kann man betriebliche Versicherungen in manchen
Fällen wie private Lebensversicherungen beleihen oder zurückkaufen –
wobei ein Rückkauf in der Regel Verluste mit sich bringt. Um die private
Altersvorsorge zu fördern, werden betriebliche und private Lebensversicherungen steuerlich begünstigt.

Auch beim Geldausgeben spielen Selbstkontrolle und Impulsivität
eine Rolle.[37] Viele Käufe sind notwendig oder werden nicht mit Geld
bestritten, das für andere Zwecke verplant ist. Diese Art des Geldausgebens ist nicht impulsiv. Manchmal kauft man für sein Geld aber auch
Dinge, mit denen man wenig anfangen kann, oder man gibt es aus,
obwohl man es dringender für etwas anderes gebraucht hätte. Diese Art
des Geldausgebens ist in der Tat impulsiv. Etwa sechs Prozent aller
Amerikaner aus unterschiedlichen Einkommensschichten geben ständig

Geld aus, obwohl ihre Ausgaben ihre finanziellen Möglichkeiten über-
steigen.[38]

Impulsives Geldausgeben wird häufiger, wenn jemand über Kreditkarten oder andere Kreditmöglichkeiten verfügt. Beim Kauf auf Kreditkarte
sind die tatsächlichen Kosten der Käufe aufgeschoben, weil die Rechnung ja erst später – beispielsweise am Monatsende – bezahlt werden
muß; und sie werden in ihrer Bedeutung unterschätzt. Die Kosten erscheinen deshalb geringer, als sie tatsächlich sind. Außerdem können
Kreditkartenbesitzer ihre Rechnungen auch erst später als am Monatsende bezahlen, wenn sie bereit sind, einen bestimmten Aufschlag zu bezahlen. Da diese Gebühr ebenfalls erst später fällig ist, erscheinen die Kosten wiederum verringert. Da die tatsächlichen Ausgaben unterschätzt
werden, sind Kreditkartenbesitzer oft nur allzu bereit, die zusätzliche
Gebühr zu bezahlen. Es fällt eben schwer, eine schicke neue Jacke im
Laden hängen zu lassen, wenn man sie kaufen und gleich anziehen kann
und dafür nur eine Plastikkarte auf den Ladentisch legen muß – das Geld
und die Gebühr werden ja erst Monate später abgerechnet.

Viele Menschen haben mehrere Kreditkarten mit einer jeweils eigenen
Kreditlinie, und die Versuchung, so viel zu kaufen, wie die Karten herge-
ben, kann schließlich im finanziellen Fiasko enden. Eine Verbraucherin
ging dieser Versuchung aus dem Weg, indem sie ihre Kreditkarten tatsächlich in einem etwa 15 mal 15 Zentimeter großen Eisblock einfror
(allerdings benutzte sie Mineralwasser, damit das Eis klar blieb und sie
ihre Kreditkarten noch sehen konnte).[39] Bei Verbrauchern, denen keine
so einfallsreichen Strategien der Vorabfestlegung einfallen, kann die
Rechnung jedoch ziemlich hoch werden. Manchmal ist es einfach nicht
mehr möglich, die aufgelaufenen Schulden zu tilgen. Manche Kreditunternehmen werben damit, daß sie den Verbraucher aus einer solchen
Lage befreien, indem sie ihm einen weiteren, sehr großen Kredit geben,
mit dem er alle seine Schulden auf einen Schlag begleichen kann. Sie
weisen zu Recht darauf hin, daß man unter Umständen pro Monat weniger zurückzahlen muß und vielleicht sogar noch etwas Geld übrig hat,
um sich etwas zu kaufen (in einem amerikanischen Werbespot wird dem
Verbraucher nahegelegt, er könne sich doch mit dem übrigen Geld eine
Kleinigkeit kaufen – ein neues Dach für sein Haus beispielsweise). Ver-
schwiegen wird dabei aber, daß der Kredit insgesamt teurer wird und die
monatliche Tilgungsrate deshalb geringer ist, weil man nun sehr viel
länger zahlen muß, um den Kredit abzulösen. Viele nehmen dennoch
bewußt einen solchen langfristigen und hohen Kredit auf, weil sie oft gar

keine andere Möglichkeit sehen, aufwendige Anschaffungen zu finanzieren oder vorhandene Schulden zurückzuzahlen. In solchen Fällen stellt die Aufnahme des Kredits also kein impulsives Verhalten dar. Wenn jedoch ein hoher Kredit nur deshalb aufgenommen wird, weil die lange Laufzeit – und damit die Kreditkosten – unterbewertet werden und kurzfristige niedrigere Tilgungsraten einen größeren finanziellen Spielraum verschaffen sollen, dann stellt die Aufnahme eines neuen Kredits ein impulsives Verhalten dar. Die langfristige Rückzahlungssumme wird im Vergleich zur kurzfristigen Zahlung unterbewertet. Wer mehr Kredite aufnimmt, als er auf Dauer tilgen kann, erlebt irgendwann sehr negative Konsequenzen seines Handelns. Vielleicht findet sich bis dahin aber auch ein weiteres Kreditunternehmen, das bereit ist, ihm einen neuen Kredit zu geben, so daß er noch länger zurückzahlen muß ...

Impulsive Käufer können Kreditproblemen nur dadurch aus dem Weg gehen, daß sie weniger kaufen und folglich weniger Kredite aufnehmen. Das erreichen sie, indem sie weniger Geld und Schecks bei sich tragen und die Anzahl ihrer Kreditkarten beschränken. Sie können auch ein Haushaltsbuch führen (und sich somit vorab darauf festlegen, daß sie in verschiedenen Ausgabenbereichen nur eine bestimmte Höchstsumme ausgeben). Außerdem können sie sich selbst dafür belohnen, daß sie nicht impulsiv kaufen.[40] Auch die Mitarbeit in einer Selbsthilfegruppe (siehe am Ende des Buches den Abschnitt Weitere Informationen und Selbsthilfeeinrichtungen) kann dazu beitragen, daß man sein impulsives Kaufverhalten einschränkt und seine Kredite schneller tilgt. Bei Überschuldung lohnt auch der Weg zur öffentlichen Schuldenberatung oder zur Verbraucherberatung, die helfen können, bei einer Neuordnung der Schulden die günstigsten Bedingungen mit den Banken zu vereinbaren.

> Wenn wir öffentliche Angelegenheiten allzu unbekümmert angehen ... päppeln [sic] wir die Gegenwart auf Kosten der Zukunft. Die Befriedigung unmittelbarer Bedürfnisse ist keine vernünftige politische Zielsetzung einer verantwortlichen Regierung, einer verantwortlichen Bildungspolitik oder eines verantwortlichen Journalismus.[41]

Kasten 9.5

Im öffentlichen und wirtschaftlichen Leben gibt es viele Situationen, in denen die Verantwortlichen in Regierung, Wirtschaft oder Verwaltung die langfristigen Folgen ihrer Politik gegenüber den kurzfristigen Wirkungen bevorzugen sollten (Kasten 9.5). In der Schulpolitik beispielsweise sollten die verfügbaren Mittel nicht dafür aufgewendet werden, die Leistungen der Schüler in standardisierten Wissenstests zu erhöhen, wenn dies zu Lasten einer Fähigkeit zu lebenslangem Lernen geht. An den Universitäten ist zu bedenken, daß langfristig gebundene Mittel sorgfältig verplant werden, weil später zu erwartende Mittel oft unterschätzt und in der Ausgabenplanung ineffizient eingesetzt werden. In Personalabteilungen stellt sich oft die Frage, ob es nicht vorteilhafter ist, bei einem Arbeitsverhältnis die kurzfristig unangenehme Entscheidung, einen Angestellten, der seine Aufgaben nicht erledigt, abzumahnen oder gar zu kündigen, statt das Problem über Jahre zu verschleppen. Hier kann „ein Ende mit Schrecken besser als ein Schrecken ohne Ende sein", zumal es oft auch sein kann, daß ein Arbeitnehmer an einem anderen Arbeitsplatz erfolgreicher ist oder daß ein Gespräch dazu beiträgt, die Ursachen der schlechten Arbeitsergebnisse zu beseitigen. Die Regierungen einiger Entwicklungsländer stehen vor der Entscheidung, ihre Wälder – insbesondere die Regenwälder – weiter abzuholzen, um mehr Flächen nutzen und ihre Bevölkerung besser ernähren zu können. Langfristig kann das Umweltzerstörungen hervorrufen, die für alle katastrophal sind – wenn die Spirale von Armut, Hunger und Umweltzerstörung eskaliert. Unternehmer werden bisweilen zögern, in die Modernisierung ihrer Betriebe zu investieren, wenn sich diese Investitionen nicht in absehbarer Zeit amortisieren. Allerdings besteht dann langfristig die Gefahr, daß andere Unternehmen modernisieren und neue Betriebe im Markt konkurrieren, so daß Betriebe mit veralteter Infrastruktur gefährdet sind. Im Hinblick auf langfristige Investitionen für den Umweltschutz und die Gesundheit der Arbeitnehmer, die die Unternehmensgewinne eher schmälern als steigern, sind gesetzliche Regelungen notwendig.

Im allgemeinen ist eine langfristig wirksame Strategie, die von einer Gruppe von Menschen einen Verzicht auf kurzfristige Vorteile erfordert, leichter durchzusetzen, wenn nicht die Betroffenen selbst diese Entscheidung treffen. Das gilt insbesondere für Strategieentscheidungen in Unternehmen (oder auch an privaten Universitäten [42]), wenn die Angestellten von kurzfristig wirksamen Entscheidungen profitieren könnten, die langfristig zu Lasten des Unterehmens gehen (wenn etwa Lohnerhöhungen und Investitionen in die Infrastruktur zur Debatte stehen).*

Henry Rosovsky, der jahrelang Dekan der Geisteswissenschaftlichen Fakultät an der Harvard Universität war, stellt eine überzeugende Analogie zwischen Universitäten und Baseball-Teams** her, die einige der Vorteile und Nachteile kurzfristiger und langfristiger Management-Strategien hervorragend veranschaulicht. Nach Rosovsky steht ein Baseball-Team, ähnlich wie eine Universität, vor der Entscheidung, teure Star-Spieler (bzw. Wissenschaftler) einzukaufen, die dem Team sofort zu mehr Anerkennung verhelfen (vielleicht aber über den Höhepunkt ihrer Leistungsfähigkeit schon hinaus sind), oder aber seine Kräfte in ein Ausbildungssystem zu investieren, in dem die Begabungen junger Talente jahrelang gefördert werden, so daß schließlich einige von ihnen (wenn auch leider in der Regel nicht alle) zu Star-Spielern werden.[43]

Vor allem bei einer finanziellen Krise oder wenn das Ansehen in der Öffentlichkeit verfällt (wenn es beispielsweise mit Universitäten oder anderen Einrichtungen bergab geht) mag es so scheinen, als müsse jede Managemententscheidung auf das unmittelbare Überleben abzielen. Die Verantwortlichen sind in solchen Krisensituationen nicht sehr motiviert, langfristige Konsequenzen bei ihren Entscheidungen zugrunde zu legen, insbesondere dann nicht, wenn sie in einer Führungsetage mit hoher Fluktuation arbeiten (und kaum jemals persönlich die langfristigen Folgen ihrer Entscheidungen tragen müssen, weil sie bereits die Stelle gewechselt haben). Sofern es jedoch eine Alternative gibt und im Management eine gewisse Stabilität gewährleistet ist, sollten die Verantwortlichen ermutigt werden, die langfristigen Konsequenzen ihrer Entscheidungen mitzubedenken.[44] Managemententscheidungen können sich erheblich auf die Zukunft auswirken, und diese Zukunft wird unweigerlich irgendwann kommen, ob die Verantwortlichen die Verantwortung dafür übernehmen wollen oder nicht.

---

* In der Bundesrepublik erzwingen Bundesgesetze, daß bei unternehmensstrategischen Entscheidungen Arbeitnehmer durch eigene Vertreter beteiligt werden, wenn etwa Entlassungen oder Lohntarife diskutiert werden.
** In Deutschland müßte man eine solche Analogie nicht nur vom Baseball auf den Fußball übertragen, sondern auch berücksichtigen, daß über die Forschungsmittel und die Stellenpolitik an Universitäten in den zuständigen Landesministerien entschieden wird, so daß nicht nur die Etats zu berücksichtigen sind, die von den Universitäten selbst durch Präsidenten oder Dekane verwaltet werden.

Geldbeschaffung ohne Erwerbstätigkeit

Es gibt verschiedene Wege, an Geld oder Gebrauchsgüter zu kommen, ohne dafür zu arbeiten. Im folgenden Abschnitt besprechen wir besonders verbreitete und problematische Methoden: Glücksspiel und Diebstahl.

Spielsucht

In einem sehr allgemeinen Sinn ist jede Aktivität, die das Risiko in sich birgt, etwas Wertvolles zu verlieren, ein Glücksspiel.[45] In diesem Abschnitt geht es vor allem um eine Form des Glücksspiels, bei dem jemand einen bestimmten Geldbetrag einsetzt, um einen größeren Betrag zu gewinnen. Diese Art des Spielens kennt man von Lotterien, vom Roulette, von Toto-Gemeinschaften, Pferdewetten usw. Solche Lotterien und Glücksspiele sind hierzulande weitgehend legal, und es gibt inzwischen auch staatliche Lotterien. Las Vegas und Atlantic City, aber auch Monaco und Baden-Baden sind berühmt für ihre Spielcasinos.

Das Glücksspiel ist äußerst populär. Viele Menschen beteiligen sich an legalen oder illegalen Glücksspielen. 1990 nahm der Staat New York etwa 95 Millionen Dollar aus Pferdewetten und anderen Wetten ein. Im selben Jahr beteiligten sich etwa 475 000 Personen an solchen Glücksspielen und setzten dabei durchschnittlich 200 Dollar ein.[46] In der Bundesrepublik verdient der Staat ebenfalls direkt an den staatlichen Lotterien und indirekt an den Spielcasinos.

Der wichtigste Grund für die legalen Lotterien und Glücksspiele besteht darin, daß die Veranstalter einen Gewinn erwirtschaften wollen. Das läßt sich nur erreichen, wenn die Spieleinsätze insgesamt deutlich über den ausgezahlten Gewinnen liegen. Mit anderen Worten, diese Spiele sind so konzipiert, daß die Spieler durchschnittlich höhere Einsätze einzahlen, als sie in Form von Gewinnen zurückbekommen – deshalb werden sie langfristig immer Geld verlieren. Wenn jemand nur gelegentlich spielt und einen überschaubaren Spielverlust verschmerzen kann, ist das Glücksspiel eine völlig unproblematische Form der Unterhaltung, die oft auch mit einem wohltätigen Zweck verbunden ist. Manche Menschen verlieren beim Spiel aber mehr, als sie sich leisten können. Etwa zwei bis drei Prozent der Erwachsenen können als krankhafte Spieler bezeichnet werden.[47] Die American Psychiatric Association definiert pathologische Spielsucht folgendermaßen: „Hauptmerkmale dieser Störung sind die chronische und fortschreitende Unfähigkeit, der Versuchung zu Glücksspiel und anderem Spielverhalten zu widerstehen, wodurch persönliche, familiäre und berufliche Vepflichtungen in Frage gestellt, unterbrochen oder geschädigt werden."[48] Solche Spieler zeigen ein Verhalten, das langfristig sie selbst und ihre Familien schädigt.

Zu den Ursachen von nicht pathologischem und pathologischem Spielen liegen zahlreiche Forschungsarbeiten vor. In vielen dieser Untersuchungen versuchte man festzustellen, wie Menschen Risiken einschätzen, wie sie zu ihren Entscheidungen gelangen und welche Persönlichkeitstypen Gefahr laufen, zu pathologischen Spielern zu werden. Wie sich in Untersuchungen zum Spielverhalten gezeigt hat, gibt es einige spezifische Reaktionsmuster, die mit Belohnungen zusammenhängen, aber auch dann im Spielverhalten aufrecht erhalten werden, wenn diese Reaktionen ohne Belohnung bleiben.[49] Alle diese Ansätze tragen dazu bei, das Phänomen des pathologischen Spielens besser zu verstehen. Wir konzentrieren uns im folgenden auf den Ansatz, der an dieser Stelle von besonderem Interesse ist und der das Spielen als eine Form impulsiven Verhaltens definiert.

Um zu verstehen, warum pathologisches Spielen impulsiv ist, muß man zunächst sehen, mit welchen Nachteilen und Belohnungen einmaliges und wiederholtes Spielen verbunden ist. Wenn jemand Gelegenheit zum Glücksspiel hat, steht er vor der Entscheidung, Geld einzusetzen, um eventuell mehr Geld zu gewinnen, oder das Geld nicht einzuzahlen, um es später für etwas anderes auszugeben. Die meisten Menschen nehmen allerdings nicht nur einmal am Glücksspiel oder an Lotterien teil. Meist verlieren sie ihr Geld, doch hin und wieder gewinnen sie auch. Wenn sich Menschen an solchen Glücksspielen beteiligen, nehmen sie ihre Gewinnchance möglicherweise als einen (unterschiedlich langen) Aufschub eines erwarteten Gewinns wahr. Eine geringe Gewinnchance bedeutet dann, daß sie im Durchschnitt länger warten müssen, bis das Spielen Gewinn bringt, während eine hohe Gewinnchance im Durchschnitt mit einer kürzeren Wartezeit bis zum Gewinn verbunden ist.[50] In Kapitel 3 dieses Buches wurde dargestellt, warum eine aufgeschobene Belohnung zugleich eine ungewisse Belohnung ist. Beim pathologischen Spielen kann nun die Ungewißheit einer Belohnung als Aufschub einer Belohnung fungieren, wie sich bei genauer Analyse zeigt. Wenn jemand wiederholt spielt, entscheidet er sich wiederholt zwischen der Möglichkeit, einen kleinen Geldbetrag auszugeben, um eventuell rasch eine gro-

ße Summe zu gewinnen (in Wirklichkeit aber langfristig Geld zu verlieren), und der Alternative, dieses Geld nicht auszugeben, um es später für
einen anderen Zweck zur Verfügung zu haben (Impulsivität versus
Selbstkontrolle).

Weitere Untersuchungen, die von der Voraussetzung ausgehen, daß ein
Aufschub den Wert einer Belohnung mindert, können klären helfen,
warum Menschen immer wieder an Glücksspielen teilnehmen. Dabei
nehmen sie ihr Spielen vielleicht als eine Folge von Verlustserien wahr,
die jeweils mit einem Gewinn enden. Einige Serien sind lang, andere
kurz. Der Wert einer Serie hängt von ihrer Länge ab. Eine lange Serie
setzt sich aus vielen Spielen mit vielen Einsätzen zusammen, so daß der
Gewinn wahrscheinlich geringer ist als der Einsatz (mit anderen Worten,
eine lange Serie entspricht unter dem Strich einem negativen Wert).
Kurze Serien dagegen umfassen nur wenige Spiele mit wenigen Einsätzen, so daß der Gewinn wahrscheinlich größer ist als der Einsatz (das
heißt, kurze Serien haben unter dem Strich einen positiven Wert). Wenn
nun aufgrund der Abwertung langfristiger Ergebnisse die Folgen einer
langen Serie (der finanzielle Verlust) bei einer Entscheidung weniger ins
Gewicht fallen als die Folgen kurzer Serien (finanzieller Gewinn), dann
wird der Gewinn beim Glücksspiel im Durchschnitt tendenziell höher
eingeschätzt, als er im statistischen Mittel tatsächlich ist.[51]

So gesehen sollte die Spielneigung – zumindest zum Teil – davon
abhängen, wie hoch der Einsatz, die Gewinnchance und der potentielle
Gewinn jeweils sind. Tatsächlich ist die Spielneigung bei Personen mit
niedrigem sozioökonomischem Status, für die schon ein kleiner Geldgewinn einen hohen Wert besitzt, höher als bei Personen mit hohem sozioökonomischen Status, für die ein kleiner Geldgewinn nur einen geringeren Wert besitzt. Vielleicht nehmen Personen mit einem niedrigen sozioökonomischen Status das Spielen tatsächlich als einzige Möglichkeit
wahr, an viel Geld zu kommen.[52] Wenn sie sich in einer finanziellen
Notlage befinden, ist es fraglich, ob man ihr Spielen als impulsives
Verhalten klassifizieren sollte (ebenso wie man bei hungernden Tieren
die Entscheidung für die rascher verfügbare, aber kleinere Nahrungsmenge nicht als impulsives Verhalten bewerten kann; siehe Kapitel 6).

Da die Spielneigung eine Funktion der Höhe des finanziellen Einsat-
zes, der Gewinnchance und des potentiellen Gewinns ist, wirkt sich eine
Veränderung all dieser Faktoren auf die Spielhäufigkeit aus. Doch wenn
ein Spieler versucht, sein Spielen einzuschränken, lassen sich ausgerech-
net diese Faktoren nicht von ihm selbst steuern – sie werden von Veran-

staltern im Rahmen der gesetzlichen Bestimmungen festgelegt. Wer dazu neigt, allzu oft zu spielen, muß daher Techniken der Selbstkontrolle einsetzen, um der Versuchung widerstehen zu können. So kann er es beispielsweise vermeiden, ins Casino zu gehen, und wenn er doch hingeht, nur wenig Geld mitnehmen. Dies sind Strategien der Vorabfestlegung – eine wichtige Komponente in der Therapie der Spielsucht (Hinweise auf therapeutische Hilfe finden sich im Anhang des Buches).

Diebstahl

Eine weitere, nur allzu häufig angewendete Möglichkeit, ohne Arbeit an Geld zu kommen, ist der Diebstahl, das Entwenden von Geld oder Wertsachen, um sie sich ohne zu fragen selbst anzueignen. Diebstahl ist ein Beispiel für impulsives Verhalten, weil ein Dieb zwar kurzfristig zu Geld kommen kann, aber langfristig Gefahr läuft, im Gefängnis zu landen.[53] Die Versuchung zu stehlen ist um so größer, je höher der Wert der Dinge ist, die man sich dabei aneignen könnte.[54] Der Wert kann nicht nur dann hoch erscheinen, wenn der potentielle Dieb sehr dringend Geld braucht (wie es beispielsweise bei Drogensüchtigen der Fall ist). So ist es nicht überraschend, daß man bei Drogensüchtigen eine erhöhte Kriminalitätsrate feststellt (Beschaffungskriminalität).[55] Begünstigt wird Stehlen auch dadurch, daß die negativen Konsequenzen (Haftstrafe, Geldstrafe, Arbeit in einer caritativen Einrichtung, Ansehensverlust) wenn überhaupt, erst lange nach der Tat eintreten. Daher wird ihre Bedeutung oft erheblich unterschätzt.

Die Definition kriminellen Verhaltens als Impulsivität bedeutet natürlich nicht, daß jede impulsive Person zu einer kriminellen Karriere neigt. Mangel an Gelegenheit, Strategien der Vorabfestlegung und das Fehlen krimineller Vorbilder bewirken insgesamt, daß sich auch impulsive Menschen im allgemeinen an Recht und Gesetz halten.[56] Ein extremer Fall, kriminelle Handlungen durch Mangel an Gelegenheit zu unterbinden, sind Haft und Sicherungsverwahrung bei Wiederholungstätern.

Es wurde auch schon vermutet, daß Personen, die zu kriminellem Verhalten neigen, einen engeren Zeithorizont haben als andere. So wurde beispielsweise behauptet, die Neigung zu Eigentumsdelikten nehme bei Erwachsenen mit dem Alter ab, weil sich der Zeithorizont mit zunehmendem Alter erweitert (siehe Kapitel 4). Mit anderen Worten, aufgeschobene Ereignisse werden von älteren Menschen weniger abgewertet als von jüngeren. Ebenso wurde vermutet, daß die Neigung zu stehlen bei einem niedrigen Intelligenzniveau höher sei, weil niedrige Intelligenz und ein engerer Zeithorizont assoziiert sind.[57] Es ist allerdings umstritten, ob tatsächlich ein kausaler Zusammenhang zwischen niedriger Intelligenz und kriminellem Verhalten besteht, und ob eine solche Beziehung, wenn sie denn überhaupt existiert, primär genetisch fixiert oder umweltbedingt ist.[58] Es könnte beispielsweise sein, daß Kinder dadurch, daß man sie mit kleinen Belohnungen ruhigstellt, wenn sie „quengeln" oder etwas wünschen, in einem impulsiven Verhalten bestärkt werden.

So betrachtet genügt es nicht, Haftstrafen zu verhängen, um weitere Diebstähle zu verhindern, sondern zusätzlich sollte mit Methoden, die den Zeithorizont erweitern, versucht werden, den Eigentumsdelikten vorzubeugen. Man könnte beispielsweise Jugendliche, die in ein kriminelles Milieu abzugleiten drohen, mit der konkreten Situation von Häftlingen konfrontieren, die wegen Diebstahls einsitzen. Auch eine kürzere Zeitspanne zwischen Tat und Strafe, ein verschärftes Strafmaß und die Konfrontation mit den Geschädigten müßten dazu beitragen, die Anzahl der Diebstähle zu senken. Da alle diese Maßnahmen mit erhöhten Kosten für die Gesellschaft verbunden sind, lassen sie sich nur begrenzt durchsetzen. Ein weiterer Faktor ist die geringe Aufklärungsquote bei Diebstählen, die die Chance, ungestraft davonzukommen, erhöht und damit indirekt impulsives Verhalten verstärkt.

Fazit

Die Prinzipien von Selbstkontrolle und Impulsivität können sehr hilfreich sein, wenn es um Fragen der Bildung und Erziehung und des Managements geht, oder wenn wir besser verstehen wollen, warum Menschen pathologisch spielen und stehlen. Schließlich können wir in unserer heutigen Umwelt insgesamt nur dann ein produktives Leben führen, wenn wir in der Lage sind, unser Verhalten zu steuern. Die Forschung auf dem Gebiet der Selbstkontrolle kann zahlreiche Hinweise darauf geben, wie sich Produktivität durch selbstkontrolliertes Verhalten fördern läßt.

Anmerkungen

1. McKeachie, W. J. *Teaching Tips* (7th ed.). Lexington, MA (D. C. Heath) 1978.

2. Beneke, W. M.; Harris, M. B. *Teaching Self-control of Study Behavior.* In: *Behaviour Research and Therapy* 10 (1972) S. 35–41.

3. Burgess, G. *Goops and How to Be Them: A Manual of Manners for Polite Infants Inculcating Many Juvenile Virtues Both by Precept and Example with Ninety Drawings.* Philadelphia (J. B. Lippincott Company) 1928. S. 39.

4. Mischel, W.; Shoda, Y.; Rodriguez, M. L. *Delay of Gratification in Children.* In: *Science* 244 (1989) S. 933–938.

5. Putka, G. *Blackboard Jungle: A Cheating Epidemic at a Top High School Teaches Sad Lessons.* In: *Wall Street Journal* (29. Juni 1992) S. A1, A4, A5.

6. Mischel, W.; Gilligan, C. *Delay of Gratification, Motivation for the Prohibited Gratification, and Responses to Temptation.* In: *Journal of Abnormal and Social Psychology* 69 (1964) S. 411–417.

7. O'Leary, K. D. *The Effects of Self-instruction on Immoral Behavior.* In: *Journal of Experimental Child Psychology* 6 (1968) S. 297–301.

8. Eisenberger, R.; Adornetto, M. *Generalized Self-control of Delay and Effort.* In: *Journal of Personality and Social Psychology* 51 (1986) S. 1020–1031.
    Eisenberger, R.; Masterson, F. A. *Required High Effort Increases Subsequent Persistence and Reduces Cheating.* In: *Journal of Personality and Social Psychology* 44 (1983) S. 593–599.
    Eisenberger, R.; Mitchell, M.; Masterson, F. A. *Effort Training Increases Generalized Self-control.* In: *Journal of Personality and Social Psychology* 49 (1985) S. 1294–1301.
    Eisenberger, R.; Shank, D. M. *Personal Work Ethic and Effort Training Affect Cheating.* In: *Journal of Personality and Social Psychology* 49 (1985) S. 520–528.

9. American Psychiatric Association *Diagnostisches und Statistisches Manual Psychischer Störungen DSM-III-R.* Weinheim (Beltz) 1989.

10. Ibid. S. 79.

11. American Psychiatric Association *Diagnostisches und Statistisches Manual Psychischer Störungen DSM-III-R.* Weinheim (Beltz) 1989.

12. Gorenstein, E. E.; Newman, J. P. *Disinhibitory Psychopathology: A New Perspective and a Model for Research.* In: *Psychological Review* 87 (1980) S. 301–315.
    Newman, J. P.; Gorenstein, E. E.; Kelsey, J. E. *Failure to Delay Gratification Following Septal Lesions in Rats: Implications for an Animal Model of*

Disinhibitory Psychopathology. In: *Personality and Individual Differences* 4 (1983) S. 147–156.

13. Gilman, A. G.; Rall, T. W.; Nies, A. S.; Taylor, P. (Hrsg.) *Goodman and Gilman's the Pharmacological Basis of Therapeutics* (8th ed.). New York (Pergamon) 1990.

14. Brown, R. T.; Sexson, S. B. *A Controlled Trial of Methylphenidate in Black Adolescents.* In: *Clinical Pediatrics* 27 (1988) S. 74–81.

    Pelham, W. E.; Bender, M. E.; Caddell, J.; Booth, S.; Moorer, S. H. *Methylphenidate and Children with Attention Deficit Disorder.* In: *Archives of General Psychiatry* 42 (1985) S. 948–952.

    Pelham, W. E.; Schnedler, R. W.; Bologna, N. C.; Contreras, J. A. *Behavioral and Stimulant Treatment of Hyperactive Children: A Therapy Study with Methylphenidate Probes in a Within-subject Design.* In: *Journal of Applied Behavior Analysis* 13 (1990) S. 221–236.

    Rapport, M. D.; Stoner, G.; DuPaul, G. J.; Kelly, K. L.; Tucker, S. B.; Schoeler, T. *Attention Deficit Disorder and Methylphenidate: A Multilevel Analysis of Dose-response Effects on Children's Impulsivity Across Settings.* In: *Child and Adolescent Psychiatry* 27 (1988) S. 60–69.

    Trommer, B. L.; Hoeppner, J. B.; Zecker, S. G. *The Go-No Go Test in Attention Deficit Disorder is Sensitive to Methylphenidate.* In: *Journal of Child Neurology* 6 (1991) S. 128–131.

15. Rappoport, J. L.; Buchsbaum, M. S.; Zahn, T. P.; Weingartner, H.; Ludlow, C.; Mikkelsen, E. J. *Dextroamphetamine: Cognitive and Behavioral Effects in Normal Prepubertal Boys.* In: *Science* 199 (1978) S. 560–563.

    Stewart, M. A.; *Hyperactive Children.* In: *Scientific American* (April 1970) S. 94–99.

16. Officers of Medical Economics Company *Physician's Desk Reference* (34th ed.). Oradell, NJ (Medical Economics Company) 1980.

17. O'Leary, K. D. *Pills or Skills for Hyperactive Children.* In: *Journal of Applied Behavior Analysis* 13 (1980) S. 191–204.

18. Schweitzer, J. B.; Sulzer-Azaroff, B. *Self-control: Teaching Tolerance for Delay in Impulsive Children.* In: *Journal of the Experimental Analysis of Behavior* 50 (1988) S. 173–186.

19. Kendall, P. C. *Individual Versus Group Cognitive-behavioral Self-control Training: 1-year Follow-up.* In: *Behavior Therapy* 13 (1982) S. 241–247.

    Kendall, P. C.; Finch, A. J. *Developing Nonimpulsive Behavior in Children: Cognitive-behavioral Strategies for Self-control.* In: Kendall, P. C.; Hollon, S. D. (Hrsg.) *Cognitive-behavioral Interventions.* New York (Academic Press) 1979. S. 37–79.

    Kendall, P. C.; Zupan, B. A. *Individual Versus Group Application of Cognitive-behavioral Self-control Procedures with Children.* In: *Behavior Therapy* 12 (1981) S. 344–359.

20. Abramowitz, A. J.; O'Leary, S. G. *Behavioral Interventions for the Class-room: Implications for Students with ADHD*. In: *School Psychology Review* 20 (1991) S. 220–223.
Carlson, C. L.; Pelham, W. E.; Milich, R.; Dixon, J. *Single and Combined Effects of Methylphenidate and Behavior Therapy on the Classroom Performance of Children with Attention-deficit Hyperactivity Disorder*. In: *Journal of Abnormal Child Psychology* 20 (1992) S. 213–232.
Horn, W. F.; Chatoor, I.; Conners, C. K. *Additive Effects of Dexedrine and Self-control Training: A Multiple Assessment*. In: *Behavior Modification* 7 (1983) S. 383–402.
Horn, W. F.; Ialongo, N. S.; Pascoe, J. M.; Greenberg, G.; Packard, T.; Lopez, M.; Wagner, A.; Puttler, L. *Additive Effects of Psychostimulants, Parent Training, and Self-control Therapy with ADHD Children*. In: *Journal of the American Academy of Child and Adolescent Psychiatry* 30 (1991) S. 233–240.
21. Mannuzza, S.; Klein, R. G.; Bonagura, N.; Malloy, P.; Giampino, T. L.; Addalli, K. A. *Hyperactive Boys Almost Grown Up*. In: *Archives of General Psychiatry* 48 (1991) S. 77–83.
22. McKeachie *Teaching Tips*.
23. Becker, W. C.; *Parents Are Teachers: A Child Management Program*. Champaign, IL (Research Press) 1971.
24. Boice, R. *The New Faculty Member: Supporting and Fostering Professional Development*. San Francisco (Jossey-Bass) 1992.
25. Ibid.
26. Ibid.
27. Ibid. S. 170.
28. Boice *The New Faculty Member*.
29. Ibid.
McKeachie *Teaching Tips*.
30. Gould, S. J. *Wonderful Life: The Burgess Shale and the Nature of History*. New York (W. W. Norton) 1989. S. 245.
31. Forzano, L. B.; Logue, A. W. *Self-control in Adult Humans: Comparison of Qualitatively Different Reinforcers*. In: *Learning and Motivation* (im Druck).
Hyten, C.; Field, D.; Madden, G.; Greenspoon, J.; Mistr, K. *Exchange Delays and Impulsive Choice in Humans*. Der Association for Behavior Analysis, Atlanta, Georgia, vorgelegtes Paper.
32. Elster, J. *Weekness of Will and the Free-rider Problem*. In: *Economics and Philosophy* 1 (1985) S. 231–265.
Lea, S. E. G.; Tarpy, R. M.; Webley, P. *The Individual in the Economy: A Textbook of Economic Psychology*. Cambridge, England (Cambridge University Press) 1987.
Thaler, R. H.; Shefrin, H. M. *An Economic Theory of Self-control*. In: *Journal of Political Economy* 89 (1981) S. 392–406.

33. Lea; Tarpy; Webley *The Individual in the Economy.*

34. Kutner, L. *Parent and Child: Getting Through to Each Other.* New York (William Morrow and Company) 1991.

35. Shaklee, H. *Investment Decision Making: Short-term Interest and Long-term Yield.* Auf der Jahrestagung der Psychonomic Society, New Orleans, LA vorgelegtes Paper (November 1990).

36. Nasar, S. *Baby Boomers Fail as Born-again Savers.* In: *The New York Times* (24. September 1991) S. A1, D5.

37. Hoch, S. J.; Loewenstein, G. F. *Time-inconsistent Preferences and Consumer Self-control.* In: *Journal of Consumer Research* 17 (1991) S. 492–507.

38. Goleman, D. *A Constant Urge to Buy: Battling Compulsion.* In: *The New York Times* (17. Juli 1991). S. C1, C12.

39. Kaplan, M. *Frozen Assets.* In: *New York* (14. September 1992). S. 37.

40. Paulsen, K.; Rimm, D. C.; Woodburn, L. T.; Rimm, S. A. *Self-control Approach to Inefficient Spending.* In: *Journal of Consulting and Clinical Psychology* 45 (1977) S. 433–435.

41. *Instant Gratification and Sound Public Policy.* In: *The Chronicle of Higher Education* (2. Oktober 1991) S. B2.

42. Rosovsky, H. (1990). *The University: An Owner's Manual.* New York: W. W. Norton.

43. Ibid.

44. Schuler, R. S.; Harris, D. L. *Managing Quality: The Primer for Middle Managers.* Reading, MA (Addison-Wesley Publishing Company) 1992.

45. Lea, Tarpy, Webley *The Individual in the Economy.*

46. *Betting On and Off the Track.* In: *The New York Times* (30. November 1992) S. B1.

47. American Psychiatric Association *Diagnostisches und Statistisches Manual Psychischer Störungen DSM-III-R.* Weinheim (Beltz) 1989.

48. American Psychiatric Association *Diagnostisches und Statistisches Manual Psychischer Störungen DSM-III-R.* Weinheim (Beltz) 1989. S. 392.

49. Lea, Tarpy, Webley *The Individual in the Economy.*

50. Mazur, J. E. *Theories of Probabilistic Reinforcement.* In: *Journal of the Experimental Analysis of Behavior* 51 (1989) S. 87–99.
Rachlin, H.; Castrogiovanni, A.; Cross, D. *Probability and Delay in Commitment.* In: *Journal of the Experimental Analysis of Behaviour* 51 (1987) S. 347–353.
Rachlin, H.; Logue, A. W.; Gibbon, J.; Frankel, M. *Cognition and Behavior in Studies of Choice.* In: *Psychological Review* 93 (1986) S. 33–45.

51. Rachlin, H. *Why Do People Gamble and Keep Gambling Despite Heavy Losses?* In: *Psychological Science* 1 (1990) S. 294–297.

52. Lea, Tarpy, Webley *The Individual in the Economy.*

53. Gottfredson, M. R.; Hirschi, T. *A General Theory of Crime.* Stanford (Stanford University Press) 1990.
54. Wilson, J. Q.; Herrnstein, R. J. *Crime and Human Nature.* New York (Simon & Schuster) 1985.
55. Nurco, D. N.; Hanlon, T. E.; Kinlock, T. W. *Recent Research on the Relationship Between Illicit Drug Use and Crime.* In: *Behavioral Sciences and the Law* 9 (1991) S. 221–242.
56. Gottfredson, Hirschi *A General Theory of Crime.*
57. Wilson; Herrnstein *Crime and Human Nature.*
58. Goleman, D. New *Storm Brews on Whether Crime Has Roots in Genes.* In: *The New York Times* (15. September 1992).

10. Umgang mit sich selbst und mit anderen: Kooperation, Lüge, Depression, Suizid und Aggression

In diesem letzten Kapitel soll das Thema der Selbstkontrolle unter dem Aspekt betrachtet werden, in welcher Weise sich Menschen (und Tiere) anderen Menschen (und Tieren) gegenüber verhalten und welche Gefühle sie sich selbst gegenüber haben. Dabei kommt abschließend zur Sprache, was die American Psychiatric Association als *Störungen der Impulskontrolle* wie folgt beschreibt: „Impulsives oder explosibles Verhalten gefährdet den Betroffenen und auch andere."[1] In diesem Kapitel geht es um Beispiele dafür, wie Menschen mit sich selbst und anderen zurechtkommen – oder eben nicht. Insbesondere sollen als Verhaltensweisen Kooperation, Lüge, Depression, Suizid und Aggression untersucht werden, um auf der Grundlage von Selbstkontrolle und Impulsivität besser verstehen zu können, wie diese Verhaltensweisen zustande kommen, und wie sie sich beeinflussen lassen.

Kooperation

Von Kooperation spricht man immer dann, wenn mehrere Menschen zusammenarbeiten, um ein gemeinsames Ziel zu erreichen. Dabei kann es sich um ein einzelnes Ziel handeln, das ein Mensch allein niemals erreichen würde (beispielsweise wenn die Bürger einer Gemeinde zusammenarbeiten, um ein Schwimmbad für ihr Viertel zu bauen; wenn die Anwälte verschiedener Unternehmen einen komplizierten Vertrag aushandeln; wenn mehrere Staaten sich auf Waffen- oder Umweltkontrollen einigen); es kann sich aber auch um eine Reihe von Zielsetzungen handeln, wobei jeweils eine der kooperierenden Personen von einzelnen Zielsetzungen profitiert (beispielsweise, wenn zwei Kinder ausmachen, einander abwechselnd auf der Schaukel anzuschubsen). Auch wenn man jemandem einen Gefallen tut, kann das eine Form der Kooperation sein – sofern das Entgegenkommen von der Erwartung geleitet ist, daß der andere später irgendwann den Gefallen erwidert.

In all diesen Fällen investiert jemand im Augenblick etwas, das ihm weniger wichtig ist (Zeit, Geld, Anstrengung), um später ziemlich sicher etwas zu erhalten, an dem ihm viel liegt (das Schwimmbad, den Vertrag, eine sichere und saubere Umwelt, das Anschubsen auf der Schaukel, einen Gefallen). Alle diese Verhaltensweisen lassen sich also als eine Form der Selbstkontrolle beschreiben, als eine Entscheidung für eine größere, aber weiter aufgeschobene Belohnung und gegen eine kleinere, aber weniger aufgeschobene Belohnung. So betrachtet wird verständlich, warum es einzelnen Personen, Organisationen oder Staaten oft schwerfällt zu kooperieren. Die positiven Konsequenzen einer Kooperation sind weiter aufgeschoben und werden deshalb unterschätzt, während die positiven Konsequenzen des Nichtkooperierens viel unmittelbarer sind. Hinzu kommt, daß Kooperation bisweilen das Risiko von Nachteilen erhöht, wenn sich der jeweilige Kooperationspartner nicht ebenfalls kooperativ verhält – zum Beispiel, indem er Gefälligkeiten eben nicht erwidert. Wer dazu neigt, sich gegen eine Kooperation und für die unmittelbareren Belohnungen des Nichtkooperierens zu entscheiden, wird von den anderen oft als selbstsüchtig oder materialistisch eingeschätzt. Damit die langfristigen Konsequenzen einer mangelnden Kooperationsbereitschaft sich für eine Gesellschaft nicht nachteilig auswirken, wurden auch Gesetze erlassen, die dem Bürger eines Staates auferlegen, in einem vorgegebenen Mindestrahmen zu kooperieren und nicht nur den eigenen finanziellen Vorteil zu suchen.[2] So regeln beispielsweise Gesetze, daß ein Vertrag auf der Grundlage von Treu und Glauben geschlossen und eingehalten werden muß oder Steuern zu zahlen sind, wobei ein Verstoß mit Strafe belegt wird.[3]

Lügen

Eine Lüge ist eine bewußte Täuschung – ein absichtliches Verbreiten falscher Informationen. Lügen, die sich nicht so leicht aufdecken lassen, wurden auch schon als Ergebnis eines selbstkontrollierten Verhaltens beschrieben, weil der Lügner falsche Informationen verbreitet, um sich einen Vorteil zu verschaffen, der möglicherweise in einer sehr fernen Zukunft liegt. Ein taktisch geschickter Lügner bedenkt die langfristigen Konsequenzen seines Verhaltens, wenn er sich die Mühe macht, eine Lüge auszudenken. Einige Autoren sind der Auffassung, daß nur der Mensch diese Fähigkeit entwickelt hat.[4]

> Im Netz der eigenen Lügen kann man sich leicht verstricken.

Kasten 10.1

Erfolgreiches Lügen läßt sich tatsächlich als selbstkontrolliertes Verhalten klassifizieren, wenn es als Täuschungsstrategie zum Erlangen langfristiger Vorteile angelegt ist. In vielen anderen Fällen aber handelt es sich beim Lügen um impulsive Reaktionen. Oft lügt jemand, um einen unmittelbaren Vorteil zu erlangen, ohne die langfristigen Konsequenzen zu bedenken, die nach dem Aufdecken einer Lüge folgen (siehe Kasten 10.1). Es gibt unzählige Beispiele für diese Art des Lügens: Die leeren Bierdosen im Wagen erklärt die 18jährige Tochter ihren Eltern damit, daß wohl ein Fremder sie in einem unbeobachteten Moment in den Wagen geworfen habe; der Bankangestellte meldet sich telefonisch krank, weil er einen Tag frei haben will; der Wissenschaftler fälscht Forschungsergebnisse, um endlich die begehrte Stelle zu bekommen. In all diesen Fällen wird durch die Täuschung eine unmittelbare Belohnung erreicht (das Vermeiden elterlicher Sanktionen, ein freier Tag, eine feste Stelle). Doch wenn die Lüge herauskommt (was ja oft passiert), wird die Bereitschaft sinken, dem Lügner weiterhin zu glauben, selbst wenn er dann die Wahrheit spricht. Man wird ihm weniger vertrauen, und es wird schwerer für ihn werden, das zu bekommen, was er anstrebt. Die Eltern könnten ihrer Tochter die sozialen Aktivitäten beschneiden, die Bank könnte ihren Angestellten entlassen, der Wissenschaftler könnte keine Forschungsgelder mehr bekommen oder die Forschung ganz aufgeben müssen.

Wenn man erfolgreiches Lügen als Verhalten darstellt, das die wahren Verhältnisse falsch repräsentiert und langfristig zu positiven Konsequenzen führt, dann erweist sich die Annahme, daß nur der Mensch die Fähigkeit zum Lügen habe, als irreführend. Auch Tiere greifen nämlich häufig zu Täuschungsmanövern, die ihnen langfristig Vorteile einbringen. Ein Beispiel dafür kann man bei Skorpionsfliegen beobachten. Um die Weibchen zur Paarung zu animieren, müssen ihnen die männlichen Skorpionsfliegen ein totes Beuteinsekt mitbringen. Das nutzen gelegentlich auch männliche Skorpionsfliegen zum eigenen Vorteil, indem sie vortäuschen, ein Weibchen zu sein, um auf diese Weise ein totes Insekt von einem anderen Männchen zu bekommen.[5] Dieses Täuschungsmanöver macht es dem betrügerischen Männchen nicht nur leichter, ein paarungsbereites Weibchen für sich zu gewinnen, sondern es reduziert auch die Chancen der getäuschten Konkurrenten. Die inklusive Fitness der Skorpionsfliegen, die zu dem Täuschungsmanöver greifen, nimmt zu (eine sehr positive langfristige Konsequenz), und die inklusive Fitness der irregeführten Skorpionsfliegen nimmt ab.

Depression und Suizid

Depression und Suizid als Impulsivität und Selbstkontrolle

Die American Psychiatric Association beschreibt die Symptome der *Episode einer schweren Depression* folgendermaßen: „Schwierigkeiten im Denken und der Konzentration sowie wiederholt auftretende Gedanken an den Tod, Suizidideen oder Suizidversuche... Verlust von Interesse und Freude... Der Betroffene kann über Gedächtnisstörungen klagen und leicht ablenkbar wirken."[6] Diese Symptomatik deutet darauf hin, daß jemand, der depressiv ist, Schwierigkeiten hat, sich selbstkontrolliert zu verhalten. Aufgrund seiner Unfähigkeit, Freude zu empfinden, erscheinen einem depressiven Menschen große, aufgeschobene Belohnungen weniger wichtig. Außerdem fällt es ihm schwer, auf eine aufgeschobene Belohnung zu warten, weil er sich nicht besonders gut konzentrieren kann und sich leicht durch unmittelbare Reize ablenken läßt. Mit anderen Worten, depressive Menschen reagieren äußerst sensibel auf eine Veränderung des Belohnungsaufschubs und nur wenig auf eine Veränderung des Belohnungswerts.

In einigen Forschungsarbeiten wurde zwar kein Zusammenhang zwischen Depression und Selbstkontrolle gefunden[7], aber andere Untersuchungen kommen zu dem Ergebnis, daß depressive Menschen tendenziell weniger Selbstkontrolle zeigen als nicht depressive Menschen.[8] Feststeht, daß Menschen, die unter einer saisonalen depressiven Störung leiden (siehe Kapitel 6), zu impulsivem übermäßigen Essen neigen. Außerdem gibt es viele indirekte Hinweise auf eine Korrelation zwischen Depression und Impulsivität. So zeigen Untersuchungen an Tauben und ebenso Studien mit Kindern, daß die Selbstkontrolle zunimmt, wenn die Kinder – oder die Tauben – mit einer angenehmen Tätigkeit beschäftigt sind, an etwas Angenehmes denken oder auch nur mit Reizen konfrontiert sind, die zuvor mit Belohnungen assoziiert waren (siehe Kapitel 5). Kinder zeigen das höchste Maß an Selbstkontrolle dann, wenn sie durch verbale Instruktionen in eine angenehme Stimmung versetzt wurden, und das geringste Maß an Selbstkontrolle dann, wenn sie durch verbale Instruktionen in eine traurige Stimmung versetzt wurden.[9] Auch wer eine Diät macht, ist dann, wenn er unzufrieden ist, besonders gefährdet, mehr zu essen und sich impulsiver zu verhalten, als er eigentlich will.[10]

Im Extremfall enden Depressionen mit einem Suizid, der häufig als impulsives Verhalten klassifiziert werden kann. Suizid ist dann impulsiv, wenn er das letzte Mittel ist, um aktuelle aversive Reize zu vermeiden, und dies ohne Rücksicht auf den Verlust eventueller langfristiger positiver Reize. So kommt es vor, daß Teenager aus Liebeskummer einen Selbstmordversuch unternehmen, dann aber zehn Jahre später glücklich verheiratet sind und sich kaum noch an die unglückliche Beziehung erinnern. Einige Fälle von Suizid sollten jedoch nicht als impulsives Verhalten klassifiziert werden, sondern eher als selbstkontrolliertes Verhalten gelten. Angenommen, jemand hat eine unheilbare Krankheit und nur noch kurze Zeit zu leben, und er leidet unter extremen Schmerzen, die sich mit Medikamenten nicht beseitigen lassen, dann kann ein Suizid dieses Patienten die Merkmale eines selbstkontrollierten Verhaltens aufweisen (weil er unmittelbare aversive Reize aushält, um später noch stärker aversive Reize zu vermeiden).

Ursachen von impulsiven Depressionen und Suizid

Impulsivem depressivem Verhalten und Suizid liegen verschiedene Faktoren zugrunde, von denen einige mit einer erhöhten Impulsivität zusammenhängen. Ein solcher Faktor ist der Drogenmißbrauch, insbesondere der Mißbrauch von Alkohol und Kokain. Nach dem Konsum von Alkohol oder Kokain nimmt die Wahrscheinlichkeit eines Suizids zu.[11] Alkohol und Kokain erhöhen die Wahrscheinlichkeit eines Suizids wahrscheinlich deshalb, weil sie den Zeithorizont des Konsumenten einengen und ihm deshalb langfristige Konsequenzen seines Verhaltens als weniger wichtig oder unwichtig erscheinen lassen[12] (siehe Kapitel 7). Auch ein niedriger Serotoninspiegel kann bei Depression und Suizid eine Rolle spielen. Wiederholt wurde nachgewiesen, daß bei Depressiven, die Selbstmord begehen, der Serotoninspiegel im Rückenmark besonders niedrig ist.[13] Man vermutet, daß Serotonin als Neurotransmitter bei Tieren einen wichtigen Einfluß darauf hat, inwieweit sie einen Aufschub tolerieren können, und daß es insbesondere dazu beiträgt, daß impulsives Verhalten gehemmt wird[14] (siehe auch Kapitel 6 zur Darstellung der Rolle von Serotonin bei der impulsiven und übermäßigen Aufnahme kohlendydratreicher Nahrung). Tatsächlich wurde im Tierexperiment bei Ratten gezeigt, daß sich die Selbstkontrolle der Ratten mit pharmakologischen Wirkstoffen verstärken läßt, die die Serotoninwirkung erhöhen (beispielsweise, indem man die Wiederaufnahme von freigesetztem Serotonin in die Neuronen blockierte und damit die Wirkungsdauer des Serotonins bei der Signalübertragung zwischen den Neuronen verlängerte).[15]

Interventionsmethoden bei impulsiver Depression und Suizidgefahr

Aus den Ursachen impulsiver Depressionen mit suizidalen Tendenzen ergeben sich Hinweise darauf, wie sich impulsives Verhalten in diesen Fällen reduzieren oder verhindern ließe. So könnte man beispielsweise dafür sorgen, daß die größeren, aufgeschobenen Belohnungen zeitlich näher erscheinen. Dazu könnte unter anderem beitragen, daß man depressive Personen mit suizidalen Tendenzen mit Personen ins Gespräch bringt, die von ihren Depressionen genesen sind und etwas von den lohnenden Seiten des Lebens vermitteln können, die nach einer Depression folgen können. Hierbei können insbesondere auch Selbsthilfegruppen sehr hilfreich sein. Auch eine medikamentöse Behandlung ist zu prüfen. Und wenn der Verdacht besteht, daß ein niedriger Serotoninspiegel ursächlich ist, könnten insbesondere Medikamente wie *Fluctin* (ein Serotonin-Reuptake-Blocker mit dem Wirkstoff Fluoxetin) hilfreich sein. Fluctin wird häufig als Antidepressivum eingesetzt.[16] Außerdem sollten depressive Personen Strategien der Vorabfestlegung gebrauchen, um alles zu vermeiden, was ihr Suizidrisiko erhöhen könnte.

Aggression

Aggression ist nicht eindeutig definiert. Brauchbar scheint in unserem Zusammenhang jedoch die folgende Definition: „Aggressives Verhalten ist Verhalten mit der Absicht, einer anderen Person physisch oder psychisch zu schaden."[17] Es gibt viele Formen aggressiven Verhaltens, darunter Anschreien, Schlagen, und in manchen Fällen auch einfach Anstarren (mit Blicken töten). Eine Untersuchung der Auswirkungen aggressiven Verhaltens kann dazu beitragen, den Zusammenhang zwischen Aggression und Selbstkontrolle zu klären.

In vielen Fällen führt aggressives Verhalten zu einer unmittelbaren Belohnung. Man bekommt beispielsweise sein Eigentum zurück (wenn ein Kind ein anderes schlägt, das ihm seinen Ball weggenommen hat), beseitigt einen unangenehmen Reiz (wenn ein Mann einen anderen schlägt, weil dieser sich seiner Frau in anzüglicher Weise genähert hat), oder verschafft sich einen Wertgegenstand (wenn ein Räuber auf ein Opfer schießt, das sich ihm in den Weg stellt). Bei all diesen Formen der Aggression erhält der Aggressor zwar eine unmittelbare Belohnung, aber langfristig können auch Nachteile entstehen: Es kann passieren, daß er das Eigentum eines anderen beschädigt, daß er einen anderen Menschen verletzt, oder daß der andere zurückschlägt. Schließlich kann der Aggressor aufgrund seines Verhaltens auch seine Freunde oder seine Arbeit verlieren oder sogar im Gefängnis oder im Leichenschauhaus enden. Aggression mag also zu einer unmittelbaren Belohnung führen, doch die langfristigen Konsequenzen sind eher negativ. Insofern muß aggressives Verhalten häufig als impulsives Verhalten beurteilt werden.

In manchen Fällen allerdings handelt es sich bei einer Aggression auch um selbstkontrolliertes Verhalten. Das kann in verschiedenen Situationstypen der Fall sein. Zunächst einmal könnte jemand absichtlich aggressiv reagieren, um den Wert einer unmittelbar verfügbaren, sehr verlockenden kleinen Belohnung zu reduzieren. Wenn eine verheiratete Frau sich nicht von einem Bekannten verführen lassen will, kann sie einen Streit mit ihm vom Zaun brechen, um jede Gelegenheit von vornherein auszuschließen und sicherzustellen, daß ihr die langfristigen, wichtigen positiven Konsequenzen einer verläßlichen und stabilen Partnerschaft erhalten bleiben.[18] (Hierzu zählen etwa die Vorteile einer langjährigen Kooperation und Arbeitsteilung sowie die dauerhafte Unterstützung durch die Verwandten des Partners).[19] Ein weiterer Typus aggressiven Verhaltens, das als selbstkontrolliertes Verhalten klassifiziert werden könnte, läßt sich bei Salamandern beobachten. Bevor sie auf Nahrungssuche gehen, stecken diese Tiere durch ihr Territorialverhalten ihr Revier ab.[20] Sie investieren also Zeit und Energie in ein nicht unmittelbares Bedürfnis, um später in ihrem eigenen, ausgewiesenen Territorium relativ ungestört auf Nahrungssuche gehen zu können. Auch das Berufsboxen schließt selbstkontrollierte Aggression ein: Profi-Boxer müssen beim Kampf bereit sein, unmittelbar Schmerzen zu ertragen, um sich zukünftig ein angemessenes Einkommen zu sichern.

Melvin Konner ist der Ansicht, daß viele Aggressionstypen langfristig eigentlich adaptiv sind (mit anderen Worten, selbstkontrollierte Verhaltensweisen darstellen). Nach Konner haben Menschen, die sich an tätlichen Auseinandersetzungen beteiligen, zwar ein größeres Risiko, getötet zu werden, doch ihre Chance, Sieger in einem Konflikt zu bleiben, ist ebenfalls höher. In unserer evolutionären Vergangenheit hatten Menschen, die sich im Kampf behaupteten, eher Zugang zu Nahrung und bessere Paarungschancen, und so war es wahrscheinlicher, daß sie selbst und ihre Verwandten überlebten. Konner behauptet daher, daß aggressives Verhalten im Laufe der Evolutionsgeschichte die inklusive Fitness erhöhte.[21] Es ist allerdings fraglich, ob Aggressivität angesichts der heutigen Gesetze und Haftstrafen immer noch die inklusive Fitness erhöht.

Auch wenn ganze Gruppen sich aggressiv verhalten, beispielsweise im Krieg oder in Stammeskämpfen, kann Aggression – je nach den spezifischen Umweltbedingungen – als Impulsivität oder Selbstkontrolle gelten. Kriege, die geführt werden, um einer realen, aber überwindbaren Bedrohung Einhalt zu gebieten, implizieren, daß die Betroffenen auf einige unmittelbare Vorteile verzichten und die mit einem Krieg zusammenhängenden Härten auf sich nehmen, um dafür einige langfristige und große Belohnungen (einen sicheren und unabhängigen Staat) zu erhalten. Ein solcher Krieg ist Ausdruck eines selbstkontrollierten Verhaltens. Es gibt aber auch Kriege, die ohne Aussicht auf Erfolg angezettelt werden und in denen es nur um Fragen des Stolzes und der Ehre geht. Viele Menschen sterben, und der Krieg wird trotzdem verloren. Obwohl es insofern eine kleine unmittelbare Belohnung gibt, als Stolz und Ehre bewahrt bleiben, gibt es keine großen, langfristigen Belohnungen – es ist keiner mehr da, der davon profitieren würde. Ein solcher Krieg ist Ausdruck eines impulsiven Verhaltens. In der Geschichte der Menschheit wurden in vielen Erzählungen und Liedern solche Gruppenkonflikte beschrieben, und in manchen von ihnen wird deutlich, wie impulsiv sie ihrem Wesen nach sind (siehe Kasten 10.2).

PRINZ. Hier dieser Brief bewährt das Wort des Mönchs,
Den Liebesbund, die Zeitung ihres Todes:
Auch schreibt er, daß ein armer Apotheker
Ihm Gift verkauft, womit er gehen wolle
Zu Juliens Gruft, um neben ihr zu sterben. –
Wo sind sie, diese Feinde? – Capulet! Montague!
Seht, welch ein Fluch auf eurem Hasse ruht,
Daß eure Freuden Liebe töten muß!
Auch ich, weil ich dem Zwiespalt nachgesehn,
Verlor ein Paar Verwandte. – Alle büßen.
. . .
PRINZ. Nur düstern Frieden bringt uns dieser Morgen;
Die Sonne scheint, verhüllt, vor Weh, zu weilen.
Kommt, offenbart mir ferner, was verborgen:
Ich will dann strafen, oder Gnad' erteilen;
Denn niemals gab es ein so hartes Los
Als Juliens und ihres Romeos.
[William Shakespeare[22]]

Kasten 10.2

Ursachen aggressiven Verhaltens

Viele Faktoren scheinen dazu beizutragen, daß die Wahrscheinlichkeit aggressiven Verhaltens zunimmt. In diesem Abschnitt sollen einige Ursachen dargestellt werden, die vor dem Hintergrund eines Konzepts der Selbstkontrolle besonders relevant sind.

Die Wahrscheinlichkeit aggressiven Verhaltens wird vor allem durch bestimmte Umweltbedingungen gefördert. Hierzu zählen beispielsweise der Entzug von bis dahin gewährten Belohnungen oder das Verweigern von erwarteten Belohnungen. Solche Situationen erzeugen Zorn und Aggression. Das daraus folgende aggressive Verhalten scheint nicht vorsätzlich zu sein, und der Aggressor macht sich die langfristigen Konsequenzen seines Verhaltens offensichtlich nicht bewußt.[23] Es ist also nicht überraschend, daß unter solchen Umständen impulsives aggressives Verhalten auftritt. Ein besonders folgenschweres Beispiel ist der Happy Land-Fall, der sich 1990 in der Bronx in New York City zutrug. Julio Gonzales besuchte an einem Abend dieses Jahres den Happy Land Social Club, in dem seine Freundin beschäftigt war. Dabei kam es zwischen Gonzales und seiner Freundin zu einer Auseinandersetzung, woraufhin ein Rausschmeißer Gonzales vor die Tür setzte. Noch am selben Abend legte Gonzales ein Feuer in diesem Club. Da der Club zu wenig Notausgänge hatte, kamen 87 Menschen zu Tode – die Zeitungen sprachen damals vom größten Massenmord in der Geschichte der Vereinigten Staaten.[24]

Wenn jemand Alkohol konsumiert hat, ist auch das ein Umweltfaktor, der die Wahrscheinlichkeit aggressiven Verhaltens erhöht. Der alkoholbedingte Aggressionszuwachs hängt vermutlich nicht nur mit den tatsächlichen physiologischen Wirkungen des Alkohols zusammen, sondern läßt sich teilweise auch durch die vom Konsumenten erwarteten Wirkungen erklären.[25] Alkohol fördert aggressives Verhalten, indem er den Zeithorizont einengt und damit die allgemeine Impulsivität erhöht.[26]

In zahlreichen Forschungsarbeiten wurde die Frage untersucht, ob bestimmte Personen sich eher aggressiv verhalten als andere, und was die Ursachen solcher individueller Unterschiede sein könnten. Eine Forschungsrichtung untersucht die weiter oben in diesem Kapitel angesprochene Möglichkeit, daß manche Personen sich aufgrund ihres niedrigen Serotoninspiegels insgesamt impulsiver, also sowohl impulsiv aggressiv als auch impulsiv autoaggressiv, bis hin zum Suizid, verhalten. Ein niedriger Serotoninspiegel gilt als mögliche Ursache einer allgemeinen Tendenz zu impulsivem Verhalten.[27] Eine detaillierte Untersuchung des Zusammenhangs zwischen Aggressivität und Serotoninspiegel steht allerdings noch aus.

Intelligenz ist ein weiteres Persönlichkeitsmerkmal, das mit aggressivem Verhalten korreliert zu sein scheint. Bei Gewalttaten ist die Wahrscheinlichkeit, daß der Täter einen eher niedrigen Intelligenzquotienten aufweist, höher als bei Straftaten ohne Gewaltanwendung. Diese Korrelation muß aber nicht damit zusammenhängen, daß Personen mit niedrigerem IQ gewalttätiger sind als Personen mit hohem IQ, sondern sie könnte auch darauf zurückzuführen sein, daß Personen mit höherem IQ Gewaltdelikte besser vermeiden können, weil sie das Risiko der höheren Strafandrohung bei ihrem Verhalten berücksichtigen. Außerdem könnten Personen mit einem niedrigen IQ einen engeren Zeithorizont haben und sich deshalb weniger Gedanken über die langfristigen Konsequenzen machen, wenn sie eine Straftat begehen. Eine weitere mögliche Ursache der Korrelation zwischen Gewaltkriminalität und IQ könnte auch darin zu suchen sein, daß Kinder mit niedrigerem IQ (die zu Erwachsenen mit niedrigerem IQ heranwachsen) sich eher als Schulversager erleben als Kinder mit höherem IQ, und daß diese wiederholten Mißerfolgserfahrungen sie eher zu asozialem Verhalten und zu Gewaltanwendung prädisponieren. Die Korrelation zwischen Gewaltkriminalität und Intelligenz kann sehr viele verschiedene Ursachen haben.[28]

Man hat weiterhin untersucht, ob es einen Zusammenhang zwischen dem Testosteronspiegel und der Tendenz zu aggressivem Verhalten gibt. Dabei haben zahlreiche Tierexperimente mit verschiedenen Spezies gezeigt, daß männliche Artgenossen sich tendenziell aggressiver verhalten als weibliche. Bei Arten mit einer bestimmten Paarungszeit scheint die Aggressivität unter männlichen Artgenossen in dieser Zeit am stärksten ausgeprägt zu sein. Außerdem scheinen kastrierte männliche Tiere weniger aggressiv zu sein als nicht kastrierte. Alle diese Daten deuten darauf hin, daß das männliche Hormon Testosteron bei der größeren Aggressivität männlicher Lebewesen eine Rolle spielt.[29] Diese Daten stimmen auch mit dem Befund überein, daß bei Kindern, die sich im Labor impulsiv verhalten, die Jungen, aber nicht die Mädchen, von ihren Lehrern und den Versuchsleitern als aggressiv beschrieben werden.[30] Möglicherweise führt die pränatale Testosteronexposition bei Jungen im Verlauf ihrer Entwicklung zu einer stärkeren Tendenz, sich impulsiv aggressiv zu verhalten. In Kapitel 4 wurden Forschungsergebnisse aus Untersuchungen mit Erwachsenen dargestellt, die den hier wiedergegebenen Befunden aus Studien mit Kindern gleichen. Dort wurde die landläufige Meinung wiedergegeben, daß sich Männer aufgrund mangelnder Selbstkontrolle in negativer Weise durchsetzen und versuchen, ihre Umgebung (auch durch aggressives Verhalten) zu beherrschen. Umgekehrt wird vermutet, daß Frauen mit geringer Selbstkontrolle in negativer Weise allzu nachgiebig sind, und daß sie zu wenig versuchen, ihre Umgebung zu beeinflussen.[31] Allerdings ist noch nicht geklärt, ob die landläufigen Meinungen zu den Persönlichkeitsunterschieden zwischen Männern und Frauen im Hinblick auf Selbstkontrolle eine zutreffende Verhaltensbeschreibung darstellen.

Bei der sogenannten *intermittierenden explosiblen Störung* handelt es sich um eine spezifische, durch Aggression gekennzeichnete psychische Störung, von der man annimmt, daß sie durch relativ spezifische Schädigungen des Gehirns verursacht ist.[32] Zu den Diagnosekriterien einer intermitterenden explosiblen Störung zählen:

A. Mehrere umschriebene Episoden mit Verlust der Kontrolle über aggressive Impulse, die zu schweren Gewalttätigkeiten oder Zerstörung von Eigentum führen.

B. Das Ausmaß der Aggressivität steht in keinem Verhältnis zu irgendeinem auslösenden psychosozialen Stressor.

C. Es fehlen Anzeichen von allgemeiner Impulsivität oder Aggressivität zwischen den Episoden.[33]

Mit anderen Worten, die von dieser Störung Betroffenen verhalten sich nicht ständig impulsiv aggressiv, sondern die aggressive Impulsivität bricht gelegentlich auf, ohne daß eine von außen kommende Provokation sie hinreichend begründen würde. Außerdem sind die sozialen Kontakte der Betroffenen beeinträchtigt, weil andere Menschen sie meiden, um den unvorhersehbaren impulsiven Aggressionen aus dem Weg zu gehen.[34] Man vermutet, daß die intermittierende explosible Störung auf Schädigungen des limbischen Systems zurückzuführen ist[35] (das Strukturen wie das Septum enthält) und/oder auf Schädigungen des präfrontalen Cortex[36] (siehe auch Kapitel 3 und 7 sowie Abbildung 7.1). Eine Stimulation des Septums wirkt beispielsweise hemmend, während Läsionen des Septums eine gesteigerte Aggressivität zur Folge haben.[37]

Einiges deutet darauf hin, daß die intermittierende explosible Störung von der Schädigung einer bestimmten Hirnregion ausgeht. Daher wird diese Diagnose an amerikanischen Gerichten auch erfolgreich eingesetzt, um den Beschuldigten zu entlasten (der dann allerdings nicht einfach als freier Mann den Gerichtssaal verläßt, sondern sich einer psychiatrischen Behandlung unterziehen muß).[38] Dieser Rechtsprechung liegt die Überlegung zugrunde, daß diese Form der impulsiven Aggression nachweislich auf einer Schädigung des Gehirns beruht und daher nicht steuerbar ist. Die Betroffenen sind für ihr Verhalten also nicht verantwortlich zu machen. Es wäre natürlich denkbar, daß auch alle anderen Formen impulsiver Aggression mit einer noch nicht bekannten Schädigung des Gehirns zusammenhängen könnten und sich ebenso wenig steuern lassen. Und wenn Verhalten – wie die meisten Wissenschaftler annehmen – ganz allgemein auf einem Zusammenwirken von Vererbung und Umwelt beruht, wäre es ohnehin nur bis zu einem gewissen Grad von dem Betroffenen zu steuern. Jedes Verhalten wird von den gegenwärtigen und den

vergangenen Umweltbedingungen sowie von den individuellen genetischen Voraussetzungen bestimmt. Verhalten wird also nicht von einer
frei agierenden, völlig autonomen Instanz innerhalb eines Körpers verursacht. Insofern stellt sich nicht allein die Schuldfrage, ob jemand, der
eine schwerwiegende impulsive aggressive Tat begangen hat, sein Verhalten hätte kontrollieren können oder nicht, sondern es geht vor allem
darum zu entscheiden, ob dem Aggressor und der Gesellschaft mehr
gedient ist, wenn er eine Haftstrafe im normalen Strafvollzug absitzt
oder wenn er sich einer stationären Psychotherapie unterzieht.

Aggression bei Kindern und jungen Erwachsenen

Bei Kindern beobachtet man häufig Aggressionen unterschiedlicher Art.
Kinder sichern sich durch aggressives Verhalten unmittelbare Aufmerksamkeit und andere unmittelbare Belohnungen. Die unerfreulichen Konsequenzen aggressiven Verhaltens zeigen sich erst sehr viel später. In den
ersten Schuljahren kann aggressives Verhalten eine der besten Strategien
sein, um die Aufmerksamkeit des Lehrers auf sich zu lenken (siehe auch
Kapitel 9) oder um immer als erster dranzukommen. Erst sehr viel später
stellt sich heraus, daß aggressive Kinder keine Freunde haben und
schlechte Noten bekommen.[39] Solche Beispiele aggressiven Verhaltens
sind leicht als impulsiv zu erkennen.

In der Altersgruppe der 15- bis 19-Jährigen ist die Kriminalitätsrate
am höchsten – und zwar sowohl im Bereich der Gewaltkriminalität als
auch bei anderen Delikten.[40] Alan Rogers sieht dabei einen evolutionären
Zusammenhang. In dieser Altersgruppe ist es nach Rogers ein adaptives
Verhalten, die Zukunft in ihrer Bedeutung stark zu unterschätzen und,
mit anderen Worten, den gegenwärtigen Zeitablauf besonders sensibel
wahrzunehmen, weil in diesem Alter die hohen Reproduktionschancen
und die geringe Sterblichkeit die inklusive Fitness entscheidend erhöhen.
Infolge dieser Anpassung sind aufgeschobene Belohnungen für diese
Altersgruppe kaum von Bedeutung[41] (siehe Kasten 10.3, außerdem Kapitel 4).

Die Jugend lebt in den Tag, als gebe es kein Morgen.

Kasten 10.3

Wenn Kinder und junge Erwachsene wiederholt straffällig werden, werden sie oft als Kriminelle abgestempelt. In der Forschung wurde nachgewiesen, daß straffällige Kinder und Jugendliche einen signifikant engeren Zeithorizont haben als nicht straffällige Kinder und Jugendliche.[42] Ihr Verhalten ist weniger von langfristigen Konsequenzen beeinflußt als das von nicht straffälligen Kindern und Jugendlichen. Dennoch bleibt die Frage zu klären, warum manche Kinder und Jugendliche einen engeren Zeithorizont haben als andere, und warum manche straffällig werden und andere nicht. Einige Forscher vermuten, daß ein anormal geringes Geburtsgewicht dazu führen kann, daß ein Kind einen relativ engen Zeithorizont entwickelt und eher straffällig wird. Andere Vermutungen gehen dahin, daß straffällige Kinder einen engen Zeithorizont haben, weil ihre Familie nicht in der Lage war, in den ersten Lebensjahren eindeutige Zusammenhänge zwischen dem Verhalten der Kinder und Konsequenzen dieses Verhaltens einzuüben, indem sie klare Regeln aufstellte und durchsetzte.[43]

Psychopathie

Personen, die unter einer *antisozialen Persönlichkeitsstörung*[44] leiden und die gemeinhin als *Psychopathen* bezeichnet werden, werden auch als Personen beschrieben, die „nicht in der Lage sind, die langfristigen Konsequenzen ihres Handelns zu erkennen."[45] Ziel ihres Handelns ist allein die Befriedigung ihrer unmittelbaren Bedürfnisse, wie flüchtig diese auch sein mögen. Einige Forscher vermuten, daß Psychopathen besonders stark dazu neigen, langfristige aversive Konsequenzen ihres Handelns unterzubewerten, so daß ihr Verhalten kaum von der Androhung einer späteren Strafe beeinflußt wird. Sie neigen daher zu impulsivem aggressivem Verhalten, obwohl dies kein Definitionskriterium für eine antisoziale Persönlichkeitsstörung ist.[46] So stellte man bei weißen amerikanischen Häftlingen, die aufgrund eines standardisierten Persönlichkeitstests (dem MMPI: *Minnesota Multiphasic Personality Inventory*) beurteilt wurden, fest, daß Häftlinge, die aufgrund ihrer Testergebnisse als Psychopathen eingestuft wurden, bereits in früherem Alter zu Haftstrafen verurteilt worden waren als Häftlinge, die aufgrund der Testergebnisse nicht als Psychopathen eingestuft waren. Außerdem entschieden sich die als Psychopathen beurteilten Häftlinge im Vergleich zu den nicht psychopathischen Häftlingen seltener für eine große, aufgeschobene Belohnung und häufiger für eine kleine, unmittelbare Belohnung.[47]

Es gibt zahlreiche physiologische Erklärungen für die Impulsivität von Psychopathen, die alle mit den in diesem Buch dargestellten anderen physiologischen Erklärungsansätzen für impulsives Verhalten zusammenhängen. So wird beispielsweise vermutet, daß Psychopathen einen relativ niedrigen Serotoninspiegel haben.[48] Eine weitere Erklärungsmöglichkeit wäre, daß Psychopathen unter Schädigungen des Gehirns in Bereichen wie dem Septum und dem Hippocampus[49] leiden (siehe Kapitel 3 und 7 sowie Abbildung 7.1). Diese Vermutungen konnten bisher allerdings noch nicht eindeutig belegt werden.

Interventionsmethoden bei impulsiver Aggressivität

Viele Methoden, mit denen man impulsiv aggressives Verhalten zu reduzieren versucht, gleichen den bisher in diesem Buch dargestellten Interventionsformen. Strategien der Vorabfestlegung können dazu beitragen, die unmittelbaren Belohnungen einer Aggression geringer und/oder die aufgeschobenen Belohnungen eines Verzichts auf Aggression größer erscheinen zu lassen. Ein Lehrer beispielsweise kann aggressives Verhalten im Unterricht nach einer vorab festgelegten Regel bestrafen, ohne dem jeweiligen Kind gleichzeitig Aufmerksamkeit zu schenken – indem er es sofort in eine freie Bank setzt, wo es keine Nachbarn hat. Außerdem können der Lehrer oder ältere Schüler bei anderen Gelegenheiten immer wieder auf konkrete Vorteile hinweisen, die man durch Aufpassen im Unterricht hat – etwa indem man den Kindern sagt, daß in einer Klassenarbeit stets auch eine bereits im Unterricht vorgerechnete Aufgabe gestellt werden wird. Rollenspiele können aggressiven Kindern helfen, die langfristigen Konsequenzen ihres Handelns zu erkennen.[50] Die wahrgenommene Zeitspanne bis zum Eintritt der negativen Folgen von aggressivem Verhalten läßt sich beispielsweise dadurch verkürzen, daß man ein aggressives Kind mit älteren Kindern konfrontiert, die unter den Folgen ihres aggressiven Verhaltens zu leiden haben. Aggression läßt sich außerdem reduzieren, indem man die wahrgenommene Zeit bis zu den Belohnungen eines nicht aggressiven Verhaltens verkürzt. In einer Studie konnte die Selbstkontrolle junger erwachsener Strafgefangener nachweislich dadurch verstärkt werden, daß man ihnen als Modell die Situation gleichaltriger Häftlinge vor Augen führte, die innerhalb der Haftanstalt angesehene Jobs innehatten, kurz vor der Freilassung standen und eine deutliche Tendenz zeigten, auf aufgeschobene Belohnungen zu warten.[51] In diesem Kapitel wurde dargestellt, daß sich aggressives Verhalten auch reduzieren läßt, indem man Situationen meidet, die aggressiv machen, oder indem man Alkohol wegläßt, wenn er die eigene Aggressivität erhöht, oder auch, indem man einem auffällig niedrigen Serotoninspiegel medikamentös entgegenwirkt. Eltern könnten aggressives Verhalten bei ihren Kindern dadurch minimieren, daß sie vorab klare Regeln aufstellen und konsequent durchsetzen, nach denen sie bestimmtes Verhalten belohnen oder bestrafen. Insbesondere sollten Eltern ihren Kindern vor allem dann Aufmerksamkeit schenken, wenn sie sich konstruktiv verhalten – und nicht erst auf aggressives Verhalten reagieren. In Extremfällen kann bei Personen, die wiederholt straffällig wurden, zum Schutz der Öffentlichkeit Einzelhaft oder – bei einer schweren Persönlichkeitsstörung – Unterbringung in einer psychiatrischen Klinik angeordnet werden, um die Öffentlichkeit vor weiteren impulsiven Aggressionen eines Menschen zu schützen.

Fazit

In diesem Kapitel wurde vielleicht mehr als in den vorhergehenden Kapiteln deutlich, daß die Klassifikation von Verhalten als Impulsivität oder Selbstkontrolle von den spezifischen Merkmalen der jeweiligen Situation abhängt. Aggression stellt in manchen Fällen ein adaptives Verhalten dar, das für den Aggressor langfristig zu positiven Konsequenzen führt (und damit als selbstkontrolliertes Verhalten klassifiziert werden kann). In anderen Fällen ist Aggression nicht adaptiv und führt für den Aggressor langfristig zu negativen Konsequenzen (ist also impulsives Verhalten). Bevor irgend eine Entscheidung im Hinblick auf die Veränderung aggressiven Verhaltens (oder im Hinblick auf Kooperation, Lügen oder Suizidtendenzen) getroffen werden kann, müssen zunächst die kurzfristigen und langfristigen Konsequenzen dieses Verhaltens sorgfältig beurteilt werden. Erst dann läßt sich feststellen, ob dem Aggressor mit einer Veränderung seines Aggressionsniveaus tatsächlich gedient ist. Soll das Aggressionsniveau gesenkt werden – und in unserer heutigen Gesellschaft wäre das in vielen Situationen angemessen –, so verfügen wir über eine Reihe von Methoden, mit deren Hilfe sich dieses Ziel erreichen läßt.

Anmerkungen

1. American Psychiatric Association *Diagnostisches und Statistisches Manual Psychischer Störungen DSM-III-R.* Weinheim (Beltz) 1989. S. 154.
2. Elster, J. *Intertemporal Choice and Political Thought.* In: Loewenstein, G.; Elster, J. (Hrsg.) *Choice Over Time.* New York (Russell Sage Foundation) 1992. S. 35–53.
3. Dinsmoor, J. A. *Setting the Record Straight: The Social Views of B. F. Skinner.* In: *American Psychologist* 47 (1992) S. 1454–1463.
4. Alexander, R. D. *Evolution of the Human Psyche.* In: Mellars, P.; Stringer, C. (Hrsg.) *The Human Revolution: Behavioural and Biological Perspectives on the Origins of Modern Humans.* Princeton (Princeton University Press) 1989. S. 455–513.
5. Cheyney, D. L.; Seyfarth, R. M. *Truth and Deception in Animal Communication.* In: Ristau, C. A. (Hrsg.) *Cognitive Ethology: The Minds of Other Animals.* Hillsdale, NJ (Erlbaum) 1991. S. 127–151.
6. American Psychiatric Association *Diagnostisches und Statistisches Manual Psychischer Störungen DSM-III-R.* Weinheim (Beltz) 1989. S. 272–273.
7. O'Hara M. W.; Rehm, L. P. *Choice of Immediate Versus Delayed Reinforcement and Depression.* In: *Psychological Reports* 50 (1982) S. 925–926.
   Sohlberg, S.; Norring, C.; Holmgren, S.; Rosmark, B. *Impulsivity and Long-term Prognosis of Psychiatric Patients with Anorexia Nervosa/Bulimia Nervosa.* In: *The Journal of Nervous and Mental Disease* 177 (1989) S. 249–258.
8. Rehm, L. P. *A Self-control Model of Depression.* In: *Behavior Therapy* 8 (1977) S. 787–804.
   Rehm, L. P. *Self-management Therapy for Depression.* In: *Advances in Behavior Research and Therapy* 6 (1984) S. 83–98.
9. Moore, B. S.; Clyburn, A.; Underwood, B. *The Role of Affect in Delay of Gratification.* In: *Child Development* 47 (1976) S. 273–276.
   Schwarz, J. C.; Pollack, P. R. *Affect and Delay of Gratification.* In: *Journal of Research in Personality* 11 (1977) S. 147–164.
10. Ruderman, A. J. *Dietary Restraint: A Theoretical and Empirical Review.* In: *Psychological Bulletin* 99 (1986) S. 247–262.
11. Hudson, P. *The Medical Examiner Looks at Drinking.* In: Ewing, J. A.; Rouse, B. A. (Hrsg.) *Drinking.* Chicago (Nelson Hall) 1978. S. 71–92.
    Marzuk, P. M.; Tardiff, K.; Leon, A. C.; Stajic, M.; Morgan, E. B.; Mann, J. J. *Prevalence of Cocaine Use Among Residents of New York City Who Committed Suicide During a One-year Period.* In: *American Journal of Psychiatry* 149 (1992) S. 371–375.
12. Wilson, J. Q.; Herrnstein, R. J. *Crime and Human Nature.* New York (Simon & Schuster) 1985.

13. Mann, J. J.; Stanley, M. *Psychobiology of Suicidal Behavior.* New York (New York Academy of Sciences) 1986.
    Soubrié, P. *Reconciling the Role of Central Serotonin Neurons in Human and Animal Behavior.* In: *The Behavioral and Brain Sciences* 9 (1986) S. 319–364.
14. Ibid.
15. Bizot, J. C.; Thiébot, M. H.; Le Bihan, C.; Soubrié, P.; Simon, P. *Effects of Imipramine-like Drugs and Serotonin Uptake Blockers on Delay of Reward in Rats. Possible Implication in the Behavioral Mechanism of Action of Antidepressants.* In: *The Journal of Pharmacology and Experimental Therapeutics* 246 (1988) S. 1144-1151.
    Thiébot, M. H.; Le Bihan, C.; Soubrié, P.; Simon, P. *Benzodiazepines Reduce the Tolerance to Reward Delay in Rats.* In: *Psychopharmacology* 86 (1985) S. 147–152.
16. Holloway, M. *Rx for Addiction.* In: *Scientific American* (März 1991) S. 94–103.
17. Beck, R. C. *Motivation: Theories and Principles.* Englewood Cliffs, NJ (Prentice Hall) 1990.
18. Baron, J. *Thinking and Deciding.* New York (Cambridge University Press) 1988.
19. Buss, D. M., Schmitt, D. P. *Sexual Strategies Theory: An Evolutionary Perspective on Human Mating.* In: *Psychological Review* 100 (1993) . 204–232.
20. Jaeger, R. G.; Joseph, R. G.; Barnard, D. E. *Foraging Tactics of a Terrestrial Salamander: Sustained Yield in Territories.* In: *Animal Behaviour* 29 (1981) S. 1100–1105.
21. Konner, M. *Why the Reckless Survive.* In: *The Sciences* (Mai/Juni 1987) S. 2–4.
22. Shakespeare, W. *Romeo und Julia.* In: Schücking, L. L. (Hrsg.) *Shakespeares Werke.* Bd. II. Darmstadt (Der Tempel-Verlag) 1955. S. 269.
23. Beck *Motivation: Theories and Principles.*
24. Tomasson, R. E. *Shock Lingers, As Happy Land Trial Starts.* In: *The New York Times* (9. Juli 1991) S. B1, B4.
25. Hull, J. G.; Bond, C. F. *Social and Behavioral Consequences of Alcohol Consumption and Expectancy: A Meta-analysis.* In: *Psychological Bulletin* 99 (1986) S. 347-360.
    Lang, A. R.; Goeckner, D. J.; Adesso, V. J.; Marlatt, G. A. *Effects of Alcohol on Aggression in Male Social Drinkers.* In: *Journal of Abnormal Psychology* 84 (1975) S. 508–518.
    Tinklenberg, J. R. *Alcohol and Violence.* In: Bourne, P. G. (Hrsg.) *Alcoholism: Progress in Research and Treatment.* New York (Academic Press) 1973. S. 195–210.

26. Wilson, Herrnstein *Crime and Human Nature*.
27. Soubrié *Reconciling the Role of Central Serotonin Neurons*. S. 319–364.
28. Wilson, Herrnstein *Crime and Human Nature*.
29. Beck *Motivation: Theories and Principles*.
30. Funder, D. C.; Block, J. H.; Block, J. *Delay of Gratification: Some Longitudinal Personality Correlates*. In: *Journal of Personality and Social Psychology* 44 (1983) S. 1198–1213.
31. Shapiro, D. H. *Self-control: Refinement of a Construct*. In: *Biofeedback and Self-Regulation* 8 (1983) S. 443–460.
32. Restak, R. M. *See No Evil: The Neurological Defense Would Blame Violence on the Damaged Brain*. In: *The Sciences* (Juli/August 1992) S. 16–21.
33. American Psychiatric Association *Diagnostisches und Statistisches Manual Psychischer Störungen DSM-III-R*. Weinheim (Beltz) 1989. S. 390.
34. American Psychiatric Association *Diagnostisches und Statistisches Manual Psychischer Störungen DSM-III-R*. Weinheim (Beltz) 1989.
35. Restak *See No Evil*. S. 16–21.
36. Flekkoy, K. *The Neuropsychological Basis for the ‚Dopamine Hypothesis‘ in Schizophrenia*. In: *Nordisk-Psychiatrisk-Tiddskrift* 37 (1983) S. 283–289. (Aus *Psychological Abstracts* 74, Abstract No. 25165.)
37. Beck *Motivation: Theories and Principles*.
38. Restak *See No Evil*. S. 16–21.
39. Kutner, L. *Parent and Child: Getting Through to Each Other*. New York (William Morrow and Company) 1991.
40. Wilson, Herrnstein *Crime and Human Nature*.
41. Rogers, A. *The Evolution of Time Preference*. In: *Behavioral and Brain Sciences* (im Druck).
42. Siegman, A. W. *The Relationship Between Future Time Perspective, Time Estimation, and Impulse Control in a Group of Young Offenders and in a Control Group*. In: *Journal of Consulting Psychology* 25 (1961) S. 470–475.
43. Wilson, Herrnstein *Crime and Human Nature*.
44. American Psychiatric Association *Diagnostisches und Statistisches Manual Psychischer Störungen DSM-III-R*. Weinheim (Beltz) 1989.
45. Wilson, Herrnstein *Crime and Human Nature*.
46. American Psychiatric Association *Diagnostisches und Statistisches Manual Psychischer Störungen DSM-III-R*. Weinheim (Beltz) 1989.
47. Blanchard, E. B.; Bassett, J. E.; Koshland, E. *Psychopathy and Delay of Gratification*. In: *Criminal Justice and Behavior* 4 (1977) S. 265–271.
48. Schalling, D. *The Involvement of Serotonergic Mechanisms in Anxiety and Impulsivity in Humans*. In: *Behavioral and Brain Sciences* 9 (1986) S. 343–344.

Zuckerman, M. *Serotonin, Impulsivity and Emotionality.* In: *Behavioral and Brain Sciences* 9 (1986) S. 3348–3349.

49. Gorenstein, E. E.; Newman, J. P. *Disinhibitory Psychopathology: A New Perspective and a Model for Research.* In: *Psychological Review* 87 (1980) S. 301–315.
    Newman, J. P.; Gorenstein, E. E.; Kelsey, J. E. *Failure to Delay Gratification Following Septal Lesions in Rats: Implications for an Animal Model of Disinhibitory Psychopathology.* In: *Personality and Individual Differences* 4 (1983) S. 147–156.

50. Pitkänen, L. *The Effect of Simulation Exercises on the Control of Aggressive Behaviour in Children.* In: *Scandinavian Journal of Psychology* 15 (1974) S. 169–177.

51. Stumphauzer, J. S. *Increased Delay of Gratification in Young Prison Inmates Through Imitation of High-delay Peer Models.* In: *Journal of Personality and Social Psychology* 21 (1972) S. 10–17.

Fazit: Impulsivität und Selbstkontrolle in unserer heutigen Gesellschaft

Zahlreiche Beispiele in diesem Buch verdeutlichen, daß Menschen und Tiere sich häufig zwischen einem impulsiven und einem selbstkontrollierten Verhalten entscheiden müssen: zwischen kleineren Belohnungen, die sie rascher bekommen können (impulsive Alternative) und größeren Belohnungen, die ihnen erst später zugänglich sind (selbstkontrollierte Alternative). In manchen Fällen ist selbstkontrolliertes Verhalten, in anderen Fällen impulsives Verhalten adaptiv.

Angesichts der vielen Ungewißheiten, mit denen Menschen im Verlauf der Evolutionsgeschichte leben mußten, haben wir die Tendenz entwikkelt, aufgeschobene Ereignisse in ihrer Bedeutung abzuwerten und uns in vielen Situationen impulsiv zu verhalten. Doch in unserer heutigen Umwelt, in der sich zukünftige Ereignisse viel besser vorhersagen lassen, wäre Selbstkontrolle oft die besser angepaßte Alternative. Leider ist unser Verhalten aufgrund des Unterschiedes zwischen unserer evolutionären Vergangenheit und unserer heutigen Umwelt oft nicht besonders adaptiv. In diesem Buch wurden solche fehlangepaßten Verhaltensweisen dargestellt. Zugleich wurden einige der Mechanismen untersucht, die einem solchen Verhalten zugrunde liegen. Außerdem wurde beschrieben, wie sich selbstkontrolliertes Verhalten verstärken oder einschränken läßt. Einige der genannten Methoden lassen sich nur auf sehr spezifische Situationen anwenden, andere sind von allgemeinerer Bedeutung.

Die in diesem Buch dargestellten Strategien zur Verstärkung von selbstkontrolliertem und zur Eindämmung von impulsivem Verhalten lassen sich in zwei Kategorien unterteilen. Erstens könnten wir etwas dafür tun, daß die in unserer heutigen Umwelt verfügbaren Alternativen eher den Entscheidungssituationen gleichen, mit denen der Mensch aufgrund seiner Evolution vertraut ist. Unser Entscheidungsverhalten bliebe also gleich, aber unsere Entscheidungen würden ein angepaßtes Verhalten darstellen. Ein Beispiel für eine solche Strategie wäre die Vorabfestlegung, nur noch zu Hause zu essen und keine süßen oder salzigen Nahrungsmittel mehr zu kaufen. Die verfügbaren Nahrungsalternativen glichen dann viel eher den Alternativen, die auch unseren Vorfahren zur Verfügung standen. Könnten wir nur zwischen einer begrenzten Anzahl von Nahrungsmitteln wählen, wären Bluthochdruck, Diabetes und Fettleibigkeit seltener. Unsere angeborene Bevorzugung süßer und salziger Nahrungsmittel würde wieder eine adaptive und keine impulsive Verhaltensalternative darstellen.

Eine zweite Kategorie von Strategien, die darauf abzielen, selbstkontrolliertes Verhalten zu verstärken und impulsives Verhalten zu reduzieren, sind psychologische Methoden der Verhaltensmodifikation, die bewirken sollen, daß wir uns in unserer heutigen Umwelt adaptiv entscheiden, also die langfristigen, in unserer heutigen Umwelt wirksamen Konsequenzen bei unseren Entscheidungen mitberücksichtigen. So können beispielsweise die langfristigen Konsequenzen eines übermäßigen Salzkonsums in ihrer Bedeutung und ihrer zeitlichen Nähe stärker ins Bewußtsein rücken, wenn man Patienten mit Bluthochdruck, die zu viel Salz konsumieren, mit der Situation von anderen Hochdruckpatienten konfrontiert, deren Krankheit ebenfalls durch exzessiven Salzkonsum verursacht ist. Eine solche Aufklärung kann bewirken, daß der Betreffende weniger Salz konsumiert, selbst wenn es ohne weiteres verfügbar wäre.

Doch trotz allem, was wir tun, oder was getan werden sollte, um die negativen Folgen unserer im Lauf der Evolution entwickelten Tendenz zur Geringschätzung aufgeschobener Ereignisse zu unterdrücken oder einzuschränken, sollten wir uns bemühen, Menschen, die ein fehlangepaßtes, impulsives Verhalten zeigen, nicht zu verurteilen. In ihrem Verhalten kommt lediglich unser evolutionäres Erbe zum Ausdruck. Anstatt sie zu verurteilen, sollten wir uns lieber bemühen, sie in all dem zu unterstützen, was in naher und ferner Zukunft von Vorteil für sie ist.

Weitere Informationen und Selbsthilfeeinrichtungen

Allgemeine Information

Nationale Kontakt- und Informations-
stelle zur Anregung und Unterstüt-
zung von Selbsthilfegruppen
(NAKOS)
Albrecht-Achilles-Straße 65
10709 Berlin
Tel: 030/891 40 19
Fax: 030/893 40 14

Eßstörungen

Eßstörungen/Eßsucht/Angehörige/
Anonymous-Gruppen
Overeaters Anonymous (OS) /
Deutsche Intergruppe der OA und
O-Anon
Postfach 10 62 06
28062 Bremen

Eßstörungen/Eßsucht/Brechsucht/
Magersucht/Bulimie
Aktionskreis Eß- und Magersucht
Cinderella e.V.
Ingrid Mieck
Westendstraße 35
80339 München
Tel: 089/502 12 12
Fax: 089/50 25 75

ANAD – Anorexia – Bulimia
Nervosa e.V.
Uta Nölle, Beate Barth
Ungererstraße 32
80802 München
Tel: 089/33 38 77

Beratungszentrum bei Eß-Störungen
– Dick & Dünn e.V.
Katharina Vogel
Innsbrucker Straße 25
10825 Berlin
Tel: 030/854 49 94
Fax: 030/854 84 42

Frankfurter Zentrum für Eßstörungen
Frau Küllmer, Frau Schumann,
Frau Rehklau
Hansaallee 18
60322 Frankfurt/M.
Tel: 069/55 01 76
Fax: 069/596 17 23

Rauchen

Nichtraucher
Nichtraucher-Initiative Deutschland
(NID) e.V.
Ernst-Günter Krause
Carl-von-Linde-Str. 11
85716 Unterschleißheim
Tel: 089/317 12 12

Drogen- und Medikamenten-abhängigkeit

Kinder- und Jugendtelefon
Bundesarbeitsgemeinschaft Kinder-
und Jugendtelefon im Deutschen
Kinderschutzbund e.V.
Domagkweg 8
42109 Wuppertal
Tel: 02 02/75 44 65
Fax: 02 02/75 53 54

Suchtgefahren (Allgemeine
Informationen)
Deutsche Hauptstelle gegen die
Suchtgefahren (DHS) e.V.
Christa Merfert-Diete
Westring 2
59065 Hamm
Tel: 023 81/90 15-0
Fax: 023 81/153 31

Alkohol- und Medikamenten-
abhängigkeit
Blaues Kreuz in Deutschland e.V.
Heinz Klement
Freiligrathstraße 27
42289 Wuppertal
Tel: 02 02/62 00-341
Fax: 02 02/62 00-381

Schmerz/Medikamentenabhängigkeit
Hilfe für medikamentenabhängige
Schmerzkranke HIMS e.V.
Ingrid Kording
Ascherfeld 11
28757 Bremen
Tel: 04 21/65 14 95
Fax: 04 21/65 14 30

Drogen
SYNANON International e.V.
Bernburger Straße 10
10963 Berlin
Tel: 030/25 00 01-0
Fax: 030/25 00 01-73

Drogen/Fachverband
Fachverband Drogen und Rausch-
mittel (FDR) e.V.
Jost Leune
Odeonstraße 14
30159 Hannover
Tel: 05 11/131 64 74
Fax: 05 11/183 26

Drogen/Medikamente/Angehörige/
Narcotics Anonymous/Anonymous-
Gruppen
NarAnon
Deutingerstraße 4
80469 München

Drogen/Substituierte
Jes – Selbsthilfenetzwerk
c/o Deutsche Aids Hilfe (DAH)
Postfach 149
10921 Berlin
Tel: 030/69 00 87-0
Fax: 030/69 00 87-42

Drogenfreie Erziehung/Sucht-
prävention
Bund für drogenfreie Erziehung
(BdE) e.V.
Frank Lindemann
Postfach 14 22
21496 Geesthacht
Tel: 040/71 09 48 10
Fax: 040/71 09 48 10

Drogengefährdete/-abhängige (Eltern)
Bundesverband der Elternkreise
drogengefährdeter und drogenabhän-
giger Jugendlicher (BVEK) e.V.
Gudrun Oelke
Köthener Straße 38
10963 Berlin
Tel: 030/262 60 89
Fax: 030/262 84 57

Erwachsene Kinder suchtkranker
Eltern/Anonymous-Gruppen
EKS/ACAs (Deutschland)
c/o KISS Barmbek
Fuhlsbüttler Straße 401
22309 Hamburg
Tel: 040/50 27 86 (Heike)

Junge Suchtkranke
Selbsthilfe junger Abhängiger –
Bundesweite Koordinationsstelle der
Caritas
Marianne Kleinschmidt
Große Hamburger Straße 18
10115 Berlin
Tel: 030/280 51 12
Fax: 030/282 65 74

Suchtberatung (Frauen)
Diakonisches Werk – Suchtberatung
für Frauen
Barbara Barthel, Elisabeth Gerling-
Oertel
Kreuzkirchhof 3
30159 Hannover
Tel: 05 11/32 00 54, -28

Suchtkranke/Suchtgefährdete
Arbeiterwohlfahrt – Bundesverband
e.V. – Sachgebiet Suchtarbeit
Frau Boss
Oppelner Straße 130
53119 Bonn
Tel: 02 28/66 85-151
Fax: 02 28/66 85-209

Hilfe zur Selbsthilfe Suchtkranker
und Suchtgefährdeter e.V.
Ludger Balke
Postfach 10 29 03
69019 Heidelberg
Tel. 062 21/76 76 55

Suchtkrankenhilfe
Bundesarbeitsgemeinschaft der
Freundeskreise für Suchtkranken-
hilfe in Deutschland e.V. –
Selbsthilfeorganisation
Käthe Körtel
Kurt-Schumacher-Straße 2
34117 Kassel
Tel: 05 61/78 04 13
Fax: 05 61/71 12 82

GVS Gesamtverband für Suchtkrankenhilfe im Diakonischen Werk
der Evangelischen Kirche Deutsch-
lands e.v.
Kurt Lehmann
Postfach 10 13 66
34013 Kassel
Tel: 05 61/109 57-0
Fax: 05 61/77 83 51

Suchtmittelabhängigkeit (Frauen)
LAGAYA – Frauen-Sucht-
Beratungsstelle
Hohenstaufenstraße 17 B
70178 Stuttgart
Tel: 07 11/640 54 90
Fax: 07 11/607 68 60

Alkoholabhängigkeit

Alkohol- und Medikamenten-
abhängigkeit
Blaues Kreuz in Deutschland e.V.
Heinz Klement
Freiligrathstraße 27
42289 Wuppertal
Tel: 02 02/62 00-341
Fax: 02 02/62 00-381

Alkoholsucht
Deutscher Guttempler Orden
(I.O.G.T.) e.V.
Herr Tiedemann,
Herr Münzmaier
Adenauerallee 45
20097 Hamburg
Tel: 040/24 58 80
Fax: 040/24 14 30

Kreuzbund e.V.
Heinz Josef Janssen
Postfach 18 67
59008 Hamm
Tel: 023 81/672 72-0
Fax: 023 81/672 72-33

Alkoholsucht/Alkoholkranke Ärzte/
Anonymous-Gruppen
Anonyme Ärzteselbsthilfegruppe
der AA
Dr. med. Maria-Theresia Conradty
Bahnhofstraße 36
86971 Peiting
Tel: 088 61/61 15

Alkoholsucht (Angehörige)/Anony-
mous-Gruppen
Al-Anon-Familiengruppen –
Zentrales Dienstbüro
Brigitte Schons
Emilienstraße 4
45128 Essen
Tel: 02 01/77 30 07
Fax: 02 01/77 30 08

Alkoholsucht/Anonyme Alkoholiker
(AA)/Anonymous-Gruppen
Anonyme Alkoholiker Deutschland
(AA) – Gemeinsames Dienstbüro
Johannes Prußky
Postfach 46 02 27
80910 München
Tel: 089/316 43 43 und 089/31 69
50-0
Fax: 089/316 51 00

Alkoholsucht (Frauen)
Deutscher Frauenbund für alkohol-
freie Kultur
Helga Rau
Kurt-Tucholsky-Straße 7
63329 Egelsbach
Tel. 061 03/427 31

Erwachsene Kinder von Alkoholi-
kern/Anonymous-Gruppen
AL-ANON EKA (Erwachsene Kinder
von Alkoholikern)
c/o Internationaler Familientreff
Adalbertstraße 10a
60486 Frankfurt/M.

Sexualberatung

Kinder- und Jugendtelefon
Bundesarbeitsgemeinschaft Kinder-
und Jugendtelefon im Deutschen
Kinderschutzbund e.v.
Domagkweg 8
42109 Wuppertal
Tel: 02 02/75 44 65
Fax: 02 02/75 53 54

Gewalt gegen Frauen und Mädchen
Frauen-Selbsthilfe und Beratung –
Wildwasser e.v.
Friesenstraße 6
10965 Berlin
Tel: 030/693 91 92

Sexualberatung/Familienplanung
Pro Familia – Deutsche Gesellschaft
für Familienplanung, Sexual-
pädagogik und Sexualberatung e.v. –
Bundesverband
Stresemannallee 3
60596 Frankfurt/M.
Tel: 069/63 90 02
Fax: 069/63 98 52

Sexualität
Arbeitsgemeinschaft Humane
Sexualität (AHS) e.V.
Carl-Vogt-Straße 4
35394 Gießen
Tel: 06 41/49 42 35

Sexsucht (Angehörige)/
Anonymous-Gruppen
S-Anon
Kreuzstraße 13
76133 Karlsruhe

Sexsucht/Anonymous-Gruppen
Anonyme Sexaholiker (AS) Interes-
sengemeinschaft e.V.
Postfach 12 62
76002 Karlsruhe
Tel: 09 31/66 34 37

Sexsucht/Liebessucht/Anonymous-
Gruppen
The Augustine Fellowship – S.L.A.A.
Deutschland e.v.
Brodersenstraße 85
81929 München

Krankheitsbewältigung

Chronische Erkrankungen/Behinde-
rungen (Allgemeine Informationen)
Bundesarbeitsgemeinschaft
Hilfe für Behinderte e. V. – BAGH
Kirchfeldstr. 149
40215 Düsseldorf
Tel: 02 11/310 06-0

Hyperaktivität

Überaktive Kinder/Hyperkinetisches
Syndrom
Bundesverband der Elterninitiativen
zur Förderung Hyperaktiver Kinder
Irene Braun
Postfach 60
91291 Forchheim
Tel: 091 91/348 74

Überaktive Kinder/Hyperkinetisches
Syndrom/Phosphatunverträglichkeit
Arbeitskreis Überaktives Kind
(AÜK) e.v.
Dieterichsstraße 9
30159 Hannover
Tel: 05 11/363 27 29
Fax: 05 11/363 27 72

Arbeitssucht

Arbeitssucht/Workaholics/
Anonymous-Gruppen
Anonyme Arbeitssüchtige (AAS)
Kreuzstraße 13
76133 Karlsruhe

Spielsucht

Spielsucht/Spieler (Angehörige)/
Anonymous-Gruppen
Anonyme Spieler (AS)/GamAnon
Eilbeker Weg 20
22089 Hamburg
Tel: 040/209 90 19
Fax: 040/209 90 19

Psychosoziale Probleme

Psychosoziale Probleme/Männer
Informationszentrum für Männer-
fragen e.v.
Sandweg 49
60316 Frankfurt/M.
Tel: 069/495 04 46
Fax: 069/495 04 46

Emotions Anonymous (EA)/
emotionale Gesundheit/
Anonymous-Gruppen
Emotions Anonymous (EA) –
Interessengemeinschaft e.v. –
Kontaktstelle Deutschland
Katzbachstraße 33
10965 Berlin
Tel: 030/786 79 84

Schuldner/Debtors Anonymous/
Anonymous-Gruppen
Debtors Anonymous
c/o Selbsthilfezentrum München
Bayerstraße 77a
80335 München
Tel: 089/53 29 56 11 oder
080 51/643 11
Fax: 089/53 29 56 60

Resozialisierung

Jugendhilfe/Aktion Junge
Menschen in Not
Aktion Junge Menschen in Not e.V. –
Verein für Resozialisierungshilfe
Ingetraud Jung
Frankfurter Straße 48
35392 Gießen
Tel: 06 41/786 60 und 743 49

Straffälligenhilfe
Anlaufstelle für Beratung und soziale
Rechtspflege
Beate Jakesch-Zinn, Detlef Zinn
Königsallee 254
37079 Göttingen
Tel: 05 51/63 29 77
Fax: 05 51/63 26 69

Deutsche Bewährungs-, Gerichts-,
und Straffälligenhilfe (DBH) e.V.
Erich Marks
Mirbachstraße 2
53173 Bonn
Tel: 02 28/35 37 26
Fax: 02 28/36 16 17

Selbstmord

Kinder- und Jugendtelefon
Bundesarbeitsgemeinschaft Kinder-
und Jugendtelefon im Deutschen
Kinderschutzbund e.V.
Domagkweg 8
42109 Wuppertal
Tel: 02 02/75 44 65
Fax: 02 02/75 53 54

Suizid (Angehörige)
AGUS – Angehörigengruppe um
Suizid
Emmy Meixner-Wülker
Wichernstraße 1
95447 Bayreuth
Tel: 09 21/661 10

Suizidprävention
Michael-Franke-Stiftung
Beratung für junge Meschen, die
nicht mehr weiter wissen
(auch für Angehörige)
Quantiusstraße 8
53115 Bonn
Tel: 02 28/69 69 39

Suizidprävention/Krisenberatung
Hilfe zum Weiterleben – Arbeitskreis
für Selbstmordverhütung und
Krisenberatung e.V.
Ulla Sambach
Postfach 18 18
32708 Detmold
Tel: 052 31/329 84

Suizidprävention/Krisenintervention
Deutsche Gesellschaft für Suizid-
prävention – Hilfe in Lebenskrisen
(DGS) Geschäftsstelle am PLK
Weissenau
PD Dr. Manfred Wolfersdorf
– c/o Abt. Psychiatrie I der
Universität Ulm
88190 Ravensburg
Tel: 07 51/760 10

Trauerbegleitung
TABU e.V.
Tiegelstraße 23
45141 Essen
Tel: 02 01/32 87 77

TrauerWege –
Beratung und Begleitung für
Menschen in Verlust- und Krisen-
situationen e.V.
Greiffenklaustraße 15
55116 Mainz
Tel: 061 31/23 11 00

Gewaltprobleme

Gewaltprobleme/Kinderschutz
Bundesarbeitsgemeinschaft der
Kinderschutz-Zentren
Arthur Kröhnert
Spichernstraße 55
50672 Köln
Tel: 02 21/52 93 01
Fax: 02 21/52 96 78

Deutscher Kinderschutzbund –
Bundesverband e.V.
Frau Wichert
Schiffgraben 29
30159 Hannover
Tel: 05 11/304 85-0
Fax: 05 11/304 85-49

Kinder- und Jugendtelefon
Bundesarbeitsgemeinschaft Kinder-
und Jugendtelefon im Deutschen
Kinderschutzbund e.V.
Domagkweg 8
42109 Wuppertal
Tel: 02 02/75 44 65
Fax: 02 02/75 53 54

Gewalt gegen Frauen und Mädchen
Frauen-Selbsthilfe und Beratung –
Wildwasser e.V.
Friesenstraße 6
10965 Berlin
Tel: 030/693 91 92

Männergewalt
Männer gegen Männer-Gewalt
Mühlendamm 66
22087 Hamburg
Tel: 040/220 12 77
Fax: 040/220 12 60

Sachindex

A

Ablenkung 78, 80, 108
Abstinenz-Abbruch-Effekt 149, 175
abstraktes Nachdenken über Belohnung
und Aufgabe 78
Abwertung
aufgeschobener Ereignisse 22, 25,
47, 163, 200, 209, 216, 244
aufgeschobener Ereignisse bei
Menschen 51–54
aufgeschobener Ereignisse bei
Tieren 51
langfristiger Kreditverpflichtungen
210
und Impulsivität 53
Adipositas 141 f
Aggression 13, 79, 230–237
adaptive 231, 239
bei Kindern und jungen Erwachsenen
236
impulsive 230, 235–237
und Intelligenz 233
Ursachen 232–236
Aggressionsbereitschaft 161
Aggressionszuwachs, alkoholbedingter
233
Aktivationsniveau 75, 89
Alkohol 157–159, 163, 170, 228, 239
physiologische Wirkungen 159
Alkoholembryopathie 162 f
altersspezifische Unterschiede der
Selbstkontrolle 64, 66, 77 f
Amphetamine 201
Angel Dust 171
Angst 150, 163, 166
Anorexia nervosa 80, 127 f,
146–148, 192
Anpassung, evolutionäre 22 f, 40,
47–60, 136, 150
Anstrengung 76, 103 f, 199
Antabus 170
Antidepressiva 150, 169
antisoziale Persönlichkeitsstörung 237
artspezifische Unterschiede 54

Aufmerksamkeitsspanne 201
Aufmerksamkeitssteuerung 69 f, 104,
109
Aufschubreduktion 128 f
ausbalancierter Placebo-Versuch 140

B

Befriedigung
aufgeschobene 21, 26, 65, 71
unmittelbare 21, 26, 208
Belohnung
Abwertung einer aufgeschobenen 198
aufgeschobene 22, 40, 79 f, 89, 110,
166, 171, 173, 200, 202 f, 206, 208,
227, 229, 236, 238 f
Aufwertung einer aufgeschobenen 173
bedingte 36
größere aufgeschobene 21, 174, 225,
237 f
kleine unmittelbare 202, 238
kombinierte 111 f
konkurrierende 171
primäre 36, 171
relativer Wert einer aufgeschobenen
199
relativer Wert einer unmittelbaren 199
soziale 198
ungewisse 215
unmittelbare 53, 171, 174, 200, 203,
206, 225 f, 230 f, 236, 238
verkleinerte unmittelbare 169
Belohnungsaufschub 26, 78, 99, 102,
104, 129, 131, 191, 199, 227
wahrgenommener 104
Belohnungsbetrag 74, 129, 131
Belohnungsfrequenz 131
Belohnungsmaximierung, Strategie 74
Belohnungswert 204, 227
Bestrafung 170, 173
soziale 198
Bulimia nervosa 80, 127 f,
147–150
Burnout 189

Namensindex

A

Abarca, N.   151
Abramowitz, A. J.   221
Abel, E. L.   178
Addalli, K. A.   221
Ader, R.   195
Adesso, V. J.   241
Adornetto, M.   71, 91, 93, 119, 219
Agras, W. S.   156
Ainslie, G.   60-62, 112, 115, 119–122, 178
Ainslie, G. W.   24, 41, 92, 122
Albert, J.   41
Alexander, R. D.   62, 240
Allan, L.   61
Altura, B. M.   182
Altura, B. T.   182
Anderson, G. H.   155
Anderson, J. R.   62
Anderson, K.   120
Anderson, M. E.   151
Anderson, W. H.   122 f
Antelman, S. M.   93, 155

B

Baer, J. S.   181
Baker, N.   121
Bandura, A.   120
Banks, R. K.   178
Barash, D. P.   61
Barker, J.   90
Barnard, D. E.   241
Barndt, D. C.   181
Baron, J.   121, 241
Barr, H. M.   178
Basselt, J. E.   242
Bates, K. L.   95
Battalio, R. C.   152
Baum, A.   195
Beall, P. C.   95
Beasty, A.   93
Beatty, W. W.   153
Beck, R. C.   195, 241f

Becker, W. C.   221
Bemis, K. M.   156
Bender, M. E.   220
Beneke, W. M.   219
Benowitz, N.   180
Bentall, R. P.   93, 123
Berry, S. L.   153
Bigelow, G. E.   180
Bizot, J. C.   240
Björntor, P.   153
Black, J. L.   182
Blakely, E.   92, 121
Blanchard, E. B.   242
Blechmann, E. A.   155, 177
Block, J.   91, 94, 242
Block, J. H.   94, 242
Block, T.   182
Blundell, J. E.   154
Bobroff, E. M.   154
Boice, R.   221
Bologna, N. C.   220
Bonagura, N.   221
Bond, C. F.   177 f, 241
Bookstein, F. L.   178
Booth, S.   220
Bourne, P. G.   241
Bradshaw, C. M.   151
Brala, P. M.   154
Breaux, A. M.   94
Brehm, S. S.   94, 121
Brenner, L.   41
Bridger, W.   92, 95
Broadbent, H. A.   179
Brody, J.   177, 194
Bronstein, P.   153
Brown, R. T.   220
Brownell, K. D.   83, 95, 151, 177
Bryan, B. R.   155
Buchsbaum, M. S.   180, 220
Burgess, G.   219
Burton, M. J.   153
Buss, D. M.   194, 241
Butt, S.   178